Gustav Diercks

Das moderne Geistesleben Spaniens

Gustav Diercks

Das moderne Geistesleben Spaniens

ISBN/EAN: 9783743300576

Hergestellt in Europa, USA, Kanada, Australien, Japan

Cover: Foto ©Thomas Meinert / pixelio.de

Manufactured and distributed by brebook publishing software
(www.brebook.com)

Gustav Diercks

Das moderne Geistesleben Spaniens

Vorwort.

Jahrhunderte sind vergangen, seit Spanien in politischer, literarischer und artistischer Hinsicht eine bedeutende Rolle in der Welt spielte und einen hohen Rang unter den Kultur= völkern einnahm. Trotz staatlicher und kirchlicher Knechtung schwang sich der spanische Volksgeist damals zu mächtigem Fluge auf und schuf Großartiges, das zu allen Zeiten ge= bührende Anerkennung finden wird. Freilich konnte er sich nur innerhalb der Grenzen bewegen, die die geistliche und die weltliche Macht gesteckt hatten. Als dann die großen äußeren Impulse aufhörten, die den Geist zur Thätigkeit angespornt, seine Entwicklung befördert hatten, als die Ko= lonieen die Reichthümer, die sie anfangs nach dem Mutter= lande sandten, für sich zu nützen begannen, als damit den Künsten, der Literatur und den Wissenschaften Spaniens die materielle Basis entzogen war, auf der sie sich im sechs= zehnten Jahrhundert so glänzend hatten entfalten können, als

in den Juden, Maranos, Mauren und Morisken alle Träger
der materiellen Kultur von der Halbinsel vertrieben waren
— da trat jener gänzliche Verfall ein, der Spanien im sieb=
zehnten und achtzehnten Jahrhundert charakterisirt und das
Land aus der Reihe der Großmächte und Kulturstaaten zurück=
treten ließ. Erst der Geist, der die Revolution von 1789
hervorrief, sollte auch Spanien und den spanischen National=
geist aus dem tiefen Schlaf erwecken, in den sie unter der
Herrschaft der römischen Kirche gesunken waren. Glücklicher=
weise war es aber weder ihr und ihren verruchten Werk=
zeugen, der Inquisition, dem Jesuitismus, noch dem von
ihnen angewandten System der Verdummung gelungen, den
Volksgeist gänzlich zu ersticken, in seinen Wurzeln zu tödten
und zu vernichten, seine Keime völlig zu zerstören; er be=
wahrte noch etwas von seiner seit alten Zeiten bekun=
deten zähen Lebenskraft und strebt nun, in der Schule des
von Frankreich eindringenden modernen Zeitgeistes und der
durch ihn erzeugten Kultur, sich von neuem zu entfalten.
Die politischen Ereignisse dieses Jahrhunderts, die vielen
Aufstände und Bürgerkriege seit 1808 waren allerdings
nicht geeignet, diese Bestrebung des Nationalgeistes sehr
kräftig zu unterstützen. Seit 1868 wurde aber die Bewegung
des letztern auf allen Gebieten der intellektuellen Kultur so
lebhaft, daß sie sich der Politik gegenüber Geltung ver=
schaffte, die bis dahin alle Kräfte allein absorbirt hatte, und
nachdem 1875 mit dem Regierungsantritt Alfonso's XII.
vorläufig Ordnung und Ruhe in Spanien eingekehrt sind,
gewinnt die Thätigkeit des Nationalgeistes stetig höhere Be=

deutung und bekundet seine Tendenz, Selbständigkeit zu er=
langen. So ist es denn wol der Mühe werth, das spanische
Geistesleben der letzten Jahre in allen seinen verschieden=
artigen Ausdrucksformen und auf allen Gebieten der Kultur
zu betrachten, um so mehr, als das Interesse für das eigen=
artige Land sich auch in Deutschland mehr steigert und
Spanien selbst sich eifrig bemüht, im europäischen Völker=
konzert wiederum eine seiner würdige Stellung einzunehmen.

Dem Verfasser ist die Bedeutung und Schwierigkeit
seiner Aufgabe sehr wol bewußt gewesen, das Geistesleben
der Gegenwart eines Volkes wie des spanischen einer genauen
Untersuchung zu unterwerfen, eines Volkes, dessen Charakter
und Kultur die größten Gegensätze aufweisen. Er durfte es
wagen, eine solche Aufgabe zu lösen, und die Resultate
langjähriger sorgfältiger Studien, so wie die Ergebnisse
seiner eignen, während langen und mehrfachen Aufenthaltes
in Spanien angestellten Beobachtungen zu veröffentlichen,
als er theilweise hierin durch Personen unterstützt wurde,
denen die Zustände der Iberischen Halbinsel seit vielen
Jahren völlig bekannt sind. Ihnen, so wie den Behörden,
die ihn in seinem Unternehmen gefördert haben, sagt er
hiemit seinen Dank.

Es begreift sich von selbst, daß bei der Unzahl von
verschiedenartigen Erscheinungsformen des Geisteslebens, weder
alle diese, noch auch alle Eigenthümlichkeiten und gestalten=
den Faktoren im Besondern behandelt werden konnten. Denn,
wenn auch hiefür das reichste Material vorliegt, so würde
ein solches Eingehen in Details den Zwecken dieses Buches

nicht entsprochen haben. Es kam dem Verfasser eben nur
darauf an, die markirenden Züge des spanischen Geistes=
lebens, die bemerkenswerthesten Erscheinungen desselben den
Thatsachen gemäß zu referiren, zu erklären und zu einem
zusammenhängenden Bilde zusammenzustellen.

Madrid 1883.

Der Verfasser.

Inhalt.

1.

Das Geistesleben eines einzelnen Menschen, wie einer Summe von solchen, eines Stammes= oder Völkerindividuums, bekundet sich nicht allein in seiner Denkweise, in der Art wie die Gedanken zu mündlichem oder schriftlichem Ausdruck ge= bracht werden, nicht also in der Rede und in der Schrift allein, sondern auch in allen Handlungen. Insofern die letz= tern überhaupt nicht unbewußt, nicht durchaus zufällig, sind sie die Folge mehr oder weniger vernünftigen Denkens, müssen ein solches unbedingt zu ihrer Voraussetzung haben und daraus ergeben sich denn als einfache natürliche Schlüsse, daß die Geistesthätigkeit die Vorbedingung und Grundlage der mensch= lichen Thätigkeit überhaupt ist, — in so weit sich diese als vernünftig erweist; daß die materielle Kultur der Völker und der Menschheit eine Folge der Ausbildung der Geisteskräfte und somit der intellektuellen Kultur ist.

So dürfen wir, wenn wir das Geistesleben eines Volkes in seiner ganzen historischen Entwicklung oder in einzelnen begrenzten Abschnitten derselben betrachten wollen, uns nicht darauf beschränken, nur die Literatur zu untersuchen, sondern wir müssen nothwendigerweise auch alle Zweige der materiellen Kultur in den Bereich unserer Untersuchungen hineinziehen, wenn wir zu einigermaßen zuverlässigen Resultaten gelangen, uns ein sicheres Bild von den leitenden Grundideen und von der Weltanschauung eines einzelnen oder eines Völkerindivi=

buums machen wollen. Bietet eine solche Aufgabe an sich
schon sehr große Schwierigkeiten, weil sie ein sehr umfang=
reiches und in seinen Theilen sehr verschiedenartiges Studien=
feld eröffnet, so wachsen dieselben noch, wenn wir, von der
historischen Entwicklung der Geisteskräfte absehend, den gegen=
wärtigen Stand derselben, die Phase, in der sie sich befindet,
allein einer Betrachtung unterziehen wollen. Die Gegenwart
und ihre Kultur sind ohne die Vergangenheit und die ihrige
einmal nicht denkbar und so müssen wir gelegentlich zum Ver=
ständniß vieler räthselhafter und unerklärlicher Erscheinungen,
die uns die modernen Zustände aufweisen, weit ausholen, in
frühere, ja in die ältesten Lebensperioden zurückblicken, und
in ihnen die Ursachen und Grundlagen jener erforschen. Da=
neben bietet aber das moderne Spanien demjenigen, der eine
klare sichere Vorstellung von den thatsächlich dort bestehenden
Verhältnissen und ihren intellektuellen Grundlagen gewinnen
will, noch ganz besondere Schwierigkeiten. Denn sobald man
über dasjenige hinausgeht, was man durch eignen Augenschein
ermitteln kann, sobald es sich um Feststellung statistischer Daten,
um einen tieferen Einblick in das Getriebe der Staatsmaschine,
um Ermittlung der Grundlagen des sozialen Lebens, gewisser
öffentlicher Institutionen und Zustände handelt — befindet man
sich immer in der größten Verlegenheit, über die auch die
Spanier in den meisten Fällen nicht hinweghelfen können.
Einmal haben sie selbst kein Interesse für viele Fragen, die
den Ausländer, den Statistiker und Kulturhistoriker interessiren,
haben über dieselben nie nachgedacht, viel weniger sie zum
Gegenstande ernster Untersuchung gemacht, ferner sind sie von
sich und ihren Zuständen entweder so eingenommen, daß sie
sich als Herren der Welt, ihre Verhältnisse als die besten,
mustergiltigen betrachten, oder sie sind gute Patrioten und
wollen den Fremden nicht die Schäden erblicken lassen, die
ihnen bekannt und bewußt sind und unter denen sie und das

Land schwer leiden, oder sie sind indifferent und unwissend hinsichtlich dessen, worum man sie angeht. Die Politik beherrscht ferner das Leben des Spaniers vollständig und verlangt von jedem, daß er Farbe bekenne, sich einer Partei anschließe. Bei der ihm angeborenen Lebhaftigkeit und Erregbarkeit wird der Spanier, besonders weil es ihm im Allgemeinen an sichern wissenschaftlichen Grundlagen fehlt, nur zu oft in seiner Beurtheilung der Verhältnisse geblendet, irre geführt, und gelangt nicht zu einer ruhigen objektiven Untersuchung. Die Folge davon ist, daß alle seine Anschauungen stets subjektiv und parteilich, wenn nicht geradezu tendenziös sind. Ein und derselbe Gegenstand wird daher meist ebenso viele verschiedenartige Beurtheilungen erfahren, als es Parteischattirungen giebt. Nur, indem man diese alle zusammenstellt und aus ihnen das Mittel zieht, wird man ungefähr das Rechte treffen. Bezüglich der Feststellung statistischer Daten, Erhebungen über politische und Verwaltungsmaßregeln und dergleichen mehr ist der Interessent ebenfalls in mißlichster Lage. Die offiziellen Berichte der Behörden erweisen sich nur zu oft als den thatsächlichen Verhältnissen gar nicht entsprechend, weil die Regierung und ihre Beamten ihr Interesse daran haben, Alles in der ihnen genehmsten Weise und in dem für sie vortheilhaftesten Lichte darzustellen. Wo die Regierung etwa nicht diese persönlichen subjektiven Interessen hat, wenn sie sich etwa redlich bemüht, statistisches Material zu sammeln und die Ergebnisse politisch zu verwerthen, da scheitert sie an dem Indifferentismus, der Lässigkeit der Unterbehörden, an den Schäden des Verwaltungssystems, an der durch das wüste Parteileben und die Interessenpolitik eingerissenen Corruption im Beamtenthum. Höchst charakteristisch für die Entwicklung der Statistik in Spanien ist es, daß z. B. jetzt, 1883, allmälig die Daten der Handelsstatistik aus der Mitte des vorigen Jahrzehnts endgültig festgestellt wurden. Da man nun dem

Auslande gegenüber wenigstens den Schein wahren möchte, als ob man in jeder Hinsicht, also auch auf dem Gebiete der Statistik, mindestens gleichen Schritt mit den andern Groß= staaten und Kulturvölkern ersten Ranges halte, so werden denn manche Angaben und Daten auf Grund bureaukratischer Kalkulation festgestellt und das Ausland hat daher guten Grund, den offiziellen Jahresberichten und statistischen Mit= theilungen gegenüber ebensolche Reserve zu beobachten wie es diejenigen Spanier thun, die aus eigner Erfahrung über den thatsächlichen Werth solcher Aufstellungen urtheilen können.

Die Presse steht völlig im Dienst der politischen Par= teien, ihre Angaben sind daher ebenfalls immer mit größter Vorsicht aufzunehmen. Trotz der ungeheuren Masse von Lese= stoff, den sie beständig veröffentlicht, findet man doch in der wissenschaftlichen wie in der politischen Journalistik die em= pfindlichsten Lücken. Der spanische Journalist scheut nicht vor anhaltender Arbeit zurück, er produzirt massenhaft, versteht es auch, die Sprache und die Phrase virtuos zu handhaben, er erhebt sich zu scharfer Dialektik, kennt alle Feinheiten der Rhetorik, er ist zuweilen witzig, er blendet somit stets durch seinen eleganten Stil, weiß seinen Produktionen unter Um= ständen sehr geschickt das Mäntelchen der Wissenschaftlichkeit, philosophischen Anstrich zu verleihen — er vermeidet jedoch unter allen Umständen alle schwere zeitraubende wissenschaft= liche Forscherarbeit und läßt daher alles ungethan, was diese letztere als Bedingung voraussetzt. Im Allgemeinen findet man also — denn selbstverständlich giebt es Ausnahmen und es wäre traurig, wenn es solche nicht gäbe — auch in der wissen= schaftlichen Journalistik sehr viel Ungründlichkeit und dafür um so mehr geschickte Ornament= und Tüncharbeit, die aller= dings in vielen Fällen nicht allein Spanien sondern auch das Ausland mit Erfolg täuscht, aber darum doch hohl ist und bleibt und sich über kurz oder lang so erweist. Es wird in

geiſtreichen Phraſen unendlich viel über die Bedeutung dieſes
oder jenes Zeitgenoſſen geſchrieben, aber ſelbſt nur einmal die
gegenwärtige Literatur in allen ihren Zweigen ſyſtematiſch,
unparteiiſch und in zuverläſſiger Weiſe zu behandeln,
das fällt Niemand ein — „das überläßt man den ſpäter Leben=
den“, die „können das beſſer thun als wir, die wir mitten
darin ſtehen“. Gerade ſo iſt es hinſichtlich der Künſte: Viel
Phraſe und nichts Grundlegendes, nichts Zuverläſſiges. Und
dieſelbe Erſcheinung findet ſich auf vielen Gebieten der geiſtigen
wie der materiellen Kultur. Der Intereſſent iſt darauf an=
gewieſen, ſich aus zahlloſen verſtreuten einzelnen Bruchſtücken
ein Bild des Ganzen zu machen. Auf die Frage: „Was iſt
über dieſen, was über jenen Gegenſtand geſchrieben?“ erhält
man meiſt eine zögernde Antwort, die ſich wol in vielen
Worten ergeht, aber als Summe doch oft genug ein rundes
„Nichts“ ergiebt.

Endlich ſind es die zahlloſen Gegenſätze, die wir inner=
halb Spaniens und aller Zweige ſeiner Kultur vorfinden, die
die Behandlung dieſes Landes und ſeiner Zuſtände außer=
ordentlich erſchweren. Daher auch die Erſcheinung, daß ſich
unendlich viele Widerſprüche in den Werken finden, die Spanien
behandeln. Sie ſind angeſichts der ſchwerverſtändlichen kom=
plizirten Verhältniſſe allerdings nur zu leicht begreiflich, denn
die letztern ſind zum Theil ſo abweichend von allen denen
anderer Länder, daß ſie ſelbſt den flüchtigſten Reiſenden frap=
piren und ihn in der Folge veranlaſſen, ſeine Beobachtungen
— die freilich oft genug an Murray, Hackländer ꝛc. ꝛc. an=
klingen — ſeiner Nation nicht vorzuenthalten. So kommt es,
daß die vor Jahrzehnten bereits ausgeſprochenen Anſichten
über Spanien immer wieder von Zeit zu Zeit aufgefriſcht
und andererſeits die denkbar entgegengeſetzteſten Behauptungen
über einen und denſelben Gegenſtand aufgeſtellt werden, ſo
daß Jemand, der die ſpaniſche Reiſeliteratur verfolgt aber

selbst nie in Spanien war, eine wunderbare Vorstellung von
diesem Lande erhalten und ganz unfähig werden muß, sich ein
nur annähernd richtiges Bild von ihm zu machen.

Spanien ist, und mit gutem Grund, als ein Land der
Gegensätze zu bezeichnen; wir finden sie wohin wir blicken;
es giebt keinen auch nöch so kleinen Zweig der materiellen
wie der intellektuellen Kultur und des sozialen Lebens, in dem
sie uns nicht entgegenträten und uns beirrten. Ehe wir daher
auf die Erscheinungen des modernen Geisteslebens eingehen
können, müssen wir uns Rechenschaft abzulegen suchen, einmal über die Ursachen dieser für Spanien so charakteristischen
Erscheinung des gleichzeitigen Auftretens scheinbar unvermittel-
barer Gegensätze, und ferner über die allgemeinen Voraus-
setzungen und Grundlagen der heutigen Geisteskultur überhaupt.

Die klimatischen, die Bodenverhältnisse, die vielfältige
Mischung der verschiedenartigsten Rassen und Völker auf dem
Boden der Iberischen Halbinsel ergaben in natürlicher und
einfacher Weise jene Verschiedenartigkeit, jene Gegensätze, die
uns überall in Spanien überraschen.

Wie das Land im Alterthum gewesen ist, können wir
trotz der vielen Berichte, die uns erhalten sind, nur schwer
beurtheilen, denn die letztern weisen ebenfalls schon manche
Widersprüche auf. Nur darin stimmen sie alle überein, daß
die Iberische Halbinsel außerordentlich fruchtbar und metall-
reich war und dieser Umstand wurde Veranlassung, daß sie
sich frühzeitig mit Kolonien der alten Handels- und Kulturvölker bedeckte, daß es dann das Streitobjekt der nach der
Weltherrschaft strebenden Karthager und Römer wurde. Unter
den Vandalen muß Südspanien sehr produktiv und gut bebaut
gewesen sein; in ganz ungleich höherem Grade war dies unter
der Herrschaft der Araber der Fall. Auch landschaftlich war
es, in Anbetracht der Waldungen, die es bedeckten und der
sorgfältigen Bodenkultur, die die Araber ihm angedeihen ließen,

damals jedenfalls außerordentlich anziehend und schön. Zwischen
jener Zeit und der Gegenwart liegt aber jene furchtbare Periode
der geistigen Nacht, der Vernichtung aller Kultur und ihrer
Träger, wie sie der geistliche und der politische Despotismus
durch ihr Zusammenwirken erzeugten. Das heutige Spanien
kann sich immer noch nicht, weder physisch — in seinem Boden
— noch moralisch und sozial in seinen gegenwärtigen Zu=
ständen, von dem Todesstoß erholen, den Thron und Altar in
unbegreiflicher Verblendung dem Lande, seiner Bevölkerung
und seiner Kultur versetzten. Eine unsägliche Mißwirthschaft
und in den letzten Zeiten eine planlose Politik trugen das ihrige
dazu bei, die verderbliche Thätigkeit der Inquisition und der
spanischen Herrschergeschlechter zu unterstützen und fortzusetzen.
Die Wälder sind beinahe ganz verschwunden, der Boden ist im
Laufe der Jahrhunderte zum Theil völlig ausgedörrt und un=
fruchtbar geworden. Wo von Bodenkultur heute die Rede ist,
da weist sie zurück auf die Thätigkeit der Araber, da wird
sie heute noch getragen durch die Wasserleitungen, die dieses
Volk angelegt hat.

Belehren wir uns nun zunächst durch den Augenschein
über die Bodenverhältnisse Spaniens, über den Charakter des
spanischen Landes, das eben nur dem Auslande gegenüber eine
Einheit darstellt, das aber im Munde vieler Spanier noch als
„las Españas" (die spanischen Länder) lebt und schon seiner
Natur nach thatsächlich in eine Vielheit von Provinzen zerfällt.
Diese letzteren aber, die ehemals als unabhängige Königreiche
und Fürstenthümer Selbständigkeit besaßen, streben auch mit
aller Energie wieder dahin, die Oberherrschaft Kastiliens abzu=
schütteln, und diese Bewegung erzeugt den Partikularismus, der
Spaniens politische Einheit beständig zu zersplittern bemüht ist.

Betreten wir, von Paris her kommend, über Irun den
spanischen Boden, so finden wir im landschaftlichen Charakter
des Baskenlandes viel Aehnlichkeit mit dem Mitteldeutschlands.

Die Vegetation ist beinahe dieselbe; das frische Grün großer
Triften und der Wälder, die sich nach Westen zu und in den
Gebirgen ausbreiten, erfreuen das Auge, Gebirgsbäche beleben
die Landschaft und sprechen durch ihr Rauschen das deutsche
Gemüth ebenso an wie der Gesang der Vögel. Weichen wir
von den großen Verkehrsstraßen ab, so umfängt uns die
Romantik der deutschen Gebirge, die nur noch wesentlich er=
höht wird durch die den nordspanischen Gebirgen eigene Groß=
artigkeit und Rauhheit. Der nordwestlichste Theil der Halb=
insel, die Provinz Galicien, darf sich an landschaftlicher Schön=
heit mit manchen in dieser Hinsicht berühmten Partieen der
Schweiz und Tyrols wol messen, ohne indessen den Hochgebirgs=
charakter zu tragen. Ueberschreiten wir nun die Kantabrische
Kette da wo sie sich an die Pyrenäen anschließt, so gelangen
wir in Navarra in ein rauhes Gebirgsland, das aber immer=
hin noch Wald und Wiese aufzuweisen hat, obgleich die Land=
schaft dort im Allgemeinen schon des Grüns entbehrt, obgleich
die Berge meist kahl sind. Aehnlich ist Aragonien, nur zum
Theil noch wilder und zerklüfteter und in seinen südlichsten
Bezirken steppenartig. Katalonien, die nordöstliche Ecke der
Halbinsel, dagegen bietet in den dem Mittelmeer nahegelegenen
Theilen ein freundliches Bild durch seine sorgfältige Boden=
kultur, wie es sich auch durch Handel und Gewerbfleiß vor
allen andern Provinzen Spaniens vortheilhaft auszeichnet. Die
südlicheren Theile der Ostküste Spaniens: Valencia, Murcia,
sind im Allgemeinen auch gut bebaut und durch ihre Vegetation
der Nordküste Afrikas vergleichbar. Die Palme tritt dort sehr
zahlreich auf, ja in Elche finden wir sogar einen Wald von
80,000 Stämmen, so daß wir veranlaßt werden, zu glauben,
europäischen Boden längst verlassen zu haben. Agaven, Aloës,
Zuckerrohr, die nach Hunderttausenden von Stämmen zählen=
den Orangenplantagen der Umgegend von Valencia, die Reis=
felder bei dieser Stadt bekunden die große Fruchtbarkeit jener

Gegenden und das herrliche Klima derselben. Verlassen wir
aber die kultivirten Strecken des Landes, so vermissen wir
schmerzlich die Vegetation. Die Berge sind kahl, der Boden
ist verdorrt, im Sommer tief gespalten und hat jene graubraune
Farbe, deren Monotonie uns in der Mancha, in Alt= und
Neukastilien, in Estremadura so sehr abschreckt. Ebenso ist es
in Andalusien. Wo, wie bei Granada, bei Sevilla, bei Málaga
noch das Bewässerungssystem der Araber beibehalten ist, noch
ihre Röhrenleitungen vorhanden sind, wo die Züchtung der
Kampfstiere für die Stiergefechte die Wiesenkultur erfordert,
wo die Aussicht auf mühelosen großen Gewinn den Sieg über
den Indifferentismus und die Lässigkeit der Bevölkerung davon=
getragen hat, wie bei Xerez — da ist der unglaublich frucht=
bare Boden bebaut, im Uebrigen finden wir aber auch in dieser
Provinz keine Wälder, dafür um so mehr große Einöden, die
sich nur im Frühjahr mit grünem blumigen Mantel bedecken,
bald aber trostlosen Steppencharakter annehmen. Das Innere
Spaniens, die von vielen Gebirgen durchfurchten Hochebenen
Leons, Alt=, Neukastiliens, Estremaduras sind sehr schwach bebaut
und im Uebrigen baumlose völlig wüste öde Steppen. So zeigt
Spanien innerhalb seiner verhältnißmäßig engen Grenzen in
landschaftlicher Hinsicht alle nur denkbaren Gegensätze zwischen
afrikanischer und nordeuropäischer Natur.

Das Klima ist ein ebensowenig einheitliches. Im Laufe
weniger Stunden sind wir nicht allein auf einer Reise über
die Gebirge hinweg und von Provinz zu Provinz, sondern im
Bezirk eines und desselben Ortes den größten Temperatur=
unterschieden ausgesetzt. Die baskischen Provinzen und Galicien
haben vielleicht das gleichmäßigste Klima in ganz Spanien. Das
Meer mildert die Winterkälte und die Sommerhitze. Die öst=
lichen und südlichen Küstenstriche haben im Allgemeinen nord=
afrikanisches Klima. Aeußerst selten, fast nie, hat man in
Málaga, Cadiz und Valencia von Frosttemperatur zu leiden;

trotzdem machen sich die innerhalb der 24 Stunden eintreten=
den Unterschiede oft, besonders zur Winterszeit, in sehr empfind=
licher Weise bemerkbar und gebieten dem Fremden die größte
Vorsicht. Sehen wir nun von den Hochgebirgen Spaniens ab,
so ist das Klima in allen mittleren Provinzen so wechselnd wie
nur möglich: im Sommer herrscht eine oft unerträgliche Hitze,
im Winter eine bei den unzulänglichen Häusereinrichtungen und
Heizvorrichtungen sehr empfindliche Kälte. Madrid, das auch
bei den Spaniern wegen seines ungesunden Klimas verrufen
ist, kann als Maßstab für diese Unbeständigkeit gelten; Tem=
peraturunterschiede von 15 Grad Réaumur im Laufe weniger
Stunden sind dort nichts Seltenes. Eine schnelle Reise durch
Spanien zur Winterszeit belehrt am besten über die ungeheuren
klimatischen Gegensätze, die das Land zeigt. Wer etwa im
Dezember nach Barcelona, Tarragona oder Valencia kommt,
wird über die Frühlingswärme, die dort um jene Zeit nach
nordischen Begriffen herrscht, sehr überrascht sein und die Vege=
tation wird ihm bekunden, daß diese Temperatur dort die ge=
wöhnliche für diese Zeit des Jahres ist. Welch' ein gewaltiger
Unterschied macht sich nun aber bemerkbar, wenn wir eine
dieser Städte verlassen, um uns nach Madrid zu begeben.
Eine Fahrt von wenigen Stunden genügt, um uns in eine
völlig andre Welt zu versetzen. Der wolkenlose tiefblaue
Himmel, der sich an der Küste über uns wölbte, der warme
Sonnenschein — müssen oft dem Bleigrau schwerer Wolken,
dem dichten Nebel weichen. Das Grün der Felder und der
Bäume schwindet, das Auge sucht vergebens nach einem Strauche
nur, der die Monotonie des steppenartigen hügeligen Terrains
unterbricht. Eisige Winde wehen über diese Einöden hin, die
nur selten eine kleine Ortschaft zeigen. Fröstelnd hüllen wir
uns in unsere Mäntel und Plaids, die wir in Valencia, in
Barcelona selbst Abends nicht brauchten, und da die Coupé's
II. Classe nicht geheizt werden, so können wir von Glück sagen,

wenn wir nicht nach Madrid die Keime eines Lungenkatarrhs oder einer schweren Erkältung mitbringen.

Daß die klimatischen und die Bodenverhältnisse die Men= schen in der Entwicklung ihrer Geistes= und Körperkräfte be= einflussen, in ihrem Wesen, in ihrer Kultur Gegensätze hervor= rufen, die den innerhalb ihrer Sphäre bestehenden natürlichen entsprechen, ist leicht begreiflich. Doch erklärt dies noch nicht die großen Unterschiede, die wir in der Bevölkerung Spaniens und im Charakter derselben vorfinden. Einen einheitlichen festen spanischen Typus, einen normativen Charakter zu finden, ist ein Ding der Unmöglichkeit; man darf sogar kaum von Provinzial= typen sprechen, obgleich sich eine große Zahl von charakteristi= schen Zügen für solche ergeben. Die Erklärung für diese Gegensätze innerhalb der Bevölkerung Spaniens ist also noch in andern Ursachen zu suchen und sie ergiebt sich, wenn wir einen Blick auf die Entstehung der spanischen Nation werfen.

Ob die Urbevölkerung der Iberischen Halbinsel eine mon= goloidische gewesen ist, ob diese sich, zur Zeit als Europa und Afrika noch verbunden waren, von dort aus über den letztern Erdtheil verbreitet hat, ob Spanien von Amerika aus bevölkert wurde zu einer Zeit, als noch eine Brücke zwischen der alten und neuen Welt bestand — das sind Hypothesen, die uns hier wenig angehen. Die historisch beglaubigte älteste Bevölkerung ist die der Iberer, die mindestens die südwestliche Halbinsel Europas, die großen Inseln des Mittelmeers, vielleicht auch noch andere Gebiete des südlichen und westlichen Europas be= setzt hatte und deren Nachkommen man heute noch in den Basken erblickt. Weil dieses Volk von allen andern der alten Welt abweicht, trotz der heutigen Wissenschaft noch ein ethno= graphisches Räthsel bildet, weil seine Sprache ebenfalls völlig isolirt dasteht, mit keiner europäischen und asiatischen Verwandt= schaft zeigt, so sind in Folge dieser Umstände viele zum Theil sehr kühne Hypothesen zur Erklärung aufgestellt worden, ohne indessen bis jetzt Licht in dieses Dunkel gebracht zu haben.

Von den Iberern berichten uns nun die Alten, daß sie friedliebend, außerordentlich mäßig, listig, schnell und gewandt gewesen seien, daß ihre Vaterlands- und Freiheitsliebe sie zu erbitterten hartnäckigen Gegnern derer gemacht haben, die sie in ihrem Besitzthum schädigen wollten. Ihre Nahrung habe in der Hauptsache in Vegetabilien, besonders in Brod und Eicheln bestanden, nicht liegend wie die Alten, sondern sitzend hätten sie dieselbe eingenommen; neben dem Wasser, ihrem Lieblings-getränk, hätten sie auch eine Art Bier gehabt; ihre Be-dürfnißlosigkeit sei durch eine Neigung zum Geiz unterstützt worden.

Zu einer Zeit, die durch historische Daten nicht festzu-stellen ist, muß dann eine Einwanderung von Kelten statt-gefunden haben, wovon die Folge eine theilweise Mischung beider Stämme zu den Keltiberern war. Diese letzteren wer-den als kräftiger, tapferer als jene und als Fleischesser ge-schildert, im Gegensatz zu den Iberern ferner auch als frei-gebig in jeder Hinsicht. Die Schnelligkeit und Gewandtheit in ihren Bewegungen und Unternehmungen, die große Vater-lands- und Freiheitsliebe, die wunderbare Todesverachtung, die sie auch in ihrer blinden Hingebung an ihre Feldherrn und andere hervorragende Persönlichkeiten veranlaßte, sich selbst zu tödten wenn diese starben — das Alles hatten sie mit den Iberern gemein. Wie diese verachteten sie die häuslichen Ge-schäfte, die den Frauen überlassen wurden. Ihre Kampfweise war der der Kelten in vieler Hinsicht ähnlich; die Besonder-heit des Kleinkriegs, Guerillakrieg, war es, die selbst den so tüchtig geschulten Römern, die selbst einem Cäsar und später einem Napoleon große Schwierigkeiten machte. Daß 200 Jahre nothwendig waren, um die Iberische Halbinsel der römischen Herrschaft zu unterwerfen, ist wol am bezeichnendsten für die

Bevölkerung derselben. Die Frauen, besonders die des Südens, waren den Römern als Sängerinnen und Tänzerinnen bekannt und von ihnen sehr geschätzt, selbst in ihrer äußeren Erscheinung, in ihrem Auftreten müssen sie sich wenig verändert haben, denn gewisse charakteristische Züge, die die Alten erwähnen, finden wir heute noch in gleicher Weise bei ihnen wieder. Ueberhaupt beweisen uns die Berichte der Alten, daß Vieles, was uns an den modernen Spaniern auffällt, sich trotz der bedeutenden Vermischung der Iberischen und Keltiberischen Bevölkerung mit anderen ethnischen Faktoren völlig unverändert durch die zwei Jahrtausende, die zwischen jener und der gegenwärtigen Zeit liegen, erhalten hat.

Die außerordentliche Fruchtbarkeit und der Metallreichthum der Iberischen Halbinsel konnten dem Handelsvolk des Alterthums, den Phöniziern, nicht entgehen, und frühzeitig legten diese dort ihre Kolonien an, überführten dorthin Schaaren semitischer Auswanderer, und es ist nicht unwahrscheinlich, daß auch schon damals Israeliten den spanischen Boden betraten und sich auf ihm niederließen. Die Erben der Phönizier, die Karthager, waren nicht weniger beeifert als sie, die ungeheuren Schätze, die der Boden der Iberischen Halbinsel in sich barg, für sich auszubeuten. Inzwischen hatte aber ein anderes Volk sich zur Selbständigkeit und Bedeutung erhoben und suchte mit Phöniziern und Karthagern zu konkurriren, die Griechen nämlich. Ihre Handelsinteressen veranlaßten sie, ihren Lehrern, den Phöniziern, auch in der Kolonisirung nachzueifern und bald entstanden an den westlichen Gestaden und auf den Inseln des Mittelmeers zahlreiche griechische Kolonien, die öfters auch mit denen ihrer semitischen Nebenbuhler in Konflikt kamen, woraus sich, wie auf Sizilien, weltgeschichtlich bedeutende Kriege entwickelten.

Auch in Iberien ließen sich Griechen in großer Zahl nieder, drängten geradeso wie es die Phönizier und Karthager

gethan hatten, die keltiberische Bevölkerung theils zurück, theils
vermischten sie sich mit ihr, so daß aus den östlichen Küsten-
distrikten die reinen eingeborenen ethnischen Elemente allmälig
ganz verschwanden, und sich zunächst noch in den Hochebenen
des Innern und in den Gebirgsgegenden den Eindringlingen
gegenüber zu behaupten suchten.

Da nahte die Zeit heran, in der der junge römische
Staat sich mit Karthago um die Weltherrschaft zu messen
begann und Spanien wurde nun der Schauplatz der den denk-
würdigen zweiten punischen Krieg eröffnenden Kämpfe. Die
Römer waren siegreich und die Iberische Halbinsel wurde
nach furchtbarem Ringen mit den Eingeborenen ihre Beute.
Schneller als man es bei dem Charakter der Keltiberer erwarten
sollte, nahmen diese jetzt die Kultur und Sprache ihrer Unterdrücker an, ja aus ihrer Mitte gingen viele der bedeutendsten
Staatsmänner und Schriftsteller Roms hervor. Die alte
Kultur und Sprache schwanden so ganz, daß sich bis auf das
Euscaldunac, die Sprache der Basken, kaum irgend welche
bemerkenswerthe Ueberreste davon erhalten haben.

Doch auch das mächtige römische Reich sollte, wie jeder
lebende Organismus, sein Ende finden, sich auflösen und zerfallen. Neue ethnische und Kulturfaktoren, die Germanen und
das Christenthum, halfen den Zersetzungsprozeß des römischen
Kolosses befördern und bereiteten eine neue Ordnung der Dinge
vor; junge Völker lösten die gealterten ab. Spanien erlangte
dabei wol seine staatliche Unabhängigkeit wieder, die es einst
gehabt, aber auch dort traten die Germanen an Stelle der
früheren Unterdrücker, der Römer, und ließen die eingeborenen
Elemente nicht zur Geltung und Herrschaft gelangen. Zuerst
war es der Stamm der Vandalen, der sich dort niederließ
und große Reiche gründete, den ganzen Süden Spaniens für
alle Zeiten mit seinem Namen stempelnd: Andalusien. Auf die
Vandalen folgten die Sueven, auf diese die Westgothen, die

nach der Auswanderung der ersten und der Unterjochung der letztern ihre Herrschaft beinahe über die ganze Halbinsel ausbreiteten.

Im Bewußtsein ihrer Ueberlegenheit und in dem daraus erwachsenden Stolz mochten die Germanen die Bevölkerungsmassen, die sie vorfanden, nicht als gleichberechtigt anerkennen und strenge Gesetze verboten das Heirathen zwischen ihnen und den Romanen, wie sie die Eingeborenen nannten. Diese „Rassengesetze" mußten aber bald aufgehoben werden und die Mischung der Bevölkerung wurde in der Folge eine immer vielfältigere, wozu auch die Juden das Ihrige beitrugen, die zu Hunderttausenden in Spanien lebten.

Die westgothische Herrschaft nahm in Folge des innern Verfalls eine schnelles Ende und wich der der Araber, die dem Hülferuf, der an sie erging, gern Folge leisteten, im Jahre 711 nach Spanien übersetzten und in ununterbrochenem Siegeslaufe die Halbinsel in wenigen Jahren eroberten. Allmälig von den Christen zurückgedrängt, behaupteten sie sich doch beinahe 800 Jahre auf spanischem Boden und vermischten sich natürlich sehr stark mit den andern ethnischen Elementen und Mischungsprodukten, die sie vorfanden und die ihre Reiche in der Hauptsache bevölkerten. Der ganze Süden der Halbinsel war so nachdrücklich arabisirt worden, daß wir dort heute noch auf Schritt und Tritt nicht allein die Spuren der großartigen Kultur der Mauren, sondern auch echt arabisch-maurische Bevölkerung vorfinden.

Im spätern Mittelalter sehen wir nun endlich noch eine materielle Regenerirung des spanischen alten Adels durch zahlreiche Heirathen seiner Glieder mit zum Christenthum gezwungenen Semiten jüdischer Abstammung, weil in den Händen der Juden der Reichthum des Landes lag.

Es liegt auf der Hand, daß die Verbindung so vieler verschiedenartiger Stämme und Rassen auch im Wesen und

Charakter der Nachkommen viele gegensätzliche Eigenschaften und typische Eigenthümlichkeiten erzeugen mußte, so daß, besonders unter dem Einfluß der in sich ebenso verschiedenartigen klimatischen und topographischen Verhältnisse eine einheitliche spanische Bevölkerung nicht entstehen konnte, die einen ausgeprägten einheitlichen Typus aufweist.

Betrachten wir darauf hin nun die Stämme, die wir in den einzelnen Provinzen vorfinden, so werden wir bei ihnen nicht allein tiefgreifende charakteristische Unterschiede bemerken, sondern werden auch begreifen, wie innerhalb einer Nation von etwas mehr als 16 Millionen und in der Kultur des von ihnen bewohnten Landes so große Gegensätze möglich sind, wie diejenigen, die uns überall in Spanien frappiren und den Fremden in der Beurtheilung des Landes beständig beirren.

Die Basken, die echten Nachkommen der alten Iberier, zeigen im Allgemeinen kräftige schlanke Gestalt; ihre Gesichtszüge sind selten sehr einnehmend und schön, und haben gewisse Aehnlichkeit mit den germanischen. Die Augen haben überwiegend graue unbestimmte Farbe, das kurzgeschorne Haar ist dunkelblond oder schwarz; der Bart wird meistens abrasirt. Das charakteristischste in ihrer Kleidung ist die Kopfbedeckung: die flache, sich dem Schädel eng anschließende rothe Karlistenmütze, die die Männer auch außerhalb ihrer Heimath gewöhnlich tragen und durch die sie als Basken und meist auch als Karlisten kenntlich sind. Die Kleidung der Männer wie der Frauen zeigt hier wie im übrigen Spanien wenig besonders Eigenthümliches. Die Nationaltrachten sind ja leider in Spanien wie überall in der europäischen Welt in schnellem Schwinden begriffen. Die plaidartige Manta, der lange mit breitem Kragen versehene Mantel: Capa, sind allein noch übriggeblieben; die Frauen der mittleren Stände tragen zu ihrem eigenen Vortheil noch vielfach die kleidsame Mantilla und den Schleier, die Bäuerinnen das buntseidene Kopftuch.

Mißtrauen und Verschmitztheit, Nüchternheit und Arbeit=
samkeit, Freiheits= und Vaterlandsliebe, Tapferkeit und Un=
abhängigkeitsſinn ſind die Eigenſchaften, die der Baske beſitzt.
Für ſeine uralten Rechte, ſeine Fueros, opfert er Alles und
wer ihm verſpricht, dieſelben wieder herzuſtellen, den unter=
ſtützt er unbedingt und mit voller Hingebung. Dieſer Um=
ſtand und ſeine große Strenggläubigkeit waren es, die ihn
veranlaßten, der ſpaniſchen Centralregierung gegenüber Jahr=
zehnte lang für die Sache des Karlismus einzutreten. Un=
gemein geſchätzt ſind in ganz Spanien die baskiſchen Ammen,
die durch die luxuriöſe Tracht, in die die vornehmen Familien
ſie kleiden, und durch ihre langherabhängenden ſchwarzen Zöpfe
ſofort kenntlich ſind. Ihnen wird zuweilen die Erziehung der
Kinder ganz überlaſſen, weil ſie ſich durch ihre Zuverläſſig=
keit ebenſo wie die galiciſchen vor allen andern ſpaniſcher
Nationalität auszeichnen.

Ein Schritt weiter nach Weſten und wir erkennen im
Galicier (Gallego) den echten Germanen. Man betrachtet ihn
vielfach als ſueviſcher Abſtammung. Er iſt ernſt, gemeſſen,
zuverläſſig, fleißig und außerordentlich gaſtfrei. Trotzdem er
ſich im Allgemeinen von Gemüſe nährt, iſt er doch ſehr kräftig
und dient als Laſtträger in ganz Spanien und Portugal. In
großen Scharen verlaſſen die Gallegos ihre arme Heimath,
um „in der Fremde“, d. h. in Madrid und Liſſabon und in
andern großen Städten ein kleines Kapital zu erwerben, das
ſie befähigt, nach einigen Jahren oder Jahrzehnten in ihre
Heimath zurückzukehren und dort ein kleines Gütchen zu kaufen.
Schöne Geſichtszüge findet man im ganzen Norden Spaniens
bei Männern wie bei Frauen ſehr ſelten.

Die Aragoneſen ſind ein rauhes, unerſchrockenes Berg=
volk und vorzügliche Soldaten. Von mittlerer Größe, haben
ſie in ihrem Aeußern im Allgemeinen wenig Einnehmendes;
ſie ſind rachſüchtig und roh, glühende Patrioten, überaus

freiheitsliebend und nur bedacht darauf, ihre alten Rechte wiederzuerlangen. Charakteristisch für sie ist jene alte Krönungsformel, die ihren Fürsten gegenüber ihre Rechte wahren sollte: „Wir, von denen jeder eben so viel ist wie Du, und die wir alle zusammen mehr sind als Du, wir machen Dich zum König. Wenn Du nach den Gesetzen des Staats regierst, werden wir Dir gehorchen, wenn nicht, nicht." (Garrido-Ruge.) Der Geist, der aus dieser Formel spricht, beseelt die Aragonesen noch heute. Wenig vereinbar scheint mit diesem ungestümen Unabhängigkeitssinn der Umstand, daß die Aragonesen als Diener ganz außerordentlich zuverlässig sind. Das erklärt sich aber leicht dadurch, daß das Verhältniß zwischen Herr und Diener in Spanien sehr wesentlich von dem bei andern Völkern bestehenden abweicht; daß der Diener nicht seine Individualität vollkommen aufgeben muß. Aragonien darf gewissermaßen als Herd des Republikanismus in Spanien angesehen werden.

Der Katalonier ist ein tüchtiger, unermüdlicher Arbeiter; er ist der Träger des Handels und der Industrie in Spanien. Er ist nüchtern, selbstbewußt, egoistisch, anmaßend unter Umständen, roh unter andern und im geselligen Verkehr. Die schwere Arbeit hat ihn geizig und habgierig gemacht, hat den Krämergeist in ihm erzeugt. Katalonien ist ferner der Herd des Provinzialpatriotismus, des Partikularismus. Der Katalane strebt nur dahin, sein ehemaliges unabhängiges Königreich wieder herzustellen, er unterstützt daher jede revolutionäre Bewegung, die sich gegen die Centralregierung richtet, die die Aufhebung des Einheitsstaats anstrebt; er ist glühender Republikaner, und neigt zum Sozialismus. Die rothe phrygische Mütze, die Kopfbedeckung der Männer aus dem Volke, ist bei ihrer Gesinnung nicht unpassend.

Die Bewohner der Hochebenen des mittleren Spanien, der Provinzen Leon, Estremadura, Alt- und Neukastilien weisen die verschiedenartigsten Typen und Charakterzüge auf. Erkennen wir in den Maragatos Leons noch die echten Nach= kommen der Westgothen, die heute noch dem alten Rassen= gesetz entsprechend leben, sich nur unter sich verheiraten; finden wir dort ferner viele sehr deutliche Merkmale jüdischer Abstammung, so ist doch gerade dort die Mischung der Rassen und Völker eine so vielfältige gewesen, daß sie völlig neue selbständige Typen ergeben hat, die wir mit einigem Recht als die des echten Spanierthums bezeichnen dürfen. Wir finden sie in Kastilien besonders. Da zeigen sich z. B. in den höheren Gesellschaftsschichten häufig jene zierlichen Ge= stalten, die sich durch edle Proportionen, durch Feinheit der Glieder, durch das etwas langgezogene, nach unten zugespitzte Oval der Gesichter, auszeichnen. Die einzelnen Landschaften und die großen Städte, besonders Madrid, haben ihre eigenen mehr oder weniger scharf ausgeprägten Typen, die eingehend zu behandeln nicht hier der Ort ist.

Die Kastilier sind aber hinsichtlich ihres Charakters auch die Träger des eigentlichen Spanierthums. Gemessen, ernst und stolz, sind sie die echten Caballeros, die, auch wenn sie nur in Lumpen gekleidet gehn und betteln, nicht ihr Selbst= bewußtsein, ihre Grandezza verleugnen, unter dem Deckmantel der letztern ihre Empfindungen geschickt zu verbergen ver= stehen. In ihrer geringen Bildung halten sie sich nach wie vor für die Herren der Welt, die sich wol in stolzer Herab= lassung dem Fremden gegenüber höflich erweisen, sich jedoch ihm bei weitem überlegen glauben. Daß sie die Rolle, die sie im 16. Jahrhundert in der Welt spielten, längst auf= geben mußten, daß ihr großes Reich von damals längst auf einen kleinen Bruchtheil zusammengeschrumpft ist, daß ihnen nicht mehr die Schätze beider Indien zufließen, das haben sie vergessen. Tüchtig zu arbeiten halten sie die höhern Stände für unter ihrer Würde, so fristen sie ein kümmerliches Dasein, suchen nur den Schein der Größe und des Reichthums nach außen zu wahren, ihre Bettelhaftigkeit mit Flitter zu verkleiden und nähren sich von — der Politik; wir werden sehn auf welche Weise.

In Valencia finden wir viele Typen, die ziemlich deutlich und direkt auf die Griechen, auf die Römer zurückweisen, daneben eine Masse von solchen, die die Spuren der Mischung verschiedener Elemente zeigen, unter denen das arabisch=maurische so sehr überwiegt, daß wir an vielen Orten die Bevölkerung sogar geradezu als maurisch bezeichnen dürfen. In ihrem Charakter sind die Valencianer den Andalusiern sehr ähnlich. Größte Leidenschaftlichkeit ist ihr Merkmal. Die Verbrecherstatistik von Valencia und Sevilla weist erschreckende Ziffern auf, denn die Glut der Empfindungen, die Rachsucht, die Eifersucht fordern dort täglich ihre Opfer.

Wie der landschaftliche Charakter in Südvalencia und in Murcia, so ist auch die Bevölkerung dort ganz afrikanisch. Dort wie in vielen Bezirken Andalusiens bedarf es nur der orientalischen Tracht, um die Spanier zu Arabern und Mauren zu machen. Die sozialen Verhältnisse, zahllose Einzelheiten des alltäglichen Lebens, der dortigen Kultur sind heute noch ebenso wie sie unter der arabischen Herrschaft waren, weisen direkt auf die Araber und Mauren zurück. Viele körperliche Reize zeichnen die Andalusier, besonders das weibliche Geschlecht aus. Das blauschwarze Haar, die schwarzen Augen, der brünette Teint, die sehr zierlichen beweglichen Gestalten, die Feinheit und Kleinheit der Hände und Füße werden auf das vortheilhafteste unterstützt durch das lebhafte Mienenspiel, durch geschmackvolle Kleidung, geschickte Wahl der Farben für dieselbe, durch den Blumenschmuck, die Mantilla und den Fächer. Der Beweglichkeit des Körpers entspricht die des Geistes. Viele der bedeutendsten Schriftsteller, fast alle großen Maler, manche große Staatsmänner

der Gegenwart und Vergangenheit sind aus Andalusien her=
vorgegangen — freilich auch alle berühmten Stierfechter.

Endlich müssen wir der Zigeuner gedenken, die zu Tau=
senden seit den Zeiten der Araber in Andalusien leben und
in kümmerlicher Weise, meist in Erdhöhlen hausend, ihr Da=
sein fristen. Nur zum Theil treiben sie Gewerbe und wenden
sich alsdann mit Vorliebe der Eisenindustrie zu. Bei ihnen
werden wunderbarer Weise allerdings auch die alte spanische
Nationalmusik, die Nationaltänze und die alten Volkslieder
lebendig erhalten. Die Zigeunermädchen gelten als die vorzüg=
lichsten Tänzerinnen Spaniens, dessen Töchter sie meist auch an
Grazie übertreffen. Will man diese alten zauberhaften spani=
schen Volksweisen hören, die alten Tänze sehen, so kann man
das eigentlich nur noch bei den Zigeunern Sevillas und Gra=
nadas. Die Männer stellen den Kontrebandiers und Stier=
fechtern wegen ihrer Gelenkigkeit und Geschicklichkeit ein sehr
großes Kontingent. Im Uebrigen aber üben die Zigeuner
keinen gestaltenden Einfluß auf die Bevölkerung und Kultur
Spaniens aus; sie leben nach ihren uralten Gesetzen, Sitten
und Gebräuchen, und mieden bis vor Kurzem noch sehr streng
jede Vermischung mit den Spaniern. Neuerdings hört man
jedoch alte Zigeuner schon zuweilen über die Entartung der
heutigen Generation klagen, weil Heiraten zwischen Spaniern
und Zigeunern häufig zu werden beginnen.

So erblicken wir also auch innerhalb der spanischen Be=
völkerung die größten Gegensätze in den physischen, wie in den
geistigen Anlagen. Vielleicht werden sie bald, jedenfalls aber
in nicht zu langer Zeit in dem Maße schwinden, wie die Be=
wohner der sich heute feindlich gegenüberstehenden Provinzen
durch Verbesserung und Vermehrung der Kommunikationsmittel
und =Wege in innigeren Kontakt mit einander gebracht und da=
durch in eine mehr einheitliche Macht, in eine Nation ver=
schmolzen werden.

2.

Weisen die Erscheinungen des heutigen Kulturlebens im Allgemeinen und des sozialen im Besondern vielfach auf uralte Zeiten, auf die klimatischen, auf die Bodenverhältnisse, auf die Mischung der Völker und Rassen zurück, die Spanien im Laufe zweier Jahrtausende bewohnt haben, so werden die politischen Zustände des Landes, die Grundlagen und Grundideale des Staatslebens, die Eigenthümlichkeiten des spanischen Parlamentarismus der Gegenwart wiederum nur verständlich, wenn wir die früheren Perioden der Geschichte kennen. Die Gegenwart ist dort eben ohne die Vergangenheit gar nicht begreiflich, und die Kunde der letztern vielleicht in keinem Lande, für den Touristen selbst, so erforderlich wie in Spanien. Auf Schritt und Tritt finden wir die Denkmäler früherer Kulturen, die deutlichen Spuren der vielen Wandlungen, denen die Geschicke der Iberischen Halbinsel unterworfen gewesen sind. Und ebenso ist es, wenn wir den Blick auf die innere Organisation des Staats, auf die erbitterten Parteikämpfe und Bürgerkriege dieses Jahrhunderts werfen; auch da zeigen sich die Wirkungen von Faktoren, deren Ursprung bis in die Anfänge des spanischen Staatslebens, der Existenz des spanischen Volkes zu verfolgen ist. Besonders ragt überall noch das spätere Mittelalter in die Gegenwart hinein, bedingt diese und will den Heutlebenden noch seine Denkweise, seine Ideale zumuthen. Und dieses Streben des Geistes des Mittelalters ist leider kein fruchtloses, weil die höheren Stände noch von den Privilegien leben, die ihnen in jenen Zeiten gewährt wurden. Fallen diese dem modernen Zeitgeist zum Opfer, so ist die Schmarotzerexistenz jener Stände mit einem Schlage vernichtet und so nur wird es erklärlich, daß wir in Spanien heute noch theilweise die Kultur und Weltanschauung studiren können, die vor 300 Jahren in ganz Europa die herrschenden waren.

Die im vorigen Kapitel gegebenen Grundlagen für die Beurtheilung der das moderne Geistesleben charakterisirenden Umstände, werden daher noch zum Verständniß der politischen Zustände des Landes durch einige der wichtigsten und für die Gegenwart bedeutungsvollsten Ereignisse zu ergänzen sein.

Die Wiege des spanischen Staats haben wir im Norden des Landes, in den südlichen Abhängen der Pyrenäen zu suchen. Als die Araber den Boden der Iberischen Halbinsel betraten, der Herrschaft der Westgothen ein Ende machten, flüchteten sich kleine Scharen der letzteren in die Gebirgs= gegenden des Nordens, wohin ihnen die Feinde nicht nach= folgen konnten, wo sie ihre Unabhängigkeit bewahrten und kleine selbständige Reiche gründeten. Es entstanden in Asturien, in Biscaja, in Navarra und Aragon Staatsorganismen, die von germanischem Geist beseelt waren und deren Führer mit kühnem Muth den Kampf gegen die Uebermacht der Feinde leiteten, um zum Lohne dafür alsdann zu beliebten Helden= gestalten der Dichtung zu werden. Asturien, von Pelayo ge= gründet, vermochte unter der Leitung thatkräftiger Könige, wie Alphons des Großen, schon im Laufe des achten Jahrhun= derts bedeutende Länderstrecken zu erobern und seine Grenzen weit hinaus zu stecken. Auch das Reich Sobrarbe wuchs bald und sollte durch seine Verfassung besonders bedeutend werden. Diese letztere war im Grunde völlig republikanisch, denn wenn auch ein König an der Spitze des Staatswesens stand, so war seine Macht doch durch die Kortes, durch die Institution des

Oberrichters „Justitia" eine außerordentlich beschränkte. Dies wurde nicht anders als Sobrarbe sich zum Königreich Aragon entwickelte; der germanische Individualismus, das republikanische Selbstbewußtsein, die unbeugsame Willenskraft eines unter schwierigen äußeren Verhältnissen sich entfaltenden Organismus verliehen diesem Staate seine hohe Bedeutung, seine große Macht und befähigten ihn, im dreizehnten Jahrhundert schon eine gewichtige weltgeschichtliche Rolle zu spielen. Im stolzen Bewußtsein ihrer Leistungsfähigkeit und ihrer Kraft, suchten die Aragonesen ihre alten Rechte und ihre Unabhängigkeit auch zu wahren, als sie zu Anfang des fünfzehnten Jahrhunderts den Infanten Ferdinand von Kastilien auf ihren Thron beriefen, nachdem das aragonesische Königsgeschlecht erloschen war. Wie oft ihre Fürsten und ihr Klerus sich auch bemühten, die alten Volksrechte zu vernichten, die unbequemen Beschränkungen ihrer Macht zu beseitigen, so blieben doch die Verfassung, die Staatsinstitutionen, die Fueros von Aragon, seine Kortes im Grunde unangetastet und es bedurfte einer Persönlichkeit wie Philipps II., es bedurfte des durch diesen Herrscher vertretenen Absolutismus, um die im germanischen Individualismus wurzelnden Sonderrechte der Aragonesen zu vernichten.

Kastilien erlangte das Uebergewicht über alle andern nordspanischen Staaten; auch Aragon mußte sich unterordnen, aber der Geist, der diese alten Königreiche beseelt hatte, die mindestens ebenso alt, ebenso zur Allgemeinherrschaft berechtigt waren, wie Kastilien, konnte nicht erstickt werden. Ja, er lebt heute noch fort und bekundet sich in den parlamentarischen Kämpfen der Gegenwart, in den Bürgerkriegen, die Spanien in diesem Jahrhundert erschüttert haben. Die im vorigen Kapitel angegebene Krönungsformel der Aragonesen wurde freilich von Philipp II. abgeschafft, der Geist, der sie diktirte, konnte aber weder durch staatlichen noch geistlichen

Despotismus erstickt werden und charakterisirt dieses rauhe Bergvolk heute noch, wie wir vorher bemerkten. Die partikularistischen Bewegungen der jüngsten Zeit, die Karlistenkriege, die Kämpfe der Basken für ihre Fueros, die Revolutionen der Katalonier, die „zentrifugalen" Bestrebungen aller Provinzen, sich von der Obmacht Kastiliens zu befreien — und zahllose verwandte Erscheinungen der Gegenwart in Spanien, weisen alle auf die älteste Geschichte der spanischen Kleinstaaten, auf den Unabhängigkeitssinn, den Freiheitsdrang, kurz den Geist zurück, der jene beseelte.

Der Parlamentarismus Spaniens mit allen seinen charakteristischen Merkmalen, die ihn abweichend erscheinen lassen von dem andrer Länder, hat seine rohen Keime in den Verfassungskämpfen der nordspanischen Staaten. Die Kortes dieser letztern sind die direkten Vorfahren der heutigen. Wenn wir überrascht sind zu sehen, daß das moderne Spanien trotz seiner völligen geistigen Knechtschaft so viele Beweise von frischer Lebenskraft aufweist, wenn wir innerhalb der Kortes und im öffentlichen Leben so viele freiheitliche Regungen erblicken, wenn es uns räthselhaft erscheint, wie alle revolutionären Bewegungen dort so viele Unterstützung finden können, wie es thatsächlich der Fall ist, so giebt die Geschichte früherer Zeiten, so giebt der Charakter des Volksgeistes dafür die Erklärungen, und wir werden in den nächsten Abhandlungen noch oft gezwungen sein, in der Vergangenheit die Lösung der Räthsel zu suchen, die die Gegenwart uns in Spanien in großer Zahl vorlegt.

Die Verbindung Ferdinands von Aragonien mit Isabella von Kastilien, im Jahre 1469, wurde der Grundstein für das einheitliche Staatsgebäude Spaniens und zugleich eine der Vorbedingungen für die Machtentfaltung, die wir im nächsten Jahrhundert eintreten sehen, aber auch für den grenzenlosen Despotismus, dem alle individuellen Menschen- und Staatsrechte zum Opfer fielen. In wie weit dieser Geist heute noch sein Unwesen treibt, werden wir in der Folge erkennen. Die innigere Verbindung der staatlichen mit den geistlichen Interessen, gewährte dem Thron wie der Kirche enorme Vortheile und verlieh diesen beiden einflußreichsten und gestaltenden Faktoren der spanischen Kultur jene gewaltige Macht, die sie — zum Schaden des Landes — weiblich gebrauchten, oder richtiger mißbrauchten, bis es ihnen gelungen war, diesen lebensvollen Organismus, wenn nicht völlig zu tödten so doch der Fähigkeit kräftiger Fortentwicklung so gänzlich zu berauben, daß er jetzt nach Jahrhunderten dieser traurigen Scheinexistenz sich noch nicht erholen kann.

Die Einnahme Granadas, die Entdeckung Amerikas 1492, die ungeheuren Erfolge, die in diesem Erdtheil erzielt, die Schätze, die von dort nach Spanien überführt wurden, gaben dem Lande nach außen hin das höchste Ansehn, erhoben es zum Range einer Weltmacht. Der Rückschlag sollte aber nicht lange auf sich warten lassen. Das Auswanderungsfieber, oder besser das Goldfieber, das die Erwartung erzeugte, unaufhörlich in der neuen Welt unerschöpfliche Reichthümer zu finden, trieb Millionen von Spaniern in die Ferne und zum Theil in das Elend. Die Romantik des Seeritterthums erfaßte die ganze spanische Welt. Die Zurückbleibenden: die Regierung, der Adel und der Klerus genossen alle Vortheile, alle Privilegien, die sie nur irgend wünschten; das genügsame Volk nahm in sehr beschränktem Maße auch Theil an den großartigen materiellen Ergebnissen der amerikanischen Eroberungen. Die Nation hörte auf produktiv zu sein, sie lebte von dem Ertrage der Kolonien, und in ihrer Kurzsichtigkeit, in ihrem dünkelhaften Uebermuth, in ihrem religiösen Fanatismus, ließen Thron und Kirche sich verleiten, die ackerbau- und gewerbtreibende Bevölkerung der Mauren, Moresken und Juden aus Spanien zu vertreiben. Die Inquisition wüthete gegen die Protestanten, alle Nichtkatholiken und — alle Besitzenden und half, das Land an den Rand des Ver= derbens bringen, indem auch sie das ihrige dazu beitrug, alle thätigen Individuen entweder zu vertreiben oder in das Elend zu stürzen und zu tödten und das Land aller der Kräfte zu berauben, die die Kultur desselben fördern konnten. Als daher die Quellen allmählig versiegten, aus denen Spanien seinen Wohlstand geschöpft, seine Existenzmittel gewonnen hatte, als es nothwendig war, die Schätze zu verwerthen, die der Boden der Halbinsel besaß, als Handel und Gewerbe einen Ersatz liefern sollten, für das, was man nicht mehr von den Kolonien erhielt, da fehlte es an brauchbarem tüchtigen Menschenmate= rial, da stellte es sich heraus, daß die Bevölkerung von 6 bis 7 Millionen zum weitaus größten Theile aus Individuen bestand, die nicht nur nicht zu arbeiten gelernt hatten, son= dern sich auch für zu stolz zum arbeiten hielten, in ihrer Unbildung und völligen geistigen Stumpfheit, die durch den Zwang des Dogmatismus erzielt worden war, nicht einmal zu erkennen vermochten, daß sie und mit ihnen der eben noch allmächtige Staat mit Riesenschritten dem gänzlichen Verfall entgegengingen. Wie so manchem Reichen, der den Werth des Geldes, das er besitzt, nicht kennt, in thörichter Verblen= dung auf den Ruin loswirthschaftet und endlich zum finan= ziellen und moralischen Bankerott gelangt, so erging es Spanien. Auf die scheinbar so großartige glänzende Kultur des sechszehnten Jahrhunderts folgte der gänzliche Verfall des siebzehnten und achtzehnten. Wenn wir heute viele sehr bedenkliche Erscheinungen in Spanien bemerken, die Staats= maschine als sehr schadhaft erkennen und kaum fähig, weiter zu funktioniren trotz der unendlichen Flickarbeit, die man an ihr in diesem Jahrhundert vorgenommen hat, so sind die Gründe dafür wiederum in früherer Zeit zu suchen, so ist das System der grenzenlosen Mißwirthschaft der letzten Jahrhunderte dafür verantwortlich zu machen und es würde einen sehr beschränkten kurzsichtigen Geist verrathen, wollte man die heutigen Spanier für alles verantwortlich machen, was uns an ihnen und in ihrem Hause nicht gefällt. Es erfüllte sich eben der Fluch, den die Opfer der Inquisition, in den Flammen der Scheiterhaufen sterbend, gegen die unselige despotische Doppelherrschaft der Regierung und der Kirche schleuderten.

Das Erlöschen des Habsburgischen Königshauses im Jahre 1700 beschwor den spanischen Erbfolgekrieg herauf, der alle Großmächte Europas in Bewegung setzte und mit seinen Folgen und Einflüssen ebenfalls bis in die Gegenwart hinein= reicht. Mit Ludwig's XIV. Enkel, Philipp von Anjou, drangen französischer Geist, französische Staatsideale und französische Kultur in Spanien ein, um theilweise bis zum Sturz der Regierung Isabella's II. geltend zu bleiben. Selbst heute finden wir zahllose Spuren des tiefgreifenden Einflusses des Nachbarvolkes auf die spanische Nation. Freilich machten sich auch durch Vermittlung der Franzosen die emanzipatorischen und freiheitlichen Regungen des europäischen Geistes allmälig bemerkbar, ergriffen sogar die leitenden Kreise, fanden auch dort selbst in einem gekrönten Haupt einen Vertreter. Karl III. (1759—1788) hatte die kühne, verwegene Idee, in seinem Lande die Reformen einzuführen, die Friedrich der Große von Preußen, Joseph II. von Oesterreich, diese gekrönten Frei= geister und Revolutionäre, und manche bedeutende Staats= männer, wie Pombal, in ihren Ländern erstrebten. Karl III. und seine Berather wollten gut machen, was ihre Vorgänger seit über 200 Jahren gesündigt hatten, sie wagten es, die Jesuiten aus ihrem Heimathslande, dem Hort des unduld= samsten aller Glaubensbekenntnisse, zu vertreiben, den Schrecken des Inquisitionstribunals ein Ziel zu setzen, wenngleich sie nicht so weit gehen durften, dieses furchtbare Institut ganz aufzuheben. Allerdings war er, wie die aufgeklärten Fürsten

der anderen Länder, noch weit entfernt von dem politischen
Liberalismus der Gegenwart, von der Anerkennung der in=
dividuellen und Volksrechte, von den Prinzipien des wahren
Konstitutionalismus. Blieb somit seine reformatorische Thätig=
keit nur Stückwerk, so strebte Karl III. doch immerhin be=
wußtermaßen das Beste seines Landes an, und dieses verdankt
ihm manche wichtige Neuerungen. Er suchte den gänzlichen
kulturellen Verfall aufzuhalten, und erkannte, daß eine ratio=
nelle Bodenkultur hierzu in erster Linie erforderlich sei. So
ließ er fremde Kolonisten nach Spanien kommen, siedelte
deutsche Einwanderer in der Sierra Morena an, that viel
für Hebung der Gewerb= und Handelsthätigkeit seines Volkes.
Doch die meisten seiner Bemühungen waren vergebens, denn
sie scheiterten an dem Stumpfsinn, in den die Massen ver=
fallen waren, an dem Widerstande, den die privilegirten Stände,
besonders der Klerus, seinem Wirken entgegensetzten. Seit=
dem die Moresken und Juden, die Kulturträger Spaniens,
vertrieben worden, hatte das Land aber keinen so energischen
Anlauf gesehen, wie der Karls III. war, es wieder aus seiner
Gesunkenheit zu erheben, und hätte dieser König Nachfolger
auf dem Throne gehabt, die seine Bestrebungen mit gleicher
Energie fortsetzten, so würde Spanien am Schlusse des vorigen
Jahrhunderts vielleicht wieder in die Reihe der Kulturstaaten
eingetreten sein und seine Landesehre gerettet haben. Karl IV.
aber entbehrte nicht nur aller hohen Eigenschaften seines Vaters,
sondern war ein schwachsinniger Mensch, der völlig unter dem
Einfluß seiner unwürdigen Gattin und deren allmächtigem
Günstling Godoy stand. So gingen die Errungenschaften
einer erleuchteten Regierung gänzlich verloren und Spanien
wurde durch seine Leiter zum willenlosen Spielball fremder
Mächte und zwar zunächst des Kaisers Napoleon, an den
Godoy, der „Friedensfürst", das Land, das Volk und seine
Dynastie verrieth und um schnödes Geld verkaufte.

Jetzt endlich zeigte das spanische Volk, daß es noch einen Funken Lebenskraft in sich bewahrt hatte, indem es sich gegen die Fremdherrschaft erhob. Der 2. Mai 1808 eröffnete eine neue Lebensphase des spanischen Volkes und bildet ein wichtiges, Epoche machendes Datum in seiner Geschichte, es eröffnet die Periode der „Neuzeit" für Spanien. Karl IV. hatte unter der Wucht eines Volksaufstandes, der sich gegen Godoy richtete, abdanken müssen und hatte seinen Sohn Ferdinand VII. zum König eingesetzt. Diese Wandlung gefiel dem Kaiser Napoleon jedoch durchaus nicht, er beschied daher Vater und Sohn zu sich nach Bayonne, enthob sie beide ihrer Macht, berief eine Abgeordnetenversammlung ein und ließ diese unter der Spitze seines Schwertes seinen Bruder Joseph Bonaparte zum König von Spanien ernennen. Diese Ereignisse rüttelten das Volk aus seinem Schlafe auf, und die kühne That jener 3 Officiere: Jacinto Ruiz, Luis Daoiz und Pedro Velarde, die am 2. Mai den Kampf gegen die Franzosen in Madrid begonnen, setzte das ganze Volk in Bewegung. Und so mächtig wurde der Widerstand, den die Spanier den geschulten Heeren Napoleons leisteten, daß dieser seinen Bruder Joseph nicht auf dem spanischen Thron zu halten vermochte und sich 1813 gezwungen sah, Ferdinand VII. als König anzuerkennen.

Die gebildeteren Klassen des Volkes waren von dem Geist erfaßt worden, der die Revolution von 1789 heraufbeschwor und die Liberalen strebten dahin, auch Spanien der Freiheiten theilhaftig werden zu lassen, deren sich Nordamerika und das revolutionäre Frankreich erfreuten. Aber das Volk, das bedingungslos immer nur seinen Priestern gehorcht hatte, das von diesen in der furchtbarsten Unbildung erhalten worden, war für die modernen Ideen so ganz und gar nicht reif, daß es besinnungslos hin und herschwankte, und, der eigenen Urtheilskraft gänzlich ermangelnd, aus einem Extrem in das andere

verfiel, bald mit den Liberalen für das angestammte Königs=
haus, bald mit den Pfaffen gegen die Liberalen, als die
Träger des Freidenkerthums, kämpfte. Ein anarchischer Zu=
stand trat darüber im ganzen Lande ein und überall bildeten
sich Provinzialjuntas, politische Körperschaften, die unabhängig
von einander operirten, und ihre Distrikte beherrschten. Aus
dem Volke erstanden jedoch auch manche tüchtige Führer, die
die kleinen Freischaaren bald gegen die Fremden, bald gegen
die Liberalen, bald gegen die Konservativen und Orthodoxen
führten. 1810 wurden dann von den eigentlichen Leitern der
ganzen Bewegung die Vertreter des Volkes zu den konstituiren=
den Kortes nach Cadiz einberufen, von wo aus der Kampf
gegen Joseph Bonaparte geführt wurde. Dort wurde auch
im Jahre 1812 jene Verfassung geschaffen, die seit jener Zeit
das Ideal geblieben ist, dem die freisinnigen Politiker nach=
gestrebt und das sie bei allen Kämpfen der folgenden Jahr=
zehnte zur Grundlage genommen haben.

Ferdinand VII. mußte dem Gros der Spanier als ein
Märtyrer erscheinen und es war um so mehr geneigt, in ihm
den Repräsentanten des einheitlichen Spanien zu betrachten,
als es seinen Charakter noch nicht kennen gelernt hatte, und
von ihm erwartete, daß er die Volksrechte, die Volkssouverainetät
und die vom Volke beschlossene Verfassung achten und so den
Spaniern danken würde für die Ströme Blutes, die sie ihm
und seiner Sache freudig geopfert hatten. Kaum aber sah der
Klerus die fremdländischen Feinde, die Franzosen, mit ihrem
König Joseph in die Enge getrieben und die nationale Sache
gefördert, so bot er seine ganze Macht auf, um das un=
mündige Volk gegen die Liberalen und die Träger der freien
Verfassung aufzuhetzen, und als Ferdinand nun den Thron
Spaniens bestieg, hatte er nichts eiligeres zu thun, als die
seinen absolutistischen Plänen gänzlich zuwiderlaufende Kon=
stitution von 1812 abzuschaffen und unterstützt durch den

Klerus, die Mönche und den Adel den Kampf gegen die Liberalen und Demokraten zu unternehmen, die ihm den Weg zum Thron gebahnt hatten. Die Inquisition, die 1808 aufgehoben worden war, wurde wieder hergestellt, das klerikal-absolutistische Regiment in seiner ganzen Herrlichkeit wieder eingesetzt, und das Reich ging darüber seiner gänzlichen Zerrüttung entgegen. Die Kolonien sagten sich los, die anderen Großmächte benutzten die Schwäche Spaniens, um in fernen Welttheilen ein Stück Landes nach dem andern sich zuzueignen; das Heerwesen, das Schulwesen wurden gänzlich vernachlässigt, die Finanzlage wurde trostlos und das Volk um alles das gebracht, was es in schwerem Kampfe errungen hatte. An Stelle einer von einem weitsichtigen genialen Despoten eingesetzten und geleiteten Fremdherrschaft war wiederum der Absolutismus in seiner verhängnißvollsten Verbindung mit der geisttödtenden Pfaffenwirthschaft in seine alten Rechte eingesetzt. Die Zahl der selbständigen Denker, der Vertreter des modernen Zeitgeistes, der Fortschrittler war aber zu groß geworden, als daß diese Reaktion ohne Folgen bleiben konnte und ruhig hingenommen wurde. Und wieder sollte Cadiz die Ehre Spaniens retten. 1820 erhob sich dort ein neuer Aufstand, der von Riego und Quiroga geleitet wurde und der König sah sich gezwungen, die Verfassung von 1812 zu beschwören. Die revolutionäre Bewegung, die das ganze Volk erfaßt hatte, wurde hierdurch beschwichtigt, in kurzer Zeit waren wichtige Reformen durchgeführt und es hatte den Anschein, als ob Spanien endlich den Weg des Heils und Fortschritts betreten wollte. Doch zunächst erhoben sich nun die Klerikalen wieder und hetzten in den nördlichen Provinzen das Volk unter dem Vorgeben auf, den „gefangenen" König befreien und den alten Zustand der Dinge wieder herstellen zu wollen. Denn die Aufhebung der Klöster, die Einziehung der Kirchengüter und viele andere Maßnahmen hatten die

Diener der Kirche auf das empfindlichste geschädigt. Da je=
doch die Liberalen diesen Bestrebungen gegenüber siegreich
blieben, aus den Neuwahlen des Jahres 1822 die Vertreter
des Konstitutionalismus sehr gekräftigt hervorgingen, der König
von einem ganz liberalen Ministerium umgeben war, so hielten
die fremden Mächte es für angezeigt, für die Sache des be=
drohten staatlichen Absolutismus einzutreten und am 7. April
überschritt ein französisches Interventionsheer unter dem Ober=
befehl des Herzogs von Angoulème die Grenzen Spaniens,
um das Land „von der Revolution zu befreien". Die Fran=
zosen, durch die Apostolischen unterstützt, waren siegreich und
noch im September desselben Jahres fiel Cadiz, wohin die
Regierung und die Kortes sich geflüchtet hatten. Ferdinand VII.
wurde nun wieder in seine Rechte eingesetzt und zeigte seinen
wahren Charakter, indem er alle von 1820 bis 1823 ge=
faßten Beschlüsse für nichtig erklärte, nachdem er kurz vorher
das Gegentheil versprochen hatte. Die furchtbarste Verfolgung
der Liberalen begann nun, alle Schrecken der Reaktion brachen
über das unglückliche Land herein, und doch, weil Ferdinand
die Inquisition nicht wiederherzustellen wagte, um nicht da=
durch den Unwillen des Volkes von Neuem zu erwecken und
auf die Spitze zu treiben, genügte sein Verhalten den Ortho=
doxen nicht. Diese wandten sich dem Bruder des Königs
Don Carlos zu und eröffneten die Minirarbeiten, die alsbald
zu den Karlistenkriegen führten, die während mehrerer Jahr=
zehnte bis 1875 dauerten. Doch war dies nicht die einzige
Veranlassung zu diesen verheerenden Bürgerkriegen.

Don Carlos war im Falle des Ablebens des Königs
der nächste Thronerbe, wenn Ferdinand nicht einen Prinzen
als solchen hinterließ. Die Spannung, die zwischen den Brü=
dern bestand, veranlaßte den König, 1830 das Salische Gesetz
von 1713 aufzuheben, durch das Prinzessinnen von der Herr=
schaft ausgeschlossen wurden, denn er hoffte dadurch der Nach=

Tierds, Geistesleben Spaniens.   3

folge seines Bruders vorzubeugen. Als nun am 10. Oftober
1830 Isabella geboren wurde, erloschen somit die Ansprüche
von Don Carlos auf den spanischen Thron und dieser sowol
wie später sein Sohn suchten von jener Zeit an durch das
Schwert zu erhalten, was ihnen durch die Aufhebung des
Salischen Gesetzes entzogen war. Die beiden Prätendenten
wußten jedoch den Klerus für sich zu gewinnen, so daß die
Sache des Karlismus auf das engste verbunden, ja identisch
wurde mit der Sache der Kirche; sie verstanden es, den Par=
tikularismus der Basken in ihre Dienste zu nehmen und da=
mit erhielten die karlistischen Bestrebungen den Charakter, den
sie bis heute bewahrt haben.

Die Geschichte Spaniens während der Regentschaft der
vierten Gattin Ferdinands: Maria Christina, und der Re=
gierung ihrer Tochter Isabella II., ist eine ununterbrochene
Reihe innerer Kämpfe, die zuweilen große Dimensionen an=
nahmen und das ganze Land bald mehr bald weniger er=
schütterten. Alle Kräfte, alle Ideale, die je auf die Gestal=
tung der spanischen Verhältnisse eingewirkt haben, sehen wir
in dieser Zeit in Reibung mit einander. Die Kortes, die
politische Journalistik, die Schlachtfelder waren die Kampf=
plätze, auf denen mit Worten, Schriften und Pulver und Blei
die Parteien sich befehdeten, die wir in unabsehbarer Zahl
und Schattirung entstehen sehen.

Als Königin strebte Isabella beständig nach der Wah=
rung aller traditionellen Vorrechte des spanischen Absolutis=
mus; als Spanierin, in spanischer Schule und Weltanschauung
erwachsen, gehorchte sie bedingungslos den Geboten des Klerus.
Unduldsamkeit, Fanatismus, mittelalterliche Unbildung einer=
seits, Despotismus, Günstlingswirthschaft, rücksichtsloser Sub=
jektivismus andrerseits, charakterisiren die Regierungszeit dieser
Königin, die durch ihr Privatleben den Gegnern des von ihr
vertretenen Systems willkommene Gelegenheit bot, ihren Sturz

vorzubereiten, der durch die Septemberrevolution des Jahres 1868 erfolgte und in ganz Spanien die allgemeinste Freude hervorrief, weil sie das Land von einem nachgerade unerträglich gewordenen Druck befreite.

Die Folgezeit sollte allerdings auch noch nicht die ersehnte, für das Land so sehr nothwendige Ruhe bringen. Denn es begannen zunächst unter der provisorischen Regierung Serrano's und Prim's die großen parlamentarischen Kämpfe, die in ganz Europa wiederhallten, weil sie sich weit über die Grenzen des nationalen Interesses hinauserstreckten und Prinzipienfragen von höchster Bedeutung zum Gegenstande hatten. Nachdem das monarchische Ideal zunächst den Sieg davongetragen hatte, setzte die Frage nach einem König wieder alle Geister in Bewegung. Dom Fernando von Portugal wollte ebenso wenig wie Dom Luis etwas von dem Iberischen Einheitsstaat wissen und die spanische Krone annehmen. Die Thronkandidatur des Prinzen Leopold von Hohenzollern-Sigmaringen drohte einen europäischen Konflikt heraufzubeschwören; Amadeo von Aosta, der Sohn Victor Emanuels, der Herzog Thomas von Genua lehnten die Krone ebenfalls ab. Der Herzog von Montpensier, der gern zugegriffen hätte, war Napoleon III. nicht genehm und fand in Prim und seiner Partei mächtige Gegner. Isabella's Sohn, Alfonso, war, wie das ganze Königsgeschlecht der Bourbonen, von der Herrschaft ausgeschlossen. Don Carlos (VII.) vermochte nicht, sein „Recht" anders zur Geltung zu bringen, als in neuen, den Norden Spaniens verwüstenden Kriegen. Als sich dann endlich Amadeo entschloß, den Thron Spaniens einzunehmen, als Prim das Opfer eines politischen Mordes geworden war, wurde dem Provisorium ein Ende gemacht. Das anspruchslose Wesen des freisinnigen italienischen Fürsten entsprach jedoch den Wünschen der Spanier nicht und sie machten ihrem Wahlkönig das Leben so schwer, daß er nach kaum zweijähriger Regierung der Krone entsagte und Spanien verließ. Jetzt erlangten die Republikaner das Uebergewicht und nach einander versuchten Pi y Margall, Salmeron und Castelar ihre Ideale zu verwirklichen. Doch auch die Herrlichkeit der Republik war nur von kurzer Dauer und das monarchische Prinzip gewann wieder die Oberhand. Die Anhänger Alfonso's waren inzwischen thätig gewesen und da man keinen andern Kandidaten fand, da das Volk der Experimentalpolitik müde war, sich nach Ruhe sehnte, so nahm es den 21jährigen Jüngling, den das Heer im Norden zum König proklamirt hatte, 1875 als solchen in seine Mitte auf. Wird seine Regierung lange dauern?

3.

Zwei Faktoren sind es, die nicht allein die gesammte materielle, sondern auch die intellektuelle Kultur und das Geistesleben des modernen Spanien durchaus beherrschen, in ihrer Entwicklung bedingen: Die Religion und die Politik. Ist die erstere überall im Völkerleben als Grundlage der Kultur zu bezeichnen, wo sich Nationen aus eigener Kraft aus dem Zustande thierischer Rohheit zu gesitteten Verhältnissen erhoben haben, spielte sie in den Anfängen der Menschheits= geschichte eine gewichtige Rolle, so sollte man geneigt sein, ihr für Spanien keine so hohe gestaltende Bedeutung zuzumessen, da dieser Staatsorganismus ein sehr junger und aus uralten. hervorgewachsen ist. Wenn trotzdem heute noch jede Frage in Spanien politischen oder religiösen Charakter annimmt, wenn die Macht der Kirche und der Religion vielleicht in keinem Lande der civilisirten Welt so unumschränkt ist, wie dort, so liegen die Gründe dafür allerdings auch wieder klar auf der Hand, wenn man einen Blick in die Geschichte des Landes thut. Jene kleinen Staatsorganismen, aus denen der Einheits= staat von heute zusammenwuchs, entstanden im Kampfe der Vertreter des Christenthums gegen die des Islam.

Mit Stolz und mit einem gewissen Recht bezeichnen sich die Spanier als „alte Christen", und wollen sich als Stützen, ihr Land als Hort des wahren Glaubens, des apostolischen orthodoxen römisch=katholischen Religionsbekenntnisses betrachtet

wissen, nennen es das Besitzthum der „Allerheiligsten Jung=
frau", der nirgendwo ein so ausgebreiteter und entwickelter
Kultus dargebracht wurde und wird. Und in Wirklichkeit
bestand die Strenggläubigkeit in Spanien schon lange ehe von
einem Staate dieses Namens die Rede war.

Es ist schwer zu beurtheilen, ob den Iberern oder Kelti=
berern schon die Strenggläubigkeit eigen gewesen ist, ob sie
zu religiösem Fanatismus geneigt haben, ob diese Disposition
unter der Herrschaft der Karthager noch gekräftigt wurde,
jedenfalls waren dann aber diese ältesten Bevölkerungselemente
nicht sehr konservativ in ihrem Glauben, denn die griechischen
und römischen Kulte fanden auf der Iberischen Halbinsel offen=
bar nicht nur leichten Eingang, sondern auch großen Anhang.
Im Uebrigen darf man nach den Berichten der Alten ferner
schließen, daß die Hispanier ein leichtlebiges lustiges Völkchen
waren, nicht einem finsteren, starren Glauben anhingen.

Das sollte ganz anders werden, als mit der Herrschaft
der Römer auch der von diesen stets befolgten religiösen
Toleranz ein Ende gemacht wurde, als die germanischen
Stämme sich in Spanien niederließen. Denn hatten diese
zwar nicht das strengere athanasianische, sondern das arianische
Glaubensbekenntniß angenommen, so lag doch zunächst in ihrem
Wesen die Strenggläubigkeit bedingt. Das innige warme
Empfindungs= und Gemüthsleben der Germanen, das gegen=
über dem oberflächlichen Sinnenleben der Südländer von dem
Augenblick ihres Auftretens an in hellem Licht erscheint, ihre
unbeugsame Willenskraft und ihr zähes Festhalten an dem
was sie einmal erfaßt hatten, wirkten mit dem zum Fanatis=
mus neigenden Idealismus zusammen und machten die Ger=
manen zu den zuverlässigsten Trägern und Stützen des Christen=
thums. Als die Westgothen dann den arianischen Glauben
gegen den römisch=katholischen eingetauscht hatten, wurden sie
die eifrigsten Förderer der Sache der Kirche und die gehor=

samen Sklaven des Klerus derselben. Die wahre Religion artete schon frühzeitig zuweilen bei ihnen in fanatische Glaubens= wuth aus, die in der Verfolgung von Anhängern anderer Religionen, der Juden besonders ihren — würdigen — Aus= druck fand und steigerte sich dann in dem Maße, wie die Sache des Christenthums, die damals bereits mit dem Papis= mus identifizirt war, durch den Islam bedrängt wurde. Als dann die letzten Reste der gothischen Bevölkerung, die im Norden Spaniens Zuflucht gesucht hatten, den Kampf gegen die Herren des Landes, die Araber aufnahmen, ihre kleinen Staatsgemeinschaften bildeten, diese auf Kosten der arabischen ausbreiteten, waren es nicht allein das Unabhängigkeitsgefühl, der Individualismus, der Freiheitsdrang, die die Germanen beseelten, sondern besonders auch ihr strenger Glaube, der keinen anderen neben sich auf Erden dulden wollte. Die Sache der römischen Kirche war ihnen eine heilige, für sie setzten sie ihre ganze Kraft ein, und die aus den nordspanischen Kleinstaaten hervorgehenden Reiche waren damit gewissermaßen auf dem römisch=katholischen Glauben fundirt. Die Prinzipien und Ideale des Staates waren da mit denen der Kirche auf das engste verbunden, diese beiden Faktoren vereinten sich mit= einander zum gemeinsamen Kampfe gegen alle Elemente, die einen von ihnen schädigen konnten oder dies zu thun beab= sichtigten. Das schloß übrigens nicht aus, daß sie sich nicht gelegentlich auch einander bekämpften, indem beide nach der Oberherrschaft strebten, beide absolutistisch und von Autokraten beherrscht wurden, die keinen Gleichen neben sich dulden wollten.

Die Kirche und die Religion spielten somit seit den An= fängen des spanischen Staatslebens eine überaus große Rolle auf der Iberischen Halbinsel, unterstützten, ohne sich selbst zu vergessen, eifrig die Sache und die Interessen Roms in ihrem Kampfe gegen das deutsche Kaiserthum und das von demselben

vertretene Staatsideal. So sollte denn auch Spanien die
Geburtsstätte mehrerer der einflußreichsten und das gesammte
europäische Kulturleben bedingenden religiösen Institutionen
werden; — ob zu seiner Ehre oder zu seiner Schande —
die Beantwortung dieser Frage hängt von dem Standpunkte
des einzelnen Individuums ihnen gegenüber ab. Der moderne
Zeitgeist ist allerdings in seiner Beurtheilung der Inquisition
mit ihren Autos de Fé und des Ordens Jesu nicht mehr
schwankend und zweifelhaft.

Die Kirche selbst war in Spanien, in Folge ihres völligen
Verwachsens mit dem Staatswesen, Staatsinstitut geworden
und duldete als solches kein anderes Glaubensbekenntniß inner=
halb der Grenzen seiner Machtsphäre, unterdrückte alle selbst=
ständigen Geistesregungen gänzlich und schrieb dem Spanier
vor, was er zu denken hatte und was nicht. Mit dem Be=
griff Spanier wurde somit der des Katholiken als gleichbe=
deutend und selbstverständlich verbunden und die Kirche über=
wachte das Geistesleben ihres Volkes auf das strengste, ließ
nichts durchgehen, was ihren Dogmen nicht völlig entsprach,
bedingte dadurch nicht allein die Gestaltung der Kultur, die
eben nur unter ihrer Leitung entwickelt werden konnte und
durfte, sondern erlangte durch Alles das auch die absolute
Herrschaft über die Staatsfaktoren. Wenn irgendwo, so kann
man also den Werth des Instituts einer Staatskirche und
Staatsreligion, der organischen Verbindung des Altars mit
dem Thron in der spanischen Geschichte studiren. Dem spani=
schen Staat, dem Volksgeist, der Kultur war die freie selbst=
ständige Entwickelung gänzlich benommen und sie alle dienten
im Grunde nur zur Verherrlichung der Kirche, gewährten ihr
allen nur erdenklichen Glanz, enorme Reichthümer und erhöhten
ihre Macht, befriedigten ihre unersättliche Habgier und waren
nichts weiter als ihre Sklaven. Wenn die orthodoxen Spanier,
überhaupt die Katholiken und kurzsichtige oberflächliche Historiker

daher der spanischen Staatskirche, der Inquisition, dem Je=
suitenorden, dem Cäsaropapismus eines Philipp II. den Auf=
schwung Spaniens zuschreiben, weil der Schein dies lehrt, so
ist das allerdings hiernach begreiflich, aber darum keineswegs
richtig. Auch die Vertreter des Ideals einer Staatskirche,
der innigen Verbindung von Staat und Kirche, berufen sich
gern auf Spanien und sind blind dafür, daß gerade diese
Umstände es sind, die das Land so tief gestürzt, dem Verfall
so gründlich preisgegeben haben, daß es sich noch jetzt nicht
davon erheben kann. Die gegenwärtigen trostlosen Zustände
des Landes entspringen nicht zum kleinsten Theil dem unseligen
Einfluß des Staatskirchenthums, der unumschränkten Macht
des Klerus, der innigen Verbindung von Staat und Kirche.
Diese will eben ganz unbedingt herrschen, will sich alle an=
deren Faktoren des Staats= und Kulturlebens unterordnen,
will glänzend auf Kosten des armen Volkes leben, allen Grund
und Boden als ihr Eigenthum, alle Freiheiten und Privilegien
haben, sich keines ihrer ererbten mittelalterlichen Rechte nehmen
lassen und greift zu diesem Zwecke oft rücksichtslos in die
staatlichen und in die Familienverhältnisse ein. Von ihren
Dogmen will sie keines aufgeben, den Glauben und die Kultur=
zustände des frühen Mittelalters in Permanenz bestehen lassen.
Das sind ihre Ideale, ihre Ziele, ihre leitenden Grundsätze.
Werden dieselben bedroht, so scheut sie sich nicht, den Krumm=
stab durch das Schwert, den Weihwedel durch die Flinte zu
ersetzen und die Revolution gegen die bestehende Ordnung zu
unterstützen.

Waren doch die Führer in den Karlistenkriegen, die Ver=
treter des in ihm zum Ausdruck gelangten Cäsaropapismus,
des staatlichen und geistlichen Absolutismus zum großen Theil
Klerifer.

Allerdings hat die Kirche und ihr Anhang in Spanien
auch eine große Zahl von Gegnern, die sie in den Kortes und

überall da bekämpfen, wo sich Gelegenheit dazu bietet. Seit dem Anfange dieses Jahrhunderts, seitdem die durch die französische Revolution von 1789 zur Geltung gebrachten Ideen des modernen Zeitgeistes in Spanien Eingang fanden, seit die Nation sich zu der kühnen That des 2. Mai 1808 erhob, wurde auch die Kirche und ihre veraltete Weltanschauung wesentlich erschüttert, der Kampf gegen sie und hauptsächlich gegen den Klerus und das Klosterwesen mit großer Energie geführt. Zu wiederholten Malen wurden die Klöster geplündert, ihre Bewohner aus Spanien vertrieben, die Güter der Kirche und des Klerus, „der todten Hand", eingezogen. Wol wurde die Inquisition endlich aufgehoben, der Jesuitenorden aus Spanien verbannt, 1869 sogar die Religionsfreiheit und die Erlaubniß der Ausübung anderer Kulte durch die Kortes beschlossen, trotzdem hat der Liberalismus nur scheinbar den Sieg davon getragen, trotzdem herrscht in Spanien nach wie vor der Geist der Unduldsamkeit. Die freisinnigsten Ministerien, mit dem jungen König Alfons XII. an der Spitze, wagen es nicht, diesem Geist energisch entgegenzuwirken, weil sie wissen, daß ihre Existenz dadurch jeden Augenblick auf das Spiel gesetzt wird und sie machen ihm und der Kirche beständig Konzessionen, um die Gefahr eines Entscheidungskampfes zwischen der Kirche und den Staatsorganen hinauszuschieben. An Reibungen zwischen diesen beiden Faktoren fehlt es jedoch nicht, denn es ist nicht allein die Frage der Duldung anderer Religionen, sondern es sind auch materielle Interessenfragen, die zu beständigen Häkeleien zwischen den Dienern der Kirche und den staatlichen Behörden führen. Besondere Veranlassung bietet dazu zum Beispiel die Verwaltung der Kirchhöfe. So hatte sich Mitte vorigen Jahres der Gemeindevorstand von Fregenal, in der Provinz Badajoz, veranlaßt gesehen, aus sanitären Gründen die alten dort bestehenden Kirchhöfe zu schließen, weil sie für die Bevölkerung gefährlich wurden, und

einen neuen Friedhof anzulegen. Dieser letztere war auf Kosten
der Stadt hergestellt worden und war damit Gemeindebesitz.
Als nun der Kirchenvorstand angegangen wurde, den neuen
Kirchhof einzusegnen, weigerte er sich, dies zu thun und der
Bischof von Badajoz beharrte ebenfalls dabei, indem er den
Kirchhof als Kirchenbesitz reklamirte und ihm erst nach seiner
Ueberantwortung an die Kirche den Segen ertheilen wollte.
Nun darf man nicht etwa annehmen, daß es sich in diesem
Falle um eine besondere Ausnahme handelt, und daß der
Bischof in seinem Rechte war, denn in der Provinz Badajoz
giebt es neben 63 der Kirche gehörenden 79 kommunale Kirch=
höfe, die bisher alle ohne den geringsten Widerstand eingesegnet
wurden. Der jetzige Bischof von Badajoz ist nur eben ein
echter Diener der Kirche und will ihr nichts von dem entgehen
lassen, was ihr früher zu eigen gehörte, und so suchte er durch
seine Weigerung eine Pression auszuüben, der das entschiedene
Verbot der Civilbehörden, auf den alten Kirchhöfen Todte
beizusetzen, entgegenstand. Die Ortsbehörden ließen sich ebenso
wenig einschüchtern wie die Pfarrkinder des Ortes, die zu den
anerkannt strenggläubigsten gehören und nicht etwa durch
protestantische Neigungen den Unwillen des Prälaten und
seines Klerus herausgefordert hatten. Die Sache wurde daher
bei dem Ministerium anhängig gemacht, wo sie gegen das
Ende von 1882 noch schwebte. Inzwischen begnügten sich die
Kleriker von Fregenal jedoch nicht mit ihrer Weigerung, son=
dern verletzten das religiöse Gefühl ihrer Pfarrkinder noch in
gröblichster Weise. Als nämlich der erste Todte auf dem
neuen Friedhof beigesetzt wurde, sandte — nach dem Wort=
laut des Berichtes des Bürgermeisters von Fregenal an den
Gouverneur von Badajoz — der Pfarrer von Santa Ana
durch ein Kind ein Kreuz, das seiner Bestimmung gemäß auf
dem Grabe niedergelegt werden sollte. „Das Kreuz" — das
dem Gouverneur übermittelt wurde, damit dieser es mit seiner

Beschwerde dem päpstlichen Nuntius zugehen ließe — war „aus rohen und schmutzigen Olivenzweigen". Von dem weiteren Verlauf solcher Angelegenheiten, die keineswegs vereinzelt dastehen, hört die profane Welt dann meist nichts weiter.

Das Beispiel des Bischofs von Badajoz fand natürlich sogleich seine Nachfolger. Im November 1882 weigerte sich der Klerus von Labata, Provinz-Huesca, in Uebereinstimmung mit dem vorgesetzten Bischof, Begräbnisse auf dem neuerbauten Kommunalfriedhof einzusegnen. Die Civilbehörde dagegen verbot die Bestattung auf dem alten Friedhofe und daraus entstand natürlich ebenfalls ein langer Konflikt, der, weiß Gott wann, geschlichtet werden wird.

In Plasencia, Provinz Estremadura, hatte der Bischof die Unwissenheit des Todtengräbers benutzt, um ihn zu veranlassen, den Kirchhofsschlüssel einem von ihm bezeichneten Priester zu übergeben. Die Civilbehörde schritt dagegen sofort ein, verlangte die Herausgabe des Schlüssels, weil der Kirchhof Kommunaleigenthum war. Der Bischof erwiderte diese völlig berechtigte Handlungsweise mit der Drohung, das Interdikt über den Kirchhof zu verhängen. Wer da schließlich Recht bekommen wird, ist fraglich. Wahrscheinlich wird sich die Regierung helfen, indem sie die Sache, wie so unzählige andere, auf die lange Bank schiebt. Denn sie muß die Macht der Kirche und des hohen Klerus fürchten, weil dieselben Pfarrkinder, die heute gegen ihren Bischof von Erbitterung erfüllt sind, morgen seinem Gebote bedingungslos folgen werden, wenn er sie scheinbar zur Vertheidigung des katholischen Glaubens, thatsächlich aber zum Kampfe gegen den Konstitutionalismus, gegen die Regierung auffordern sollte.

Die Civilehe bietet nicht weniger Veranlassung zu vielen Differenzen zwischen der Kirche und den Civilbehörden. Die Kirche betrachtet die Civilehe als geduldetes oder gesetzliches

Konkubinat und daher als ungültig, so lange nicht die kirch=
liche Trauung vollzogen ist. Der „Revista Cristiana" ent=
nehmen wir den Bericht des folgenden Vorganges. In Alca=
dozo (Provinz Albacete) starb im Januar 1883 eine Frau,
die seit einer Reihe von Jahren civiliter verheirathet gewesen
war. Kaum war das Begräbniß erfolgt, so ordnete der Orts=
pfarrer an, daß die Leiche ausgegraben und in einem Müll=
haufen verscharrt werden sollte, weil die Ehe der Verstorbenen
nicht von der Kirche eingesegnet worden und somit ungültig
war. Der Befehl des Pfarrers wurde vom Todtengräber
ausgeführt, die Nachbarschaft war aber so empört über diese
ruchlose Handlung des Geistlichen, daß die Ortsbehörde ein=
schreiten mußte, um ein Unheil zu vermeiden, worauf der
Leichnam wieder gehörig bestattet wurde.

In demselben Blatte finden wir ferner eine Notiz, der
sich zahllose verwandte an die Seite setzen ließen. Es heißt
da, daß der Papst dem Marquis von Comillas am Tage vor
dessen Tode den apostolischen Segen und völlige Indulgenz
für ihn und seine Familie übersandt habe, weil — der Genannte
2 Millionen Realen für ein Jesuitenseminar dotirt hatte!

Dagegen folgendes Beispiel vom November 1882.

In Ametlla, Provinz Barcelona, weigerte sich der Pfarrer,
einem Sterbenden, Mestres mit Namen, die Sterbesakramente
zu ertheilen, ehe er nicht einen Theil seiner Besitzungen, der
in früheren Zeiten Kirchengut gewesen, bei der Aufhebung der
Klöster und Einziehung der Kirchengüter in seinen rechtmäßigen
Besitz übergegangen war, der Kirche zum Geschenk machte.
Der Alcalde forderte darauf den Pfarrer auf, seine Pflicht
zu erfüllen, was dieser verweigerte. Denselben Abend kehrte
er jedoch mit einigen Zeugen in das Haus des Sterbenden
zurück, nicht, um ihm die letzte Oelung angedeihen zu lassen,
sondern die Cession der betreffenden Güter zu erzwingen. Die
Einwohner des Ortes waren darüber so erbittert, daß der

Pfarrer es für geeignet hielt, zu entfliehen, während die Civil=
behörde sogleich darüber an den Civilgouverneur der Provinz
und an den Bischof von Vich telegraphisch berichtete. Auf
Veranlassung des letzteren wahrscheinlich erschien nun zwar
der Pfarrer einer benachbarten Gemeinde, doch nur um die
Beichte des Sterbenden abzunehmen, nicht um ihm das Abend=
mahl zu reichen, weil er dazu keine Befugniß zu haben
erklärte.

Es erhellt aus diesen Beispielen, die eben nur aus der
großen Masse herausgegriffen sind, welcher Geist die Kirche
beseelt. Nun würde das freilich wenig auf sich haben, wenn
nur die Prälaten und der gesammte Klerus die im Vorstehen=
den bekundeten Anschauungen verträten und damit in der Nation
isolirt ständen. Leider aber beherrscht dieser Geist der Kirche
alle Klerikalen, Orthodoxen, Ultramontanen und wie sie sich
sonst nennen mögen und damit das Gros des Volkes. Und
überall da, wo die Civilbehörden nicht den Anmaßungen des
Klerus gegenüber nachgiebig sind, entstehen erbitterte Kämpfe,
ja zum Theil Zustände, die vollkommen mittelalterlich sind.
Die Bevölkerungen der betreffenden Orte bilden sich alsdann
in zwei Parteien um, die sich gegenseitig nicht nur mit Schimpf=
reden und Steinen, sondern zuweilen sogar mit Messer, Dolch
und Flinte bekämpfen. Wenn nun vollends die Regierungs=
organe und Civilbehörden den Hetzereien des Klerus gegen=
über die bestehenden Gesetze in Anwendung bringen wollen
und dahin streben, ihnen die Möglichkeit, jeden Augenblick
Aufruhr zu stiften, durch schwere Strafbestimmungen abzu=
schneiden, so brechen die Klerikalen und ihr Anhang in die
furchtbarsten Schmähungen aus und predigen den Aufruhr um
so nachdrücklicher. Während sie das Strafgesetz gegen ihre
Gegner möglichst streng gehandhabt wissen wollen, glauben
sie selbst es auf jede nur denkbare Weise ungestraft verletzen
zu dürfen. Die Kirche und der Klerus schrecken eben auch

nicht vor den allergrößten Eingriffen in den Staatsorganismus
zurück, weil sie wissen, daß, selbst wenn sie zuweilen eine
kleine Niederlage erleiden, sie doch die Macht in Spanien in
Händen haben. Sie sehen wie ein Liberaler nach dem andern
sich ihnen unterwirft, wie sehr diese auch früher gegen sie an=
gekämpft haben mögen. Sie wissen, daß es nur wenige
Männer in Spanien giebt, die, wenn sie zur Macht gelangen,
ihre Stellung sogleich wieder auf das Spiel setzen werden
durch Bekämpfung des Klerus; sie wissen das aus vielfacher
Erfahrung, bauen darauf, lassen die Unterbeamten des Staates
daher ruhig Opposition machen, sicher darauf vertrauend,
daß die hohen Behörden den Aspirationen der Kirche und des
Klerus keinen nachdrücklichen Widerstand entgegensetzen werden.
Mit dem Sturze der Bourbonendynastie 1868 war auch das
von ihr vertretene papistisch=absolutistische Regime beseitigt
worden, die Kirche und der Klerus sahen sich auf das äußerste
bedrängt, alle liberalen fortschrittlichen Elemente thaten sich
zusammen, um ihre Macht in die engsten Grenzen zu bannen.
Es hatte den Anschein, als wollte das Land und das Volk
sich endlich von dem Joch befreien, das ihre Entwicklung seit
Jahrhunderten gehemmt, den Volksgeist erstickt, die Kultur
vernichtet hatte. Man schien dem Schmarotzerthum des Kloster=
wesens endlich gründlich den Garaus machen zu wollen; die
Glaubensfreiheit wurde beschlossen. Kaum war jedoch
Alphons XII. oder vielmehr sein Leiter Cánovas de Castillo
1875 zur Regierung gelangt, so wurden die Errungenschaften
der vorhergehenden liberalen Bewegungen entweder vernichtet
oder die Grundlagen der Konstitution unmerklich verrückt, den
unbequemen Paragraphen derselben durch sophistische Interpre=
tation eine andere Bedeutung verliehen. Mit Cánovas und
den von ihm geführten Konservativen kamen auch wieder die
Kleriker an das Staatsruder und der finstere fanatische Geist
des Mittelalters senkte sich nun wiederum wie Mehlthau auf

die aufkeimende vielversprechende Saat moderner Kultur= und Staatsideen. In der Politik, in der Schule, im sozialen Leben wurden die Grundsätze der Kirche wieder die leitenden und in Schaaren kehrten die Mönche und Nonnen, und mit ihnen die Jesuiten in das gelobte Land des unduldsamen, fanatischen Dogmatismus zurück, um wiederum das Volk bis auf das Mark auszusaugen, die verlorenen Besitzungen auf tausend Schleichwegen wieder zu erlangen. Als das Ministerium Cánovas dann durch das Sagasta's ersetzt wurde, hofften alle der liberalen Sache treu Ergebenen, eine wesentliche Besserung der Zustände. Sagasta bewies aber bald genug, daß er, im Gegensatz zu seinen früheren liberalen Grundsätzen, nunmehr geneigt war, durch beständige Konzessionen, die er der Kirche und dem Klerus machte, diese seine früheren Gegner zu ver= söhnen. Er gab endlich sogar in den Kortes die bündige Erklärung ab, daß er „die Einführung der Religionsfreiheit in Spanien nicht befürworten werde", und charakterisirte da= mit seine nunmehrigen leitenden Grundsätze auf das deutlichste. Freilich erwartete er für diese Erklärung auch eine Gegen= leistung von der Kirche und sie blieb nicht lange aus. Der Papst Leo XIII. erließ nämlich Ende 1882 eine Encyklika an den spanischen Klerus, in der er denselben ermahnte, die Re= ligion nicht mit der Politik zu vermischen, sich nicht in poli= tische Streitigkeiten einzulassen, wobei er sich jedoch entschieden gegen die Ansicht verwahrt, daß die Gemeinschaft zwischen Politik und Religion, Staat und Kirche aufgehoben werden soll. Die letztere und die Religion, die über alles Welt= liche weit erhaben wären, dürften nicht durch Verbin= dung mit politischen Parteifragen entweiht werden, sondern hätten sich von ihnen fern zu halten, um nicht durch sie in der Verfolgung ihrer hohen Ziele behindert zu werden.

Es sollte hierdurch hauptsächlich den Wühlereien der Parteigänger des Kronprätendenten Don Carlos ein Ende

gemacht werden, weil dieselben seit lange die Interessen der
Kirche in hohem Grade zu schädigen begannen und das An=
sehen des Papstes dadurch beeinträchtigten, daß sie das des
gegen die Staatsregierung rebellischen Fürsten entsprechend er=
höhten. Es war dadurch eine seit längerer Zeit sich vor=
bereitende Spaltung innerhalb der spanischen Kirche beständig
erweitert worden, und diese Kluft wurde natürlich nicht über=
brückt, als im Jahre 1881 die Union católica gegründet wurde,
an deren Spitze der Erzbischof von Toledo und der gesammte
hohe Klerus mit Ausnahme der Don Carlos ergebenen Priester
stand. Diese Gesellschaft, die alle dem Papste treu ergebenen
Elemente umschloß, den Grundsatz der Enthaltung des Klerus
von politischen Parteistreitigkeiten aufstellte, sich die Pflege
der Religiosität im Volke und die Ausübung christlicher Pflichten
angelegen sein ließ, und dem streitbaren karlistischen Klerus
und seinen politischen Umtrieben ein Gegengewicht gegenüber=
stellen wollte, erhielt bald nach ihrer Begründung den Segen
des Papstes und gilt damit in den Augen der Nation als
beglaubigte Vertreterin der wahren Interessen des Vatikans.
Diese Umstände waren das Zeichen zum Kampf der beiden
sich gegenüberstehenden Parteien und um denselben zu schlichten,
dieses das Ansehen der Kirche schädigende Schisma zu besei=
tigen, dem karlistischen Klerus nach der Verurtheilung der
karlistischen Sache eine verdiente Rüge zu ertheilen, erfolgte
jetzt die Encyklika des Papstes, deren Wirkung sich noch nicht
vollständig übersehen läßt.

Wie groß aber auch immerhin die Gegensätze zwischen
den verschiedenen Parteigängern der Kirche sein mögen, in
einem Punkte sind sie alle einig: im Kampfe gegen den mo=
dernen Zeitgeist. Die spanische Kirche als solche ist die wür=
dige Nachfolgerin derjenigen des Mittelalters, die pietätvolle
Erbin des Dogmenwustes, der veralteten Traditionen jener
finsteren Zeiten, die zuverlässige Trägerin des Geistes der

Unduldsamkeit, des Fanatismus, des die Ketzerei bis auf das
Blut verfolgenden Buchstabenglaubens, sie verlangt heute noch
die Wiedereinführung der Inquisition und befolgt praktisch so
streng als möglich den leitenden Grundsatz der Kirche, den
Gregor I. aussprach: Unwissenheit ist die Mutter der Frömmig=
keit. Sie ist nach wie vor die erbitterte Gegnerin aller pro=
fanen Wissenschaften. Den Einzelheiten ihrer Weltanschauung,
ihrer leitenden Grundsätze werden wir in der Folge noch
wiederholentlich näher treten, da sie und ihre Diener leider
heute noch trotz ihrer scheinbaren Demüthigung und Unter=
drückung die Hauptrolle in Spanien spielen, die soziale Kultur,
die Volksmoral wesentlich, ja ganz ausschließlich bedingen und
den Volksgeist vollständig beherrschen.

4.

Haben wir im vorigen Kapitel die leitenden Grundsätze der Kirche in das Auge gefaßt, so müssen wir nun bei der dominirenden Stellung, die sie in der spanischen Welt einnimmt, auch ihren Trägern und Dienern, den Klerikern und dem Kultus einige kurze Betrachtungen widmen.

Die spanische Geistlichkeit zerfällt wie die der andern katholischen Länder, in die allgemein bekannten und herkömmlichen Kategorien, und unterscheidet sich als Stand und in ihrer Gesammtheit von dem Klerus andrer Nationen nur durch ihre größere Unwissenheit, ihren größeren Fanatismus und ihren leidenschaftlichen kriegerischen Charakter. Der niedere Klerus entbehrt fast aller wissenschaftlichen, aller Fachbildung und hat vollends von den außerhalb des Bereichs der Theologie liegenden Wissenschaften, von allgemeiner Geschichte, von Naturkunde keine Ahnung. Die Mechanik der Kultushandlungen, der Inhalt seines Katechismus, seines Breviers, bilden sein Rüstzeug, die Dogmen und Traditionen der Kirche, die fabelhaften Legendengeschichten gelten ihm als das non plus ultra alles Wissens, was darüber hinausgeht, riecht ihm nach Ketzerei. Unbekannt mit der Geschichte der Menschheit, ewig nur beharrend bei den kurzsichtigen Vorstellungen längstvergangener Zeiten, in denen die Kirche geflissentlich nächtiges Dunkel in den Geistern ihrer Anhänger bewahrte,

4*

ist von keinem Fortschritt, von keiner humanistischen Bildung die Rede.

Etwas anders verhält es sich natürlich mit dem höheren Klerus. In den Jesuitenkollegien, theologischen Seminaren, auf den Universitäten gebildet, sind die geistigen Fähigkeiten der hohen Geistlichen zwar glänzend entwickelt; bei der allen Spaniern eigenen natürlichen hohen Begabung könnten sie unter der mustergiltigen Schulung, die sie in den Jesuiten= kollegs erfahren, das Bedeutendste leisten, das der menschliche Geist überhaupt zu leisten vermag, wenn nicht diese Ausbil= dung eine einseitige, eine durch den Dogmatismus eng be= grenzte wäre. Nirgend wird die Dialektik, die Rhetorik so sorgfältig gelehrt und praktisch verwendet, nirgend werden die Geisteskräfte so geschärft und zugespitzt wie in den Jesuiten=. schulen — doch dient alle diese Mühe nur der theologischen Sophistik, durch die den Einflüssen der modernen Wissenschaft= lichkeit und Weltanschauung entgegengewirkt werden soll. Der Katholizismus ist einmal erstarrt, ist auf der Entwicklungs= stufe stehen geblieben, die er unter Innocenz III. erreicht hatte, hat mit der Entwicklung des Weltgeistes nicht nur nicht Schritt gehalten, sondern sich vielmehr seit einer Reihe von Jahrhunderten, mindestens seit dem Tridentiner Konzil, die Möglichkeit der Fortentwicklung dadurch abgeschnitten, daß er die Summe dessen, was er erzielt hat, die Masse seiner da= maligen Dogmen für alle Zeiten als das unverrückbar Fest= stehende, als das absolut Unfehlbare und Richtige, als die letzten Resultate göttlicher Offenbarung hinstellte. Nun darf er natürlich nicht an diesen Schranken rütteln, die er sich selbst geschaffen, durch die er sich die Fortentwicklung verschlossen hat, wenn er nicht mit sich selbst in Konflikt kommen, wenn er nicht sein Ansehn vor den Augen der Welt selbst ver= nichten will. Eine zeitgemäße Reform, die die katholische Kirche nicht nur vor dem gänzlichen Verfall bewahren, son=

dern sie vielleicht sogar bei ihrem hochentwickelten, auf die Sinne berechneten Kultus wieder zu einer Weltmacht erheben würde, hat sie sich so lange verschlossen, als sie nicht die selbstgeschaffenen Banden sprengt, den Geist, der sie begründete, seine erstarrte Hülle aufgeben und sich zu neuem Leben entfalten, ein neues Glaubensgebäude schaffen läßt, das vereinbar ist mit der heutigen Wissenschaft und Weltanschauung. Da sie nicht den Muth dazu hat, den alten Wust, der sie erfüllt, zu verwerfen, so taumelt sie mit ihrem Aber- und Wunderglauben, mit ihrem polytheistischen Bilder- und Heiligendienst dem endlichen Verfall entgegen. Und dieser kann nicht ausbleiben, denn so weit die Geschichte der Menschheit zurückreicht, sehen wir immer und immer den fortschreitenden Zeitgeist den Sieg davon tragen über alle veralteten Vorstellungen und Institutionen der Vergangenheit.

Wie zur Zeit Luthers giebt es auch heute unter den spanischen Geistlichen Manche, deren Geist nicht so völlig in der theologischen Schule erstickt ist, daß sie nicht die Gefahr sehen, in der die Kirche, der christliche Glaube, die Moral sich befinden, die nicht die geeigneten Mittel zu erkennen vermögen, deren es bedarf, um diese Gefahr zu beseitigen. Sie stehen aber vereinzelt der Masse gegenüber und erliegen bald in dem Kampfe, den sie beginnen. Sie müssen sich der Kirche unterordnen, oder — sie gehen unter. Diese unglücklichen liberalen Geistlichen sind zu bedauern, denn sie haben mehr als irgend welche andre Menschen von Seelenkämpfen zu leiden, wenn sie von echter wahrer Religiosität, von edlem Idealismus erfüllt sind.

Unter den gegenwärtigen Verhältnissen und bei dem Umsichgreifen der modernen Wissenschaftlichkeit in Spanien, bei der beständigen unvermeidlichen Reibung derselben mit den traditionellen Ansichten der Theologie kann es denn auch nicht ausbleiben, daß die Zahl der Studenten der Theologie immer

kleiner wird, wenngleich jetzt nicht in dem Maße wie etwa
vor einem Jahrzehnt. Um so eifriger sind aber natürlich
die Professoren der Theologie an den Universitäten und die
theologischen Seminare, ihre Zöglinge vor der „Pest des mo=
dernen Unglaubens" zu bewahren und Geistliche heranzubil=
den, die durch meisterhafte Dialektik, durch prunkende Rhe=
torik, durch geschickte Sophistik die Schwäche ihrer eignen
Sache verdecken, die Gegner des Kirchenglaubens bekämpfen
können. Wenn wir nun ferner gestehen müssen, daß es unter
den Prälaten Spaniens manche hochgebildete, außerordentlich
geistreiche Männer giebt, die sogar tiefe Studien auf den
außerhalb des Bereichs der Theologie und Kirchengeschichte
liegenden Gebieten der Wissenschaft gemacht haben, so bleibt
es nur räthselhaft, wie dieselben ihre aufgeklärten Anschau=
ungen mit den beschränkten ihres Berufs vereinbaren können.
Derartige wunderbare Verbindungen von Gegensätzen bieten
sich ja aber in Spanien in großer Menge und nicht nur jetzt,
sondern auch in früheren Perioden der spanischen Kulturge=
schichte. Gehörten doch manche der höchsten Geistlichen des
sechszehnten Jahrhunderts der protestantischen Kirche an und
schienen doch streng katholisch zu sein, so mag es auch unter
den heutigen Würdenträgern der Kirche einzelne protestantisch
gesonnene geben, die es nur für praktisch und klug halten,
den Schein der Strenggläubigkeit zu wahren. Unter den Uni=
versitätsprofessoren sollte man glauben, in erster Linie auf=
geklärte Theologen zu finden. Leider ist dies jedoch nicht der
Fall, im Gegentheil gehören die bedeutendsten den extremsten
Parteien der Ultramontanen an, der starre unduldsame Geist
der Kirche beseelt sie, und veranlaßt sie, die moderne Wissen=
schaft, den Liberalismus mit allen ihnen zu Gebote stehenden
Waffen zu bekämpfen, Alles im Lichte des römisch=katholischen
Dogmatismus zu sehen und darzustellen. Ihre gelehrten
Werke sind daher leider oft genug Tendenzschriften, die dem

Gegenstande den sie behandeln ein ganz spezifisch orthodox=
katholisches, nicht immer den Resultaten objektiver Forschung
entsprechendes Aussehen verleihen.

Eine sehr wichtige Rolle spielt in allen Schichten der
spanischen Gesellschaft der Cura, der Pfarrer, etwa dem fran=
zösischen Abbé entsprechend. In den größeren Städten des
Landes, zumal in Madrid, ist der Cura im Allgemeinen
ein durchaus verträgliches und harmloses Geschöpf, das im
öffentlichen und privaten Verkehrsleben, im Salon, in der
Tertulia, im Paseo, im Theater und im Café die Rolle eines
Welt= und Lebemannes der Mittelklasse spielt, niemals als
„Spaßverderber" auftritt, in vielen Fällen nicht im entfern=
testen den Eindruck eines Geistlichen macht, sich nicht so be=
nimmt und meist in Civilkleidern nach neuestem Schnitt und
Geschmack in blankgebügeltem Cylinderhut und mit einem Bam=
busstöckchen in der Hand einhergeht. Diese letzte Gewohnheit
ist so allgemein geworden, daß die Bischöfe sich gelegentlich
veranlaßt sehen, die Bestimmung in Erinnerung zu bringen,
daß die Priester stets die geistliche Tracht anzulegen haben.
Ein solcher Erlaß liegt z. B. vom Bischof von Jaca vom
Jahre 1881 vor.

Der Cura pflegt sich gerne, ist Gourmand und „Eß=
künstler", wie er überhaupt alle materiellen Genüsse liebt und
zu würdigen versteht. Seiner eignen Schwächen sich bewußt,
beurtheilt er auch die Anderer mit Milde, nimmt nie ein wissen=
schaftliches Buch zur Hand „denn er fürchtet sich vor der
Ketzerei", liest aber täglich einen Abschnitt aus seinem Brevier,
beobachtet mechanisch alle rituellen Gebräuche, betheiligt sich
daneben auch gern an politischen Fragen, vermeidet aber über
solche wie über religiöse Themata jede ernstere Diskussion,
und verliert seine Ruhe nur dann, wenn es sich um Ab=
weisung von Angriffen gegen die persönlichen Interessen han=
delt. Im Bewußtsein der Macht, die die Kirche und ihre

Diener besitzen, weiß er sich überall Geltung zu verschaffen; die gesellschaftlichen Formen beherrschend, versteht er es, sich überall beliebt zu machen und besonders natürlich bei dem weiblichen Geschlecht.

Unter der spanischen Landgeistlichkeit findet man dagegen fast durchweg nur die gröbste Unwissenheit und die mit derselben verschwisterte Rohheit, religiöse Unduldsamkeit und despotische Herrschsucht. Die Landcuras lassen sich in zwei besondere Klassen scheiden: in Solche, die dem in Spanien wie nirgend anderswo blühenden Nepotismus ihre fetten Pfründen verdanken, und Solche, deren Besoldungen noch heute genau so bemessen sind wie sie im Mittelalter angesetzt waren und deren Erhaltung und Ernährung daher fast ausschließlich den respektiven Pfarrkindern zufällt. Die Curas der erstgenannten Art sind zumeist wohlgenährte Sybariten oder streitbare Recken, die fleißig auf die Jagd gehen, Protestanten verfolgen oder Bauern tyrannisiren, Peterspfennige eintreiben oder auf der Bärenhaut liegen und die Führung ihres Hausstandes einer mehr oder minder jungen und hübschen Haushälterin überlassen.

Damit der Leser sich selbst einen Begriff davon machen könne, in welcher Weise die gläubigen Spanier zur Entrichtung von Peterspfennigen moralisch gezwungen werden, theilen wir hier folgende Sätze aus einer bezüglichen Aufforderung der Leridaer Hoja volante vom 7. Dezember 1880 mit: „Dem Papste geben gilt soviel wie Gott selbst leihen. Der Papst ist der bedürftigste, ehrbarste und würdigste Arme. Der Gefangene des Vatikans ist aus vielen Gründen berechtigt, Gaben zu beanspruchen. Die Vergeltung dieser Almosen ist unausbleiblich. Die Unbefleckte selbst fordert solche Gaben für den Nachfolger des unsterblichen Pius IX." ⁊c.

Die Willkür der Landcuras grenzt oft an das Barbarische. Aus den zahllosen derartigen Akten sei folgender Vorfall hervorgehoben, über den im Juni 1881 mehrere zuverlässige

Madrider Zeitungen (z. B. „Liberal" und „Revista cristiana") berichteten: Eine Bauersfrau in Lago de Carecedo (Ponferrada) hatte sich über den Pfarrer der dortigen Gemeinde Bemerkungen erlaubt, die denselben zur Einleitung einer förmlichen Injurienklage veranlaßten. Durch Vermittlung dritter Personen gelang es jedoch, den angeblich Beleidigten zur Rücknahme seines Antrages zu bewegen unter folgenden, von ihm gestellten Sühnebedingungen: Die Bauersfrau Bernarda sollte vom 20. April bis 1. Mai im Ortsgefängniß eingeschlossen und der betreffende Zellenschlüssel dem Pfarrer selbst in Verwahrung gegeben werden; am 24. April und 1. Mai, zwei Festtagen, sollte die Verlesung des Sühnevertrages in der Kirche erfolgen und Bernarda währenddessen am Kirchenportal, in knieender Stellung und mit einem Holzknebel im Munde verharren, dann aber ohne Knebel in die Kirche eintreten und inmitten der Anwesenden, mit horizontal gehaltenen Armen, in jeder Hand eine brennende Kerze, bis zu Ende des Gottesdienstes stehen bleiben und mit lauter Stimme wiederholt den Pfarrer um Vergebung ihrer „Sünde und Missethat" bitten. Endlich sollte Bernarda noch sechs Pfund Wachskerzen für die Pfarrkirche liefern. Trotzdem Bernarda im Gefängniß erkrankte, mußte sie die obigen Bestimmungen alle erfüllen und wenn die Unglückliche, die sich vor Schwäche kaum aufrecht erhalten konnte und, einer Ohnmacht nahe, mehrmals die Arme sinken ließ, so wurde sie ebenso oft von ihrem Peiniger vom Altar herab mit den Worten angerufen: He! Bernarda, die Arme hochheben!

Als weitere Beispiele zur Charakteristik der Geistlichkeit mögen folgende Ereignisse dienen. In Santander verweigerte ein Cura einer Dame die Ertheilung der Absolution, weil sie ihren Gatten nicht bewegen konnte, von der Lektüre einer liberalen Zeitung abzulassen. In Badajoz griff ein Priester einige Jungen an, die bei dem Vorübertragen des Abendmahls nicht die Mützen abgenommen hatten. In Villamor de los Escuderos war der Pfarrer in Feindschaft mit dem Arzte gerathen, der sich in dem Orte und in der Nachbarschaft der größten Achtung erfreute. Einen neuen Arzt herbeiholend, verbietet er nun der Gemeinde, ihren früheren beliebten Arzt zu konsultiren. Unter andern übertritt dieses Gebot des Pfarrers auch der Uhrmacher des Ortes, der die Pflicht hat, die einzige daselbst befindliche, im Kirchthurm angebrachte, aber der Civilbehörde gehörende Uhr zu reguliren. Der Pfarrer verbietet ihm aber aus dem angegebenen Grunde das Betreten der Kirche und die Uhr bleibt nunmehr stehen. Der Rath des Ortes beklagt sich darüber, doch vergebens, so daß diese Angelegenheit nunmehr bei dem Gouverneur der Provinz und dem betreffenden Bischof hat anhängig gemacht werden müssen.

In Santander existirten seit langen Jahren zwei unbenutzte Kasernen, deren ruinenhaftes Aeußere der Stadt nicht gerade zur Zierde gereichte. Der Magistrat bahnte daher Ende 1880 Verhandlungen mit der Regierung in Madrid an, um beide Bauplätze gegen Uebergabe einer nach bereits genehmigtem Plane zu erbauenden neuen Kaserne zu erwerben. Der Bischof von Santander, welcher Kenntniß davon erhielt, begab sich indessen sofort nach Madrid und erwirkte vom damaligen Ministerpräsidenten Cánovas del Castillo thatsächlich, daß die Verhandlungen mit der Stadtbehörde von Santander ohne Weiteres abgebrochen wurden, wogegen dem Bischof selbst eine der baufälligen Kasernen „für Privatzwecke“ überlassen werden sollte. Die Lokalpresse, welche zunächst Schweigen beobachtet hatte, enthüllte aber nach Antritt des liberalen Ministeriums Sagasta im Februar 1881 den ganzen Vorgang, bis endlich im November desselben Jahres die Vereinbarung mit dem Bischof widerrufen und der Stadtbehörde das Vorrecht auf Erwerbung der fraglichen Baustellen eingeräumt wurde. Der wuthentbrannte Bischof verhängte schließlich am 8. Dezember 1881 über die Redakteure, Mitarbeiter, Setzer, Drucker, Austräger und Leser der liberalen Zeitungen von Santander den Bannfluch, welcher sodann acht Tage hindurch auch von den Pfarrern der Diözese von allen Kanzeln herab wiederholt wurde. Wie der „Liberal" vom 22. Dezember 1881 versichert, geschah dies mehrfach unter folgender Apostrophirung der fluchbelasteten Redakteure: „Herejes, salvajes, brutos, soeces, súcios, infieles con los mayores, los mujeres infieles con sus maridos, y los hijos malos hijos, como los padres males padres" (wörtlich: „Ketzer, Wilde, thierische, ruchlose, schmutzige Seelen, Ungläubige mitsammt ihren Vorfahren, deren Weiber untreu ihren Männern, und deren Kinder schlechte Kinder, wie ihre Väter schlechte Väter sind)".

Der Leser denke übrigens nicht, daß ähnliche Herzensergüsse der spanischen Geistlichkeit zu den Seltenheiten gehören. Die Preßorgane der karlistischen Partei bedienen sich beispielsweise der nämlichen Sprache, wenn es sich um Bekämpfung der Blätter der „Katholischen Union" handelt. Selbst die ultramontane Madrider „Fé" bemerkte vor Kurzem: „Jede unparteiische Person, welche die gegenwärtige Haltung und Sprache der der Kirche zugethanen Zeitungen prüft und sich die Mühe giebt, die zwischen diesen Vertretern der nämlichen Sache geführten Erörterungen näher zu verfolgen, wird sicherlich die Ueberzeugung gewinnen, daß weder die tiefgehende Spaltung der Demokratie, noch die bittere Feindschaft der Paktisten und Possibilisten mit dem glühenden Hasse verglichen werden kann, welcher die unerhörten Preßzänkereien unter den spanischen Katholiken anfacht. Wir geben in dieser Hinsicht ein gar skandalöses Beispiel."

Das geschieht jedoch auch nicht allein in der Presse. In Viveros (Provinz Albacete) hatte Ende vorigen Jahres der

Pfarrer von der Kanzel herab seine Zuhörer Idioten, Kaffern, schamloses Volk genannt und gesagt, der Name des Ortes müßte „aus der Gesellschaft" ausgestrichen werden, denn in der Sammelbüchse hatte sich am vorhergehenden Morgen nur ein Real (20 Pfennige) befunden!

Daß Zeitungen mit ihrem gesammten Redaktions= und Druckpersonal und allen ihren Lesern exkommunizirt werden, ist ebenfalls nichts Ungewöhnliches. So wurde z. B. im März 1882 das „Eco de Calatayud" vom Bischof von Zara= goza, Don Cosme Marrodan verflucht, weil es die theokra= tischen Ideen der Kirche einer herben Kritik unterzogen hatte.

Besitzergreifungen fremden Eigenthums von Seiten der Kleriker, wie obiger Fall in Santander, gehören durchaus nicht zu den Seltenheiten. Besonders leisten die Jesuiten und die Mönche darin Bedeutendes. Aus den vielen derartigen Vor= kommnissen der letzten Jahre seien zum Beleg hiefür noch einige herangezogen.

Die Provinzen Asturien und Galicien entbehrten eines Irrenhauses und seit 1862 waren Verhandlungen darüber eröffnet und das Kloster von Conjo endlich von der Regierung dazu hergegeben worden. Da aber wie in so vielen Fällen in den 20 Jahren nur Berge von Aktenstücken über den Gegenstand aufgehäuft, aber keine energischen Anstalten ge= troffen wurden, die Sache zu einem praktischen Resultat zu bringen, so gerieth das Gebäude allmälig in Verfall. Und Anfang 1882 erschienen dort drei Mönche, nahmen, kurz ent= schlossen, das Kloster in ihren Besitz, ließen sich dort häuslich nieder und walteten und schalteten darin und in den dazu ge= hörigen Besitzungen wie in ihrem allereigensten Eigenthum, während die unglücklichen Geisteskranken in den Gefängnissen — und wie sind die spanischen Gefängnisse! — untergebracht werden mußten. Und die Behörden ließen das ruhig ge= schehen; die liberale Presse war gezwungen, die Initiative

dagegen zu ergreifen und den obersten Behörden die Angelegen=
heit nachdrücklich zu Gehör zu bringen.

Ein andrer Fall erregte nicht minder gegen Ende 1882
die spanische Welt. Castro=Urdiales, das in den letzten Kar=
listenkriegen des vorigen Jahrzehnts eine so bedeutende Rolle
spielte und den liberalen Regierungsheeren die wichtigsten
Dienste leistete, ist in den letzten Jahren schon von zwei
Mönchsgenossenschaften heimgesucht worden, die sich dort fest=
gesetzt haben. Ende 1882 wurde das ehemalige Kloster San
Fernando, das der Stadt durch einen Erlaß von 1868 über=
wiesen worden war, von einer dritten Mönchsschaar als Wohn=
sitz in Anspruch genommen. Zwar sandten die Castrenser eine
Kommission mit einer von 400 Unterschriften unterzeichneten
Denkschrift über das in Frage stehende Gebäude nach Madrid,
ob mit Erfolg haben wir zur Zeit jedoch noch nicht ermitteln
können. —

Die zweiterwähnte Art Landcuras ist häufig genöthigt,
im Kampfe um das Dasein nebenbei auch auf minder geist=
liche, außeramtliche Erwerbsmittel zurückzugreifen. Denn
während die Prälaten ganz enorme Einnahmen haben und
einen entsprechenden Aufwand treiben, ist die Lage der nie=
deren Geistlichen oft eine geradezu trostlose. Es giebt daher
deren, die heimlich „sicher gewinnende“ Lotterieloose vertreiben,
ebenso wie ja auch in Italien gewisse Pfäfflein und monacelli
um ein Almosen Lottonummern mit „unheimlichen“ Sprüchen
angeben, die ebenfalls für Treffer gelten. Ja, erst kürzlich
brachten die Madrider „Patria“ und die „Integridad de la
patria“, zwei sonst zuverlässige konservative Blätter, die merk=
würdige Nachricht, daß der Cura von San Pablo de los
Montes (Toledo) zum estanquero, d. h. zum Pächter einer
staatlichen Tabaks=, Cigarren= und Postmarken=Handlung in
Menas Albas, drei Leguas vom erstgenannten Orte entfernt,
ernannt worden sei!

Endlich vegetirt im ganzen Lande, sowol in den Städten als in den Dörfern und Weilern, noch eine letzte Art von Weltgeistlichen, die es in Ermangelung von Protektion, Fürsprache, Vermögen und persönlichem Scharfsinn niemals zu einer angesehenen Stellung oder auch nur mittelmäßigen Lebenslage zu bringen vermögen. Diese Parias der spanischen Klerisei sind in der That sehr bemitleidenswerthe Geschöpfe; sie werden von ihren glücklicheren Kollegen gemieden und vom Volke verachtet, kämpfen unablässig mit Noth und Nahrungssorgen, glänzen besonders durch grobe Unwissenheit und blinde Beschränktheit,. beziehen ihre Kleidungsstücke vom Trödelmarkt und leben einzig und allein vom Messelesen. Und da diese Beschäftigung nicht eben glänzende Honorare abwirft, so sind diese Aermsten, in Ausübung ihres Berufes gezwungen, in beständigem Geschwindschritt aus einer Kirche in die andere, von einem Grabe zum andern zu eilen, weshalb sie auch von dem Volke schlechtweg salta-tumbas oder Grabspringer genannt werden. „In Madrid", erzählt der Verfasser der „Blätter aus Spanien", Nr. XXXIII, S. 522, „wohnte mit mir im Hause ein rechtschaffener armer Priester, der aber keine Anstellung hatte und daher zu denjenigen gehörte, welche der Volkswitz Saltatumbas nennt, weil sie von einem Grab zum anderen gehen; d. h. sie lesen in der Zeitung, wo Einer gestorben ist und man Todtenmessen für ihn lesen lassen will, und bieten sich dafür an. Der Preis der Messen ist verschieden, denn die Reichen bezahlen mehr. Als der General Prim ermordet worden war und mein Hausgenosse in der Zeitung eines Tages fand, daß der eben angekommene König Amadeo Seelenmessen für ihn lesen lasse, rief er erfreut aus: „Da muß ich gleich hingehen, denn wenn der König diese Messen bestellt, kann er unmöglich weniger als einen Duro (4 Mark) dafür zahlen". Zu seiner Freude stellte sich denn auch heraus, daß seine Rechnung zutreffend

gewesen war. Und nicht allein das; sondern es kommt auch
vor, wie es noch vor einigen Tagen durch die Zeitungen be=
stätigt wurde, daß einzelne dieser Priester, um den Handel
einträglicher zu machen, eine einzige Messe für zwei Hin=
geschiedene zu gleicher Zeit lesen und sich dann von den Fa=
milien beider bezahlen lassen. Ist eine Kapelle besonders be=
rühmt, so werden die Messen in ihr theurer als in den an=
dern Kirchen bezahlt. Die Messen sind eben durchaus ein
Handelsartikel geworden, der je nach Umständen im Preise
steigt und fällt. Der geringste Preis ist wohl 80 Pfennige,
oft aber giebt man 4 Mark, ja vielleicht bis 20 Mark für
eine große Messe. Und diese Zustände sind so allgemein be=
kannt und erregen so wenig Bedenken, daß z. B. wenn ein
reicher Mann gestorben ist und in seinem Testament bestimmt
hat, daß tausend Messen für ihn gelesen werden sollen, die
Erben in die kleinen Dörfer und Landstädtchen gehen, um sich
die Priester auszusuchen, welche die Messen am billigsten
lesen, damit sie möglichst wenig von der Hinterlassenschaft ihres
Verwandten durch diese seine letztwillige Verfügung verlieren."

Diese letzten Anschauungen stimmen allerdings begreif=
licherweise mit denen der Kirche darüber nicht überein. Der
Kardinal Cuesta sagt in seinem, später näher zu behandelnden
Katechismus über den Protestantismus auf Seite 52 Folgendes:

„Frage: Wird die Messe nicht durch den Sold, den
die Gläubigen dem Priester dafür geben, bezahlt?

Antwort: Die Messe wird nicht bezahlt: das würde
ein sehr schweres Vergehen der Simonie sein: die Sache,
um die es sich hier handelt ist vielmehr die, daß der
Priester, der dem Altar dient von dem Altar lebt, wie
der heilige Paulus sagt, und die Gläubigen geben ihm
den Almosen, nicht als Preis für die Messe, sondern damit
er sich davon erhalten könne" 2c. 2c.

Kann man sich eine haltlosere, schwächere Abwehr gegen

den Vorwurf des Handels mit Messen denken als diese? Im folgenden Kapitel ist dann von dem Ablaß die Rede und der gute Kardinal bringt sich da wiederum in Verlegenheit, indem er den Fragenden sagen läßt: „Und treibt nicht der Papst einen schmachvollen Handel, indem er den Ablaß verkauft?" und darauf antwortet:

„Der Verkauf des Ablasses würde ohne Zweifel ein enormer Mißbrauch, eine ruchlose Entweihung (profanacion sacrilega) sein; aber weder die Kirche noch der Papst haben je dergleichen Handel gebilligt" ꝛc.

Wenn man aber in Spanien nicht von einem Handel mit Messen und Ablaßzetteln sprechen will, so darf man überhaupt nicht von „Handel" in irgend welchem Sinne des Wortes sprechen und der Kardinal konnte die Haupteinnahme= quellen der Kirche nicht vernichtender verurtheilen als durch obige Worte.

Wie bereits vorher bemerkt, giebt es natürlich auch in Hinsicht auf das Messelesen und die Saltatumbas Ausnahmen von der Regel. Die große Masse der Geistlichkeit besteht aber in Spanien thatsächlich aus solchen Elementen, wie wir vorher in kurzen Zügen zu schildern versucht haben. Der Geistliche betrachtet sich hier im Allgemeinen lediglich als ein Quidam in Zweimaster und Talar, dessen Berufspflicht einzig und allein darin besteht, täglich so und so viel Messen zu lesen, so und so viel Beichten zu hören und so und so oft Sakramente zu spenden. Von allen jenen charakteristischen Eigenschaften, welche die Mehrzahl der katholischen Geistlichen Deutschlands und Frankreichs zu unermüdlicher Thätigkeit be= seelen und anspornen, von jener tief inneren religiösen Ueber= zeugung und Glaubenstreue, jener innigen Theilnahme für den Unglücklichen, jener dem glühendsten Glaubenseifer und Berufsbewußtsein entspringenden liebevollen Hingebung und väterlichen Fürsorge für das geistige und körperliche Wohl der Gemeinde, ist bei dem spanischen Cura nur sehr selten eine geringe Spur zu entdecken. Zum größten Theil erklären sich diese Zustände wol auch daraus, daß in Spanien alle jüngeren Elemente der besser situirten und gebildeteren Klassen der Civilkarrière den Vorzug vor dem Dienste in der Kirche und Armee geben. Die Geistlichkeit bezieht ihren Zuwachs meist aus den Familien der Armen, die natürlich der unwissendste Theil der Nation sind.

Daher denn auch die traurige Erscheinung, daß wol in keinem Lande der Welt einerseits mit größerer Gehässigkeit von der Geistlichkeit und vom geistlichen Amt gesprochen, andrerseits mit widerlicherem Cynismus die Religion selbst verspottet und sogar das Heiligste verlästert wird.

In hohem Grade beunruhigend wirkt zur Zeit auf alle Liberalen besonders der Umstand, den wir vorhin bereits zu erwähnen Veranlassung hatten, daß nämlich das Mönchswesen im ganzen Lande um sich greift. Seit Ausführung der Ferry'schen Gesetze in Frankreich sind bis 1882 wieder ungefähr 120 seit Jahrzehnten aufgehobene Klöster, Konvikte und Kongregationen hergestellt worden. Ueberall nisten sich die Mönche und Nonnen wieder in Scharen ein und ihre Gestalten werden allmälig wieder so alltäglich, daß das Volk, das noch vor sieben oder acht Jahren das Erscheinen einer Kutte an öffentlichen Orten, in den Straßen, schwer geahndet haben würde, die Mönchsgestalten kaum mehr beachtet. Ist es in dieser Hinsicht die Masse, die als solche gefahrdrohend wird, so ist es mit den Jesuiten eine andere Sache. Sie erscheinen immer nur in geringer Zahl an einem Orte, ihr Auftreten, die Art ihres Verhaltens erzeugt aber nicht minderen Schrecken als die neuerdings erfolgende Entwicklung des Mönchswesens. Wenn sich auch hie und da ein Widerwille gegen die Jesuitenschulen in der Bevölkerung bemerkbar macht, und in einzelnen derselben augenblicklich eine Abnahme der

Schülerzahl zu konstatiren ist, so wird doch die Zahl der von ihnen mehr oder weniger geleiteten Institute größer, und — sie verfügen über bedeutende Geldmittel. Ende 1882 gründeten sie z. B. wieder ein neues Kolleg in Gijon, während aus Zaragoza berichtet wird, daß ihre Schulen in der Provinz Katalonien theilweise eine Abnahme bis 50 Prozent aufweisen. In Deusto (Provinz Biscaja) kauften sie dagegen im Januar große Besitzungen, um dort ebenfalls ein Institut zu gründen. In den baskischen Provinzen müssen sie danach bessere Aussichten haben, als in Katalonien, wie ja überhaupt diese Theile des Landes und der Bevölkerung der Herd des extremen Ultramontanismus sind, und statt sich zu neuem Leben aufzuraffen, in immer tiefere Geistesnacht versinken.

Nach der „Revista cristiana" haben die Patres von Manresa ein Einkommen von 80,000 Duros (320,000 Mark) und dabei erhalten sie doch noch eine Subvention von 38,000 Realen (7600 Mark).

Bemerkenswerth ist aber besonders das Auftreten der Jesuiten, wenn sie als Prediger die Kanzel besteigen. So vergaß sich ein Pater, Namens Cermeño, im Oktober 1882 in Cadiz so weit, in einer Predigt in der Kirche Del Rosario, die gesammte Bevölkerung auf das Gröblichste zu beleidigen und endlich die allerheiligste Jungfrau zu bitten, über die Stadt alle Arten von Unheil zu verhängen. Freilich schritt der Civilgouverneur sogleich gegen den Pater ein und es scheint, als wenn auch die geistlichen Behörden der Provinz sich sogar herbeiließen, in diesem Falle einzugreifen — dank dem energischen Auftreten der Civilbehörden. Denn im November tauchte die Nachricht auf, daß der besagte Jesuitenpater sich in la Parra, dem Gefängniß für Geistliche in Sevilla, befand.

In Alicante ereignete sich im Februar dieses Jahres etwas Aehnliches. Es waren dort sechs Patres erschienen, die durch den Ton ihrer Predigten in den Kirchen, wie ihrer

Ansprachen in den Straßen die Bevölkerung alsbald in solche Bewegung versetzten, daß es erforderlich schien, sie bei ihren weiteren Predigten durch Schutzmannschaften vor dem Unwillen der Masse zu bewahren. In den Kirchen Santa Maria, San Nicolas und San Francisco erlaubten sich die betreffenden Prediger jedoch so große Beleidigungen der Gemeinden, daß sie, durch Polizeibeamte gegen Thätlichkeiten geschützt, die Kirchen verlassen mußten. Die Ausdrücke, deren sie sich bedienten, werden von den meisten Zeitungen nicht wiederzugeben gewagt, und sie verdienten in Wahrheit anders als durch Ausweisung der sechs Jesuitenmissionäre beantwortet zu werden. Der Bischof von Orihuela sah sich allerdings veranlaßt, sich in eigener Person nach Alicante zu begeben und die Missionäre zu exkommuniziren, die in der nächsten Zeit, aus Alicante vertrieben, noch andere Orte heimsuchten, von der Bevölkerung jedoch entsprechend behandelt und ausgewiesen wurden.

Der Mißbrauch der Kanzel und des Kultus wird allerdings nicht allein von den Jesuiten geübt, sondern auch von den Geistlichen. So kanzelte der Pfarrer Ortiz im September vorigen Jahres in der Kirche Pié di Concha in Santander, statt über das Evangelium zu predigen, ein Gemeindeglied in unwürdigster Weise herunter, weil dasselbe noch nicht die Kosten des Begräbnisses seiner Mutter bezahlt hatte.

Der Cura von Cenarruza (Biscaja) hielt seiner Gemeinde vor, daß die Liberalen alle ein schlimmes Ende nähmen, und zog als Beispiel auch den von klerikaler Seite an dem Gouverneur von Burgos, Gutierrez de Castro, 1869 verübten Mord heran, nicht um diese schmähliche That zu verurtheilen, sondern um sie als Strafe des Himmels zu verherrlichen. Es wurde zwar ein Prozeß gegen diesen Prediger angestrengt, doch war es dem Verfasser nicht möglich, das Resultat desselben zu ermitteln.

Der Willkürakte von Seiten der Pfarrer und überhaupt

der Geistlichen sind unzählige zu verzeichnen. Besonders sind
es materielle Fragen, die ihnen zu Grunde liegen, denn die
Geistlichen suchen ihre Pfarrkinder so viel als möglich auszubeuten, und verhängen, wenn es ihnen gelegentlich mißlingt,
harte Strafen. Daß dergleichen die sozialen Zustände stark
beeinflußt, liegt auf der Hand, so sind z. B. jetzt wiederholentlich Fälle vorgekommen, in denen Todte von ihren An-
gehörigen nicht auf den Kirchhöfen beigesetzt, sondern in Höfen
und auf dem Felde eingescharrt worden sind, weil die großen
Forderungen der Geistlichen nicht befriedigt werden konnten
und weil diese schon oftmals aus solchem Grunde die gehörige
Bestattung verweigert haben. Zur weiteren Charakterisirung
der Geistlichen und des Geistes, der sie beseelt, mögen noch
die folgenden Mittheilungen dienen.

Ein Pfarrer aus der Umgegend von Plasenica bedient
sich eines sehr einfachen Mittels, seine eigenen Interessen zu
fördern. Nimmt er die Beichte ab, so sorgt er dafür, die
Vergehen seiner Kommunikanten als ganz ungeheuer darzustellen und diesen zu verstehen zu geben, daß eigentlich nur
der heilige Vater in Rom ihnen ihre Sünde vergeben könnte,
doch daß er selbst durch seine Gebete das Seinige zu ihrer
Absolvirung außer den ihnen auferlegten Strafen thun wollte.
Sind die Beichtkinder reich, so gebietet er z. B. kraft seines
Amtes, daß sie so und so viel Geld für Messen zu zahlen
haben; sind sie arme Arbeiter, so heißt es: arbeitet so und
so lange in meinem Olivengarten, auf meinen Feldern! Alles
zu Ehren der Kirche, der Religion, der Moral und im Namen
Christi.

So groß wie die Unbildung ist auch die Rohheit der
niederen Geistlichen; man kann sich kaum eine Vorstellung
von dem machen, was in dieser Hinsicht in Spanien möglich
ist. Gerade in letzter Zeit sind wieder Dinge passirt, die
wir uns scheuen mitzutheilen. Verletzungen mehr oder weniger

schwerer Art sind nichts Seltenes. Wegen Mordes wurde im vorigen Jahre mehreren Geistlichen der Prozeß gemacht. Ein solcher Fall lag in Galicien, in Valladolid, in Malaga vor.

Besonders ist das Auge der Oeffentlichkeit in letzter Zeit aber auch auf die zahllosen Kirchendiebstähle gerichtet, seit man bei mehreren Gelegenheiten in den Geistlichen selbst die Diebe ermittelt hat. Der unrechtmäßige Verkauf von kost=baren Kirchengütern setzte die Valencianer im vorigen Jahre auch in nicht geringe Aufregung.

Daß der Cölibat die Sittlichkeit nicht fördert, aber von sehr tiefgreifendem Einfluß auf die sozialen Zustände ist, be=darf keiner weitern Erörterung, da darüber schon so viel ge=schrieben worden ist.

Eine auf den Klerus bezügliche Erscheinung, die vorher bereits beiläufig erwähnt wurde und leicht als ein Widerspruch betrachtet werden könnte, müssen wir noch etwas näher be=leuchten, nämlich: Das gleichzeitige Auftreten einer grenzen=losen Verachtung und einer ebenso bedingungslosen Hoch=schätzung des Klerus von Seiten des Volks. Schließen sich diese beiden Empfindungen scheinbar vollständig aus, so sind sie doch in der Seele des Spaniers eng mit einander ver=bunden. Dem oberflächlichsten Beobachter, dem flüchtigsten Reisenden wird es nicht entgehen — wofern er überhaupt nur selbständig zu sehen vermag, und dazu gehört ja auch etwas — daß man einen und denselben Priester jetzt mit Koth bewirft, und — ihm im nächsten Augenblick in tiefster Demuth die Hand küßt. Wir werden derartigen Wider=sprüchen auf dem Spezialgebiete des Kultus und des Glaubens noch begegnen, — es liegen überall dieselben Ursachen zu Grunde.

Der Spanier erkennt eben die Doppelnatur des Geistlichen an, der zugleich Mensch und Diener der Kirche, Verkünder des Wortes Gottes ist und — während er ihn als Menschen verachtet, wirft er sich vor ihm als dem Träger des Glaubens

in den Staub nieder. Als Mensch ist der Geistliche eben
allen Schwächen anderer Sterblichen unterworfen, und indem
er denselben nicht mit größter Energie entgegenwirkt, wird
der Kontrast, der dadurch zwischen seinem sozialen Leben, den
Geboten der Kirche, den Satzungen der Moral und der Lehre
Christi entsteht, um so auffälliger und setzt ihn in höherem
Grade als seine Mitmenschen dem Spott, der Verachtung
aus. Weil er Glied der Kirche, als solches habgierig, ab=
solutistisch, unduldsam ist, überträgt sich der Haß gegen
das allmächtige Institut auch auf die einzelnen Kleriker, be=
sonders wenn einmal ein liberaler Hauch durch das Land
und das Volk geht, oder wenn die Kirche durch ihre ewigen
Betteleien, durch ihre Habgier und das Aussaugesystem, das
sie ihren Pfarrkindern gegenüber anwendet, den gerechten Un=
willen der letztern auf die Spitze treibt, oder wenn mönchische
Schmarotzer, jesuitische Hetzpriester den Zorn der Massen gegen
sich erwecken, in welchem Falle das Volk natürlich auch ge=
legentlich seine Wuth an der Kirche und am Klerus ausläßt.
Als Priester der Religion Christi erscheinen dem Spanier
aber die im sozialen Leben verachtetsten Individuen als geheiligt
und von einem göttlichen Nimbus umgeben — und er beugt
sich in Ehrfurcht vor dem höhern göttlichen Element in der
Natur des Geistlichen. Dazu kommen noch andere Faktoren
und Mittel, durch die der spanische Klerus das rohe, un=
gebildete Volk an sich zu fesseln weiß. Durch die F r a u e n,
überall und zu allen Zeiten die eigentlichen Stützen aller
Religionen, wirken die Priester auf die Männerwelt, auf die
ganze Nation unfehlbar ein und halten durch das so ge=
wonnene Medium die Furcht vor den Strafen Gottes und
des zukünftigen Lebens stets wach, zwingen jeden, an dem
Kultus in vorgeschriebener Weise theilzunehmen, in bestimmten
Zwischenräumen zur Beichte zu gehen; durch diese letztere
aber gewinnen sie eine neue nicht minder mächtige Handhabe.

Besonders wichtig ist ferner aber noch der Einfluß, den der Klerus auf politischem Gebiete über die Massen ausübt, die seit Jahrhunderten daran gewöhnt sind, den Rathschlägen und Vorschriften ihrer Seelsorger bedingungslos zu folgen, weil sie in ihnen die höher Gebildeten, Klügeren ehren. Das Volk gehorcht daher auch heute noch blindlings der Stimme seiner Priester, ihre Sache für die beste erachtend — was nur in den seltensten Fällen zutrifft, denn gerade die Geschichte dieses Jahrhunderts belehrt so deutlich als nur möglich darüber, daß die Kleriker in der Politik immer nur danach fragten, auf welcher Seite der Vortheil für Kirche und Klerus lag, welche Partei die stärkste war, die meisten Garantien für die Wahrung und Förderung der kirchlichen Interessen bot. Das Volk betrachtete alle Verhältnisse immer nur nach dem Willen der Priester und im Lichte, das diese darüber breiteten, besaß ja seit der Entstehung des spanischen Staats keinen eigenen Willen, sondern war nur das gefügige, nach Belieben lenkbare Werkzeug in der Hand der Kleriker.

Möge das jetzt anders werden. Vorläufig ist leider davon noch nicht die Rede und die Gräfin Ida Hahn=Hahn urtheilte in ihren Reiseberichten vom Jahre 1841 auch damals trotz der gegen den Klerus gerichteten allgemeinen liberalen Strömung nur einseitig und, dem Augenschein folgend, optimistisch, wenn sie sagt: „Bei uns stellt man sich die Spanier vor wie vom glühendsten Fanatismus beseelt, feurig den liberalen Fahnen folgend, oder blindgläubig dem Kreuz, das ihnen die Priester vorhalten. Ach Gott, welch ein Irrthum! So gründlich wie hier ist nirgends die Priester=macht gebrochen! sie liegt ganz und gar am Boden, man tritt sie mit Füßen oder geht gleichgültig über sie hinweg; wo ein Spott zu machen, eine Verachtung zu bezeichnen, ein Widerwillen auszudrücken ist, da geht es über die Mönche her.“

Eine Reform der Kirche in allen ihren Gliedern und

eine solche der Verhältnisse des Klerus gehören zu den fun=
damentalen Bedingungen für die Hebung Spaniens. Vor
allem aber gehört dazu auch Trennung der Kirche vom Staat
und ein energisches Auftreten der Organe der letztern denen
der erstern gegenüber — und davon ist zur Zeit leider noch
keine Spur zu bemerken. Die Liberalen haben die glänzendsten
oratorischen Feldzüge gegen die Kirche und alle bestehenden
Schäden geführt — und sind dann doch fast immer wieder
demüthig zu Kreuze gekrochen.

5.

Die christlichen Bischöfe legten seit der Entstehung der christlichen Kirche einen großen Werth auf die Ausbildung des Kultus. Die christliche Lehre hatte einen schweren Ringkampf mit den Religionen der alten Welt zu bestehen und die Einsichtigen unter den Lehrern derselben erkannten einmal, daß es nothwendig war, den uralten religiösen Vorstellungen früherer Zeiten große Konzessionen zu machen, sich ihnen zu akkomodiren, und daß ferner ein auf kräftige Sinnenwirkungen basirter Kultus die sicherste Voraussetzung und Vorbedingung für die Verbreitung derselben sei. Freilich sah man sich auch in dieser Hinsicht gezwungen, Anleihen bei den Kulten der alten Welt zu machen, die Feste zu adoptiren, die die Menschheit zum Theil seit Jahrtausenden gefeiert hatte und sich damit zu begnügen, Alles in's Christliche zu übertragen. Was nur irgend im Stande war, durch die Sinne eine Wirkung auf das Gemüth auszuüben, wurde in den christlichen Kultus aufgenommen und besonders die Musik, theatralische Darstellungen wurden als mächtige Anziehungsmittel erkannt und entsprechend gepflegt. In keinem Lande wurde aber der Kultus so systematisch ausgebildet, nirgends eine solche Pracht bei demselben entfaltet, als in Spanien, nirgends so enorme Summen für ihn verschwendet. Insofern, als er die Künste und Kunstgewerbe in Anspruch nahm, wirkte er ja allerdings zu einer Zeit, als im Uebrigen von Kultur nicht mehr die Rede war, in gewissem

Sinne fördernd. Die Malerei, die Bildhauerkunst entwickelten sich im Dienste der Kirche, aber wahrlich wog diese partielle Kulturförderung nicht entfernt die grenzenlose Unkultur auf, die sie im Uebrigen erzeugte und nicht jene ungeheuren Summen, die in Weihrauch, Wachskerzen und zahllosen anderen Requisiten in unverantwortlicher Weise vergeudet wurden, das Land verarmen ließen. Es wird ja allerdings jetzt nicht entfernt ein solcher Aufwand in dieser Hinsicht getrieben, als im Mittelalter, weil die Kirche nicht mehr über die Mittel verfügt, die sie früher besaß, daß aber auch heute gewaltige Summen nutzlos verschwendet werden, bringt ein Artikel in der „Revista cristiana" vom Januar 1883 zum Bewußtsein. „Nehmen wir an", sagt der Verfasser, nachdem er sich darüber geäußert hat, wie überflüssig es ist, am Tage auch Licht zu brennen, „daß es in Spanien nicht mehr als 20,000 Kirchen giebt und daß durchschnittlich in jeder täglich für 5 Pesetas (5 Franks) Wachslichte und Weihrauch verbraucht werden (und man wird mir nicht sagen können, daß ich übertreibe), so ergiebt dies täglich 20,000 Duros (80,000 Mark), also jährlich 29,200,000 Mark!" In der That eine bedeutende Summe, und selbst noch, wenn wir sie auf die Hälfte reduziren wollten.

Nirgends ferner, es sei denn vielleicht in Rom, fällt dem Kulturhistoriker der Zusammenhang des heutigen katholischen Kultus mit dem des alten Griechenland und Rom so deutlich auf, wie in Spanien. Bis in die kleinsten Einzelheiten haben sich die alten Gebräuche dort erhalten und es brauchten nur die Bilder der Heiligen, der Jungfrau Maria durch die alten Götter- und Götzenbilder ersetzt zu werden, um die Kultushandlungen, wie sie die alten Schriftsteller berichten, absolut unverändert erscheinen zu lassen. Ja, in vielen Fällen bedürfte es nicht einmal des Austausches der „Bilder", sondern nur der antiken Benennungen, um uns um 2000 Jahre zurückzuversetzen.

Uebrigens soll dies kein Vorwurf für die katholische Kirche sein, sondern eine einfache kulturhistorische Bemerkung, die den Konservatismus des Menschen in religiösen Dingen, Sitten und Gebräuchen charakterisirt.

Der spanische Kultus hat, wie die spanische Kirche und der spanische Glaube, auch seine ganz spezifischen Eigenthümlichkeiten und dazu gehört in erster Linie die Ausbildung des Marienkultus, dessen Herd Zaragoza mit seiner wunderthätigen Pfeilerjungfrau, der Madonna del Pilar, ist. Man darf geradezu sagen, daß die Marienvergötterung in Spanien den eigentlichen Mittelpunkt der Religion bildet, daß die Jungfrau Maria ihren Sohn völlig verdrängt hat. In vielen spanischen Gebeten wird die Person Christi nur nebensächlich genannt, in den meisten aber wird dieselbe gänzlich übergangen, wie u. a. auch das gewöhnlichste Kindergebet lehrt: „Con Dios me acuesto, con Dios me levanto, con la Virgen Maria y el Espiritu Santo" (mit Gott lege ich mich hin, mit Gott erhebe ich mich, mit der Jungfrau Maria und dem Heiligen Geist), wo Christus sogar aus der Trinität verdrängt worden ist. In dem verbreitetsten Blatte der katholischen Propaganda in Spanien, „La hoja volante" von Lérida, wird der Name Christi fast ausschließlich nur in der Umschreibung von „Papa" (Papst) durch „Cabeza visible de Jesucristo" (Sichtbares Haupt Jesuchristi) genannt. Die Devise dieses sich selbst als „buena lectura" (Gute Lektüre) anpreisenden Blattes lautet übrigens: Nada, ni un pensamiento, para la politica! Todo, hasta el último aliento para el Papa y para España! .... España, patrimonio de Maria, todo por y para Maria etc. — (Nichts, nicht einen Gedanken für die Politik! Alles bis zum letzten Athemzug für den Papst und für Spanien! .... Spanien, das Erbtheil der Maria, Alles durch und für Maria 2c.)

Der heutige Klerus betrachtet, und mit vollem Recht, die Prachtentfaltung in den Kirchen, den Glanz der Kultushand= lungen als eines der wirksamsten Mittel, die Massen in Ab= hängigkeit von der Kirche zu erhalten, den Glauben zu er= zwingen, durch Sinnenreize dem Umsichgreifen des Unglaubens Einhalt zu thun. Daneben trägt auch der Charakter der spanischen Kirchen außerordentlich viel dazu bei, die beabsich= tigten Wirkungen des Kultus zu erhöhen. Der bloße Besuch derselben muß auf alle leicht erregbaren, für das Mystische und Phantastische empfänglichen Gemüther einen tiefen Ein= druck machen, und das ist in der That in solchem Grade der Fall, daß selbst die nüchternsten Rationalisten, kühle Nord= länder sich der Macht der dort zusammenwirkenden Eindrücke nicht leicht verschließen können. Die Kathedralen und Haupt= kirchen sind meist gewaltig groß, und wenn diese Größe auch weniger auffällig erscheint, weil die Chöre dort die Mitte ein= nehmen und gleichsam eine Kirche in der Kirche bilden, so wirkt gerade dieser Umstand, der den unbeschränkten Ueber= blick über das Ganze verhindert, verbunden mit dem geheim= nißvollen Dunkel, das in den Kirchen herrscht, auf das Ge= müth ein. Das Auge entdeckt, wohin es blickt, immer Neues, Ungesehenes, wird allmälig überrascht durch die prachtvollen Details der Konstruktion, der Ornamentik, der Lichteffekte, der Gold= und Silbergeräthe und jener zahllosen Kleinigkeiten, die die Ausstattung der Kirche und der Kapellen vervollständigen. Die Geruchsnerven werden angeregt durch den Weihrauch, dessen Wolken zugleich alle Kultushandlungen mit einem leichten Schleier umweben und von dem Profanen trennen. Die Musik wirkt in gleicher Weise auf das Gehör und alles zu= sammen giebt der Seele eine Stimmung, die sie zur Erhebung über das Irdische empfänglich macht. Dazu kommen die Pro= zessionen, die — innerhalb der Kirche — immer noch so glänzend sind, wie man sie sich nur nach den überschwenglichen

Berichten des Mittelalters vorstellen kann. Wunderthätige
Bilder und Reliquien; geweihte Stellen, an denen die Jung=
frau Maria einst erschienen ist; Bilder unzähliger Heiliger:
der Protektoren der Gewerbe, der Kommunen, der Provinzen
des Landes, diese Götterbilder, an die man sich in diesen oder
jenen Nöthen des Lebens wendet; Erinnerungen an die Bischöfe,
Priester, Mönche, Fürsten und Adlige, die zu den betreffenden
Parochien in irgend welcher Beziehung gestanden haben;
Grabsteine und Denkmäler mahnen hier immer das Individuum
an seine eigene Bedeutungslosigkeit, an seine Vergänglichkeit,
an das Leben nach dem Tode und zielen darauf ab, es zu
veranlassen, seine Eigenart aufzugeben, den eigenen Willen,
die eigenen Gedanken zu vergessen, Alles zum Heile der Seele
der Kirche zu opfern. Die dramatische Belebtheit des Kultus
ergötzt die Sinne und wie weit das dramatische Leben in den
Kirchen Spaniens geht — um von den Wunderthaten der
Heiligenbilder und Reliquien, den Darstellungen der in der
Heiligen Schrift mitgetheilten Ereignisse, von den Mirakel=
spielen zu schweigen — dafür nur ein Beispiel.

Die religiösen Tänze, die in den Kirchen aufgeführt
werden, datiren mit ihrem Ursprunge weit in das Mittelalter
zurück und bilden eine Eigenthümlichkeit des spanischen Kultus.
Am berühmtesten und glänzendsten sind aber die Tänze der
„Seises", die zu gewissen Zeiten in der Kathedrale von Se=
villa aufgeführt werden. Es würde zu weit führen, ihren
Ursprung und die Vertheidigung, die sie durch die spanischen
Theologen erfahren haben, zu berichten, Thatsache ist, daß sie
bestehen und Tausende von Spaniern und Fremden zur Zeit
ihrer Aufführung, etwa in der Woche vor dem Frohnleich=
namsfeste, nach Sevilla locken. Der Tanz wurde ursprünglich
von sechs Chorknaben (daher „Seises"), jetzt von acht und
mehr aufgeführt, die in der kleidsamen Pagentracht der Zeit
Philipp's III. mit Federhüten auf dem Kopfe vor dem Hoch=

altar auftreten. Die Kastagnetten selber handhabend, unter
Begleitung der Musik des Kirchenorchesters singen sie tanzend
ihre Coplas, die sehr alt sind und sich auf das betreffende
bevorstehende Fest beziehen. Die Kirche ist bei diesen Gelegen=
heiten stets so überfüllt, daß es schwer ist, einen Platz zu ge=
winnen; schon stundenlang vorher lagern sich die Gläubigen
auf dem kalten Fußboden, denn Bänke und Stühle giebt es
in den spanischen Kirchen nicht, um dann mit voller Andacht
auf den Knieen dem Tanz und Gesang der Knaben zu folgen.
Und sicher wird Niemand, der es einmal gesehen, dieses rei=
zende Schauspiel vergessen; und daß gerade dergleichen Be=
lustigungen eine große Anziehungskraft auf die vergnügungs=
süchtigen Spanier, besonders aber auf die Spanierinnen aus=
üben, ist leicht begreiflich.

Daß der Besuch der Kirchen den Meisten überhaupt nur
eine angenehme Zerstreuung ist, daß dies auch gar nicht ver=
hehlt wird, daß die Kirchen dem niederen Volke als bequeme
Versammlungsorte und Konversationslokale gelten, weiß jeder
der in Spanien und Italien gereist ist und die Kirchgänger
und ihr Gebaren beobachtet hat. Ebenso wahr und bekannt
ist es, daß in Spanien bei gottesdienstlichen Handlungen jeder
Ernst, jede tiefere Andacht und religiöse Sammlung unter den
Theilnehmern vermißt wird. Die Kirchen sind allerdings,
zumal an Sonn= und Festtagen, sehr zahlreich von Männern
und Frauen aller Stände besucht; beobachtet man aber die
Haltung der einzelnen Personen und Gruppen, so wird man
bald zu der Ueberzeugung gelangen, daß nur die Minderzahl
der Kirchgänger aus wirklichem Bedürfniß dem Gottesdienste
beiwohnt, während die Mehrzahl aus Solchen besteht, die ent=
weder selbst gerne sehen und sich gerne von Anderen bewun=
dern lassen, oder was namentlich von der Männerwelt gilt,
die günstige Gelegenheit zu unauffälligen Rendezvous, zum
Erhaschen eines ebenso kurzen wie feurigen Seitenblickes der

Geliebten, zur Anbringung oder Inempfangnahme einer ge=
flüsterten Liebeserklärung benutzen. In den Kirchenportalen
wimmelt es von lärmenden und plärrenden Bettlern und
schmutzigen Verkäufern von Rosenkränzen, Heiligenbildern und
Blumensträußen; und ist der Gottesdienst zu Ende, verlassen
die „Gläubigen" unter entsetzlichem Geläute und „Rabschlagen"
der Kirchenglocken (wie der ultramontane A. Stolz es in seinem
Buche über Spanien sehr richtig bezeichnet) das Gotteshaus,
dann bilden die Herren zu beiden Seiten der Ausgänge, in
den Vorhöfen und auf der Straße Spalier. Es werden nun
die Gluthaugen, die Taillen, die Füßchen der Damen bewun=
dert, gelobt, gepriesen — ganz ebenso, wie dies täglich auf
den Paseos, in den Theatern und sonstigen öffentlichen Ver=
kehrsorten zu geschehen pflegt. Ja, es giebt in Spanien sogar
Kirchen, in denen förmliche Maueranschläge verbieten, die beten=
den Señoras anzureden oder zu belästigen, eine Thatsache, die
selbst dem Bewunderer des Neokatholizismus, Herrn Baum=
stark, auffallen mußte.

Ihrem Charakter als öffentliche Lokale entsprechend müssen
die spanischen Kirchen übrigens auch Lotterien und Auktionen
dienen! So entnehmen wir dem „Nuevo Ateneo" von Toledo,
um ein Beispiel hierfür zu geben, die Notiz, daß am Aller=
seelentage, innerhalb des Vestibüls der Kirche San Juan Bau=
tista in Toledo alljährlich und zwar während des Gottes=
dienstes, eine öffentliche Verloosung von Gegenständen statt=
findet, deren Erlös angeblich zur Bestreitung des kirchlichen
Festgepränges dient. Hier ist zwar der äußere Schein des
Zusammenhanges dieser Lotterie mit der Kirche noch gewahrt.
Im August vorigen Jahres fand aber in dem Atrium der
Kirche von Monserrat sogar, wie die „Epoca" berichtete, eine
Auktion von Obst, Wein und Wurst statt, die in durchaus
keiner Beziehung zu der betreffenden Kirche stand und selbst
dann nicht berechtigt gewesen wäre, wenn es sich um die Er=

trägnisse der Besitzungen des Klosters oder der Pfarrei von Monserrat gehandelt hätte. —

Höchst charakteristisch für die spanische Frömmigkeit ist jedenfalls folgendes Ereigniß. Am Charfreitag 1881 fand in der Madrider Real Iglesia de San Isidro ein feierlicher Abendgottesdienst statt, welchen der bekannte Violinist Sarasate durch Vortrag von Rossini's Stabat Mater und Schubert's Ave Maria beschließen sollte. Während der Predigt wurde jedoch von ruchloser Hand im Kirchenportal eine gewaltige Petarde abgebrannt, so daß sich der dichtgedrängten Menge eine entsetzliche Panik bemächtigte, die weder durch Ermahnung der Besonneneren, noch durch das Erscheinen der Polizei und sofortige Absuchung der Kirche gebannt werden konnte. Da endlich erstieg der Prediger von Neuem die Kanzel und rief mit Donnerstimme die köstliche Drohung herab: Señores, si no hay sermon, no hay música tampoco! Meine Herren, findet die Predigt nicht statt, so giebt's auch keine Musik! Lautes Gelächter erschallte nun allerseits und die verlorene Ruhe trat sofort wieder ein. . . .

Das arme Volk, das sich nicht die Genüsse und Vergnügungen gewähren kann, die den höheren Ständen zugänglich sind, benutzt natürlich jede Gelegenheit, die sich ihm bietet, um sich zu belustigen. Mit diesem Umstande rechnet selbstverständlich die Kirche sehr stark und der Klerus benutzt die zahllosen Kirchenfeste — und alle nationalen Feste der Spanier sind aus ihnen entstanden und hatten ursprünglich religiösen Charakter —, um für sich Propaganda zu machen. Es wird daher bei solchen Gelegenheiten nichts gespart, was Eindruck auf die Sinne der Massen machen kann und aller nur erdenkliche Glanz entfaltet, um die Traditionen früherer Zeiten zu erhalten. Es wäre aber ein großer Irrthum, zu glauben, daß die Kirchenfeste für das Volk irgend welche höhere Bedeutung hätten, als alle anderen Feste oder gar als die Stiergefechte,

daß sie irgend einen moralischen Eindruck auf dasselbe aus=
übten. Wie in den Kirchen, zeigt sich auch bei den öffent=
lichen Prozessionen nicht die geringste Spur von Feierlichkeit,
Würde und Andacht. In Sevilla, in Valencia, Barcelona,
kurz in allen großen Städten dienen die prunkvollen Aufzüge
lediglich zur Befriedigung der Schaulust von Tausenden und
aber Tausenden von Müssiggängern, die sich bei solchen Ge=
legenheiten auf den Straßen und Plätzen zusammenscharen.
Für die großen Prozessionen werden die Vorbereitungen tage=
lang vorher getroffen, denn der Weg, auf dem sie sich be=
wegen, ist zum Schutz gegen Sonne und Regen gedeckt. Auf
den Plätzen werden zu diesem Zwecke Mastbäume errichtet,
mit Guirlanden umwunden und miteinander durch Seile ver=
bunden, die die farbigen Zeltstoffe tragen. In den Straßen
werden die gegenüberliegenden Häuser in gleicher Weise mit=
einander verbunden und gedeckt, während die Fenster und
Balkone mit bunten Teppichen, Fahnen, Blumen und Guir=
landen geschmückt, die Prozessionswege mit Blumen bestreut
werden. Die Ankündigung eines kirchlichen Umzuges geschieht
durch Trommelschlag, der in den größeren Städten natürlich
nur die liebe Straßenjugend in Aufregung versetzt. In den
andalusischen Dörfern verursachen hingegen diese Akte gar
häufig die blutigsten Schlägereien. Die Bauerburschen zahlen
nämlich den Trommlern ein gewisses Quantum, wofür letztere
auf ihrem Umzuge vor den Thüren der Geliebten Jener stehen
bleiben, um eine Weile mit besonderer Virtuosität die Zapfen
zu rühren. Zahlt nun aber beispielsweise X 5 Pesetas, Z
dagegen 2 Pesetas für dieses Trommelständchen, so versteht
es sich von selbst, daß der Virtuos ein längeres und geräusch=
volleres Kunststück vor der Thür der Geliebten des X zum
Besten giebt. Dadurch wird Z dem Publikum und seiner
respektiven Braut oder Geliebten gegenüber blamirt und aus
dieser kindischen Rivalität entstehen oft Schlägereien, in denen

Revolver und Dolchmesser die Hauptrolle spielen! An der Prozeſſion ſelbſt betheiligen ſich meiſt nur Geiſtliche, Brüder= ſchaften, die Beamten der Stadtbehörden, Waiſenknaben und alte Frauen, welche mit brennenden Wachskerzen die auf Ge= rüſten getragenen Heiligenbilder umgeben. Der Zug wird von dienſtlich befohlenen Militärpikets und mehreren Muſik= korps begleitet, die oft gleichzeitig die luſtigſten Weiſen aus Roſſini's „Barbier" oder Donizetti's „Liebestrank" u. d. m. erſchallen laſſen, während die dichtgedrängte gaffende Volks= menge allerdings die Kopfbedeckung lüftet, im Uebrigen aber ſich keineswegs behindert fühlt, Cigarren und Cigarretten zu rauchen, die auf den Balkonen ſich unermüdlich Kühlung zu= fächelnden und mit heiterſter Miene unterhaltenden Señoritas laut und unbefangen zu bekritteln oder gar die frivolſten Bemerkungen über den Apparat und die Inſzenirung der Pro= zeſſion, die Bekleidung und den Diamantenſchmuck der vorüber= getragenen Bilder zu machen. „Wo iſt", fragt ein ſpaniſcher Schriftſteller, J. Garcia, unter Bezugnahme auf die berühmten Sevillaner Oſterprozeſſionen, „wo iſt jetzt wahre Andacht und religiöſe Empfänglichkeit? Diejenigen, welche ohne Zweifel aus Ironie ſich „Büßende" nennen, gehen einher im Zuge, um ſich in ihrer Eleganz zu zeigen, und im Takt der heiligen Geſänge, der Geſänge des Schmerzes und der Trauer, ziehen ſie die Straßen entlang, wo die Neugierigen gedrängt ſtehen, und grüßen ihre Freunde auf familiäre Weiſe oder flüſtern den Damen Liebesworte zu, die dieſe veranlaſſen, erröthend die Augen zu ſenken. Und nicht beſſer betragen ſich die An= deren, welche ſich gegenſeitig über den Haufen rennen und handgemein werden, um die Prozeſſion zu ſehen, die Leute mit dem Schlapphut und der Mantilla. Und würde man ihnen ſagen, ſchafft doch dieſe Szenen ab, ſo würden ſie ſehr unwillig werden, die Zeiten ihrer Väter berufen und die Gott= loſigkeit und Profanität der neuen Zeit verwünſchen. Und doch wäre in diesem Unwillen, in jenem heiligen Zorne auch nicht eine Spur von Frömmigkeit, sondern nur Stolz, lokale Eitelkeit, die Eigenliebe, die nichts verlieren will, was ihr Vergnügen macht oder dem Stolze fröhnt".

Während so seit Jahrzehnten unter dem Einflusse des modernen Zeitgeistes der Glanz der Prozessionen und Kirchen= feste schwindet, die Masse sich nur in so weit daran betheiligt, als sie glaubt, sich belustigen zu können, suchte die Regierung seit 1875 gemäß der reaktionären Richtung, die sie verfolgte, dieser Indifferenz entgegenzuarbeiten und befahl den Behörden, sich bei größeren Prozessionen zu betheiligen, und leider ist es unter der Regierung des „liberalen" Ministeriums Sagasta nicht anders geworden, wie sich dies z. B. so deutlich als möglich am Anfang Dezember vorigen Jahres bei Gelegenheit der Publikation der jüngsten Encyklika des Papstes, von der wir sprachen, zeigte. Die obersten Civilbehörden der Stadt Madrid und eine Masse von städtischen Beamten hatten sich daran betheiligen müssen, ein Beweis, wie sehr man beeifert ist, dem Papst und der Kirche zu Dienst zu sein. Man be= rücksichtigt eben nicht, daß derartige Konzessionen den Staat als solchen in seiner Unabhängigkeit empfindlich schädigen, weit über das Maß Desjenigen hinausgehen, was man allenfalls thun könnte, um das Einvernehmen mit der Kirche nicht völlig zu stören und den Bruch herbeizuführen, der eben noch lange lange nicht zu fürchten ist. —

Statt zur Sammlung und zur Andacht aufzufordern, dienen die religiösen Feste den Spaniern im Allgemeinen also nur als Gelegenheit zur Befriedigung ihrer grenzenlosen Ver= gnügungssucht und ihrer Genußsucht. Bei allen derartigen Festen wird das Hauptgewicht auf gutes Essen und Trinken gelegt. So feiern die Barcelonesen z. B. die Weihnacht, in= dem sie Truthühner, Süßigkeiten und Wein in möglichst großen Quantitäten zu sich nehmen, in den vornehmeren Häusern indem glänzende Familiendiners veranstaltet werden. So originell wie — charakteristisch, wollen wir sagen, ist das Vergnügen, das sich die Madrider zu Weihnachten erlauben. Dasselbe besteht nämlich darin, daß man — Groß und Klein, aber natürlich nur die unteren Schichten der Gesellschaft, einen Höllenlärm auf allen nur denkbaren Arten von Trommeln veranstaltet. Selbst die feinen Cafés an der Puerta del Sol und in der Alcalá sind die Schauplätze dieser „Weihnachtsfeier".

Endlich bieten vielen Stoff zu ernsteren Reflexionen auch die sogenannten Romerias oder Verbenas, welche in allen spanischen Städten und Dörfern zu Ehren der betreffenden Schutzheiligen veranstaltet werden. Das mehrtägige Madrider Fest des heiligen Isidro, welches in der unmittelbaren Umgebung der gleichnamigen Kirche, außerhalb der Stadt, gefeiert wird, verdient geradezu die Bezeichnung einer Orgie zu Ehren des Bacchus und der Venus: Während im Innern der Kirche die Geistlichkeit in feierlichen Chorälen und Gebeten die Gnade des Heiligen auf die Hauptstadt des Landes herabfleht, erschallen von außen herein die feurigsten Olé's der tanzenden Paare, Guitarrenmusik und Kastagnettengeklapper, Becherklang und wilde Gesänge der Zechenden, — mitunter auch markerschütternde Hilferufe, wenn Dolche gezückt werden, wenn „die Messer klappen" und die blinde Eifersucht unerbittlich ein Opfer verlangt. . . . .

6.

Nachdem wir in den letzten Kapiteln den Geist, der die Kirche, den Klerus beseelt und den Kultus bedingt, einer kurzen Betrachtung unterzogen haben, ist es nunmehr erforderlich, unter beständigem Hinblick auf die im Vorhergehenden mit= getheilten Einzelheiten und unter Ergänzung derselben, den gegenwärtigen Glauben der Spanier, ihre Religion und ihre Religiosität zu untersuchen. Es ist dies eine der undankbarsten und schwierigsten Aufgaben, weil die Ansichten über diese Fragen im Inlande wie im Auslande so getheilt sind als nur möglich, und weil uns hier mehr als auf irgend welchem anderen Gebiete die unvermitteltsten Gegensätze entgegentreten und die Erzielung eines sicheren objektiven Urtheiles beinahe unmöglich machen.

Wenn wir die Wirkungen der Religion auf ein Volk, auf die Entwicklung seines Geistes studiren wollen, so müssen wir besonders folgende Gesichtspunkte in's Auge fassen: Welchen Einfluß soll die Religion auf das einzelne und auf ein Volks= individuum, auf seinen Charakter, seine Moral, seine sozialen Zustände ausüben, und wie verhält sich die reale Wirklichkeit zu den idealen Resultaten?

Offenbar soll doch die Religion das Individuum und in der Folge eine Nation, die menschliche Gesellschaft läutern vermöge des Glaubens an bestimmte auf sittlichster Grundlage beruhende Satzungen, und diese sollen das Leben des Einzelnen beherrschen, die menschliche Gesellschaft auf die erhabenste Höhe sittlicher Vollkommenheit führen. Wie müßte sich der echte Glaube also kundgeben, und was dürfen wir mit diesem Ausdruck bezeichnen, welches sind seine Merkmale?

Urtheilen wir nur nach dem äußeren Schein, so werden wir die eifrigsten Kirchgänger als die gläubigsten Menschen zu bezeichnen haben und unter dieser Voraussetzung müßte das spanische Volk als eines der gläubigsten, eines der sittlich höchststehenden, der vollkommensten Völker der Erde bezeichnet werden, besonders wenn man nach der ungeheuren Frequenz urtheilt, die die Kirchen bei Ankündigung eines lange dauernden Ablasses zeigen. Der wahrhaft gläubige, fromme Christ wird natürlich auch alle sittlichen guten Eigenschaften in möglichst hoher Entwicklung aufweisen, wird die Lehren des Heilands zu den leitenden Grundsätzen seines Lebens gemacht haben und das Alles wird sich natürlich im Verkehr der Menschen untereinander kundgeben. Von einem sittlichen, durch christliche Liebe geläuterten Menschen verlangen wir aber Milde, Nachsicht mit den Fehlern Anderer, Duldsamkeit, kurz, wahre Humanität; von seinem Handeln beanspruchen wir, daß es stets mit den Grundsätzen der Religion, d. h. der höchsten Moral übereinstimmt.

Es darf wol nicht erst nachgewiesen werden, denn es ist seit Jahrhunderten bekannt, daß im Allgemeinen — denn natürlich keine Regel ohne Ausnahmen — in dem Volkscharakter, im politischen und sozialen Leben Spaniens, gelind gesprochen, sehr wenig von allem dem zu finden ist, was den Charakter des wahren Gläubigen ausmachen soll. Natürlich müssen wir bei dieser Prüfung sehr vorsichtig zu Werke gehen, denn daß beispielsweise die überaus große Gastfreundschaft, eine traditionelle, von den Arabern hauptsächlich, zum Theil auch von den Germanen ererbte Gewohnheit, ebenso wenig wie manche andere Eigenthümlichkeiten des sozialen Lebens in den Bereich der Emanationen des christlichen Glaubens zu ziehen sind, braucht wol kaum weiter ausgeführt zu werden. In gleicher Weise klebt auch der gerühmten Mildthätigkeit ein gut Theil Egoismus an, wo sie nicht durch den gesell= schaftlichen Konventionalismus geboten wird.

Man werfe nur einen Blick auf den Gesammtcharakter des spanischen Volkes. Es ist im Grunde hart und grausam, entbehrt aller Milde, birgt unter dem Mantel der Grandeza, der unerschütterlichen Ruhe eine oft unbeschränkte Leidenschaft= lichkeit, die verbunden mit Stolz und Egoismus die Mutter aller denkbaren Extravaganzen wird. Der spanische Klerus, bis vor kurzem noch der einzige Lehrer des Volkes, der eigent= liche Vertreter der Geistesthätigkeit desselben, ist von einer Unduldsamkeit, die nicht ihres Gleichen findet. Das Wüthen der frommen Spanier in Amerika, die Schandthaten der In= quisition stehen unerreicht da und sprechen der Lehre Christi in einem Maße Hohn, wie es die Weltgeschichte nicht ferner aufzuweisen vermag. Die Nächstenliebe sucht man vergebens in der spanischen Geschichte und im spanischen Volkscharakter. Von Humanität im wahren Sinne des Wortes findet man keine Spur. Von der Moral, die die spanische Gesellschaft beherrscht, schweigt man lieber, und wieder ist es die Unlös= lichkeit der Ehe, wie sie die Kirche dekretirte, ist es der Cölibat, den sie ihren Dienern auferlegte, die zu dem sittlichen Verfall, der dort besteht, vielleicht das Meiste beigetragen haben. Wie selten findet man heute jene kerngesunden, eisenfesten, in ihrer Ehrenhaftigkeit unerschütterlichen unbestechlichen „Charaktere" früherer Zeit, die, gestützt auf was immer für einen Glauben, in absoluter Uneigennützigkeit nur das Wohl der Allgemein= heit, der Menschheit im Auge hatten? Allerdings ist die Zahl derselben zu allen Zeiten klein gewesen und die unzähligen Angriffe des modernen Lebens mit seinen gesteigerten Bedürf= nissen, seinen erweiterten Begriffen von Recht und Ehre, die ein großes Gewissen bedingen, erfordern schon sehr zähe, widerstandsfähige Naturen, um nicht demoralisirend auf den Charakter zu wirken. Die Spanier haben ferner in den klimatischen Verhältnissen, in ihrer Heißblütigkeit gefährliche Gegner.

Wenn wir aus diesen Zügen des Volkscharakters einen Schluß auf die Einflüsse der Religion und auf die Religiosität ziehen, so ist das Resultat allerdings kein günstiges. Der Schein täuscht und das gewohnheitsmäßige mechanische Drehen des Rosenkranzes, das gedankenlose Ableiern der von Kindesbeinen an eingelernten Gesänge, das Frequentiren der Kirchen, diese angenehme Erholung von den Beschwerden des Lebens, machen noch lange nicht einen Gläubigen. Weiß doch jeder, der die Menschen beobachtet, daß er oft in dem scheinbar ungläubigsten einen edeln, in dem scheinbar frommsten einen unedeln Menschen gefunden hat. Der wahre Glaube ist kein Gut, das durch äußerliche Mittel erlangt wird, sondern ebenso gut durch die Beobachtung der kleinsten Schöpfungen der Natur wie durch die Worte eines Predigers und den Weihrauch und das mystische Dunkel des katholischen Kultus zu erwerben ist. Es kommt alles auf die Durchdringung des Ich mit den sittlichen Grundsätzen der betreffenden Religion an und deßhalb findet man zwischen wahrhaft Gläubigen aller religiösen Bekenntnisse so viel Aehnlichkeit, daß es oft schwer ist, zu ergründen, durch Vermittelung welcher Religion das Individuum zu jener Höhe der Gläubigkeit und dem Adel seiner Seele gelangt ist.

Wenn man also unter Religiosität und Frömmigkeit das tiefinnerliche Bewußtsein der beständigen Abhängigkeit des Menschen von einer hohen moralischen Macht, die Erkenntniß des göttlichen Prinzips in der Menschenbrust, das Bestreben, dasselbe zur Entwicklung zu bringen und zum Leiter des Handelns und Denkens zu machen, wenn man darunter die Grundgesetze der Moral begreift — so gelangt man allerdings

in Spanien schnell genug zu der Einsicht, daß der religiöse
Glaube auf sehr schwachen Füßen steht, daß er lediglich
auf Aeußerlichkeiten gegründet, ja, daß er und mit ihm die
Moral völlig erstorben, gänzlich todt ist; und dies ist die An=
sicht aller Derer, die in die spanischen Verhältnisse wirklich
einen tiefen Einblick gethan haben.   Der Spanier wahrt eben
den Schein der Kirchlichkeit, er ist Fanatiker, er übt auf das
gewissenhafteste alle Kultusvorschriften, läßt den auf die Sinne
berechneten Kult auf sich einwirken, beichtet regelmäßig und
geht zum Abendmahl, sühnt seine Sünden, seine Vergehen,
seine todeswürdigen Verbrechen durch eine Verbeugung vor
dem Bilde der allerheiligsten Jungfrau, durch den Kuß, den
er auf irgend eine Reliquie drückt, durch Erwerbung eines
Ablaßzettels — und — „hält sich damit für fromm“. Diese
„Frömmigkeit“ hindert ihn aber nicht, zugleich ein erbärm=
licher Mensch zu sein und Mordthaten zu begehen; das be=
weisen zur Genüge die Dramen Calderons, Lope de Vega's,
die Novellen der Caballero und zahllose andere Literatur=
erzeugnisse aller Zeiten, aus denen wir zugleich die frühere
und heutige spanische Auffassung der Begriffe Moral und Re=
ligion studiren können.   Lag der Schwerpunkt des Katholizis=
mus überhaupt immer in der strengen Beobachtung der Kultus=
vorschriften, in Aeußerlichkeiten — dem Charakter der roma=
nischen Völker entsprechend, so entartete er in der „spanischen
Religion“ völlig zum leeren Formalismus, zu einem krassen
Aber= und Wunderglauben und einem Bilderdienst, wie ihn
die moderne civilisirte Welt sonst nirgends mehr aufzuweisen
hat; die Furcht vor den Kirchenstrafen im Diesseits, vor der
Strafe Gottes — von der ihn aber der Priester auf Erden
befreien kann — sind die Grundzüge dieses Glaubens.

Natürlich giebt es unter den 16 Millionen Einwohnern
Spaniens wol auch eine Schar von wahrhaft Frommen, und
diese finden wir in den Schichten der geistig niedrigst Stehenden.

Im Uebrigen aber zerfällt die ganze Masse in drei große Kategorien: Indifferente, Heuchler und Atheisten. Die Indifferenten gehören den Kreisen der Gebildeten an. Sie sind nicht gerade Gottesläugner, aber verhalten sich allen religiösen Fragen gegenüber völlig gleichgültig. Nur, wenn ihre eigenen Interessen auf dem Spiele stehen und dieselben durch den Schein der Frömmigkeit gefördert werden können, so zögern sie nicht, sich dieses bequemen Mittels zu bedienen. Ihre Zahl ist nur gering, denn es liegt nahe, daß sie stets der Gefahr ausgesetzt sind, entweder in Heuchelei oder, wenn sie charaktervoll sind, in Atheismus zu verfallen. Die Heuchler zeigen natürlich offenkundig ihre Kirchlichkeit, prahlen damit, befolgen aus praktischen Grundsätzen alle Vorschriften des Klerus auf das genaueste, geben große Almosen, unterstützen alle mildthätigen Institutionen, natürlich so, daß es alle Welt sieht, haben, wenn sie reich sind, ihre Kapläne, ihre eignen Kapellen und sind meist Diejenigen, die aller wahren Religiosität völlig baar sind. Die eigentlichen Atheisten sind wieder nur in geringer Zahl vorhanden. Erfüllt von einer sehr lückenhaften Halbbildung, von den ungesunden Lehren gewisser politischer Schwärmer, von den nivellirenden Grundsätzen, die zum Schaden der fortschreitenden Kulturbewegung und der gesunden Entwicklung des modernen Zeitgeistes, auch in Spanien schon Boden fassen, haben diese Männer den Glauben ihrer Väter aufgegeben, um oft genug dem Aberglauben um so nachdrücklicher zu verfallen. Was die Frauen anbetrifft, durch die die Kirche allein herrscht, so giebt es unter ihnen wol viele wahrhaft fromme Seelen, die wirklich den eigentlichen echt humanistischen Grundlehren Christi gemäß denken und handeln, und wir dürfen auf sie in ihrer Gesammtheit auch nicht die obige Eintheilung anwenden. In Unwissenheit, in klösterlicher Abgeschiedenheit, in traditioneller Kirchlichkeit erzogen, von Kindheit her an die pünktliche Ausübung aller rituellen Vorschriften gewöhnt, denken sie nicht daran, Glauben zu heucheln, sondern bilden sich ein, ihn zu besitzen, sind stolz auf ihn und suchen nach Kräften für seine und der Priester Herrschaft Propaganda zu machen. In Wirklichkeit ist aber auch ihr Glaube nur der vorher gekennzeichnete und besteht in leerem Formenkult.

Ehe wir nun auf die Einzelheiten eingehen, ist es wol wichtig, der Frage nahe zu treten, wie Spanien, dieses par excellence katholische Land, diese Hauptstütze des Papstthums, zum Indifferentismus, zum Absterben des Glaubens gelangte. Die Antwort ergiebt sich von selbst aus der Geschichte des Landes und seiner Kirche, und wir wollen nur aus dem bereits Bekannten das Nothwendigste zur Erklärung heranziehen.

Die Kämpfe der Spanier mit den Mauren hielten in ersteren das Bewußtsein der Abhängigkeit von der Kirche beständig wach, und was vom achten Jahrhundert an geschah, das geschah nur im Namen, nur im Interesse der bedrängten Kirche. Der religiöse Haß der frommen Spanier gegen alle Andersgläubigen wurde dadurch auf das kräftigste genährt, der Geist der Unduldsamkeit sehr schön entwickelt. Die reformatorischen Bestrebungen einiger erleuchteten Prälaten hatten nur die Wirkung, daß alle der Kirche treu ergebenen Diener und Schergen darüber wachten, daß die Gebote der Kirche, die Vorschriften des Kultus auf das strengste beobachtet wurden. Jede geringfügige Abweichung davon wurde als ein Indicium der Ketzerei auf das furchtbarste geahndet. Die Masse des Volkes neigte aber im sechzehnten Jahrhundert sehr stark zum Abfall von der katholischen Kirche und wenn die Inquisition auch scheinbar alle reformatorischen Bewegungen vollständig unterdrückte, die Träger derselben verbrannte und sonst unschädlich machte, so wühlte der Geist des Protests doch vielfach weiter und war nicht gänzlich zu ersticken — wählte aber den Schein der Strenggläubigkeit als Deckmantel. Unter diesen Umständen und bei der beständigen Betonung der äußeren

Formen, bei der stetigen glanzvolleren Entwicklung des Kultus, die ihre Anziehungskraft auf die Sinne der Massen ausüben sollte, verlor die Religion bald ihren inneren Gehalt, ihren höheren Werth vollständig, sank herab zur maschinenmäßigen Ausübung der rituellen Vorschriften, und verlor somit ihre ethische Bedeutung und ihren veredelnden Einfluß auf die Charakterbildung des Volkes, während gleichzeitig der Klerus und seine Gehülfen sorgfältig darüber wachten, daß keine Bildungselemente in die Masse drangen und den „Glauben" untergruben.

So bietet uns die Geschichte hier wieder eine eigenthüm= liche und interessante Erscheinung, eine Bestätigung dafür, daß oftmals Fremde den Nutzen aus unseren mühseligen Errungen= schaften ziehen. Die Spanier entdeckten Amerika, gaben damit das Zeichen zu allen jenen folgenschweren Entdeckungsreisen der späteren Zeit, eröffneten der Welt neue Perspektiven, bereiteten damit den Keimboden für den modernen Zeitgeist. Während nun aber die übrige Welt, besonders England, sich wesentlich dadurch bereicherte, während diese gewichtigen Ereignisse sehr viel zur Emanzipation vom schweren Joch, das den Geist der mittelalterlichen Welt niederdrückte, beitrugen, war ihre Wir= kung auf den nationalen Geist Spaniens nicht nur keine be= freiende, sondern sie halfen im Gegentheil dem Klerus, seine Macht zu erweitern, bestimmten ihn, die Zügel noch straffer zu spannen, die Herrschaft über den Geist der Nation zu einer alles Selbstbewußtsein und alle Selbstthätigkeit bis in die Wurzeln erstickenden Despotie umzugestalten.

Der Glaube, der die damalige spanische Welt beherrschte, war also auch kein freier, humanitärer, befreiender, sondern ein negirender, die Geisteskräfte erstickender, auf äußeren Schein und äußere Gewaltmittel begründeter, er war damals noch mehr als heute die Furcht vor den von den Priestern ange= drohten Strafen dieser und jener Welt, er war ein erzwungenes, zur Gewohnheit gewordenes Schwören auf das Wort des Priesters. Er war vor allem kein durch eigenes Nachdenken erzeugter, aus innerster Ueberzeugung entsprungener lebendiger Hauch, er war nicht der silberhelle Strom, der, aus dem Urquell eingeborener hoher sittlicher Empfindungen entsprungen, mit seiner Feuchte das nationale Leben erfrischte. Das ist der Fluch des Zwanges, den die Kirche auferlegte; dieser Fluch zeugt die Erscheinungen des heutigen religiösen Lebens in Spanien: Heuchelei, Indifferentismus und Unglauben. Diese Kinder sind stets — das beweist die Kulturgeschichte hinläng= lich — die Frucht der Verbindung des religiösen Zwanges mit dem individuellen Geiste gewesen, der, zur Selbstthätigkeit geschaffen, früher oder später auch selbstthätig werden muß.

Dieser künstliche Glaube, dieser Glaubens= und Gewissens= zwang beherrschte das nationale Leben Spaniens bis zur fran= zösischen Revolution. Da wurde das Volk plötzlich durch den Sturm, der die ganze Welt erschütterte, aus seiner Letargie erweckt, der Geist fing an sich zu regen, man wollte nun auch thun, was seit der Reformation die anderen Völker gethan hatten: das Joch, das den Geist erstickte, abschütteln, man wollte, wie alle Welt der Segnungen der fortgeschrittenen Civilisation, der Freiheit, die in der Revolution aufblitzte, theilhaftig werden, und es begannen nun die Kämpfe, die bis auf den heutigen Tag gedauert haben: die Kämpfe des Liberalis= mus, der Wissenschaft und der Philosophie gegen die Ortho= doxie. Bei der Macht, die der Klerus auf die niederen Klassen des Volkes ausübte, bei der geistigen Unfruchtbarkeit, die syste= matisch durch die Ertödtung der Verstandeskräfte in diesen Schichten der Gesellschaft geschaffen worden war, bei der Plötz= lichkeit, mit der das Neue hereinbrach, begreift es sich leicht, ja versteht es sich von selbst, daß das niedere Volk zuerst nicht nur nicht Antheil an der geistigen Bewegung nahm, sondern sogar die Priester im Kampfe dagegen unterstützte.

Die Kirche hatte also nicht Schritt gehalten mit der Ent=
wicklung der Kultur und Wissenschaft der ersten Völker der
Welt; Spanien war daher weit hinter diesen zurückgeblieben
und nun eröffnete sich mit einem Schlage eine Welt vor den
Augen der geistig ertödteten erstaunten spanischen Gesellschaft,
eine Welt, von der man sich keine Vorstellung gemacht hatte,
von der man abgeschlossen gewesen war und die nun doch,
besonders in der Entfernung und durch die Brille der südlichen
Phantasie so glänzend erschien, daß man alles daran setzte,
um nur schleunigst den anderen Nationen nachzukommen und
selbst Stellung in dieser Welt zu nehmen. Die spanische
Wissenschaft war weit hinter der französisch=englisch=deutschen
zurück; die Philosophie vollends war eine den Spaniern so
gänzlich unbekannte Pflanze, daß man Männer nach Deutsch=
land schickte, um die Natur derselben zu studiren und diese
moderne Zierpflanze aller Felder der Wissenschaft auch nach
Spanien zu importiren und dort zu akklimatisiren. Da wollte
denn nun der Zufall, daß der hervorragendste dieser Gesandten,
Sanz del Rio, dem Krause'schen System in die Arme fiel, und
da er nachher der Lehrer aller Philosophiebeflissenen wurde,
so gelangte die Krause'sche Philosophie, die hier so wenig An=
hänger hat, im fernen Süden zur unbedingten Herrschaft, bis
durch Castelar besonders Hegel und in den letzten Jahren auch
andere philosophische Systeme Deutschlands dort Boden ge=
wannen, um sich nun auf Kosten des Krause'schen mehr und
mehr auszubreiten.

Diese philosophischen Studien, mit südlichem Eifer be=
trieben, waren begreiflicherweise der Religiosität nicht sehr
dienlich. Dazu kamen noch die Naturwissenschaften und der
Darwinismus, und wie sehr man sich auch bemüht, den um=
gestaltenden Einfluß der modernen Ideen, die der Autorität
der Bibel einen so gewichtigen Stoß versetzt haben, zu ver=
decken, ja, wenn selbst die Zahl der Anhänger aller welt=

erschütternden Resultate der Wissenschaft nicht so groß sein
sollte, wie wir glauben, so ist durch sie und durch die Ent=
wicklung der Verstandeskräfte doch der religiöse Aber= und
Wunderglaube sehr stark erschüttert.

Der Klerus aber, mit Ausnahme der intelligentesten
Jesuiten, ging wieder nicht mit, die Kirche erkannte nicht, daß
es um ihre Herrschaft vollends geschehen war, wenn sie der
modernen Wissenschaft nicht Konzessionen machte, wenn sie sich
weiter negirend verhielt, wenn sie nicht den wissenschaftlichen
Bestrebungen entgegenkam, sie selbst in ihre Hand nahm und
diese Gelegenheit benutzte, den Boden, den sie verloren, durch
liberale Gewährungen wiederzugewinnen. Unbegreiflicherweise
nutzte die Kirche diesen Augenblick nicht aus, betrog sich
durch den Glauben an ihre souveräne Macht, die aus der
Lethargie erwachten Geister in das Dunkel zurückbannen zu
können, welches das Element des Klerus bisher gewesen war.
Vielmehr bemüht dieser sich unaufhörlich, den mittelalterlichen
Glauben wieder in seine vollen Rechte einzusetzen, in seiner
Integrität herzustellen. Mit einer erstaunlichen Hartnäckigkeit
beharrt er dabei und zwingt diese Ansicht allen Spaniern auf,
daß nur die römisch=katholische Kirche die einzig existenzberech=
tigte, zur Weltherrschaft bestimmte, jede andere Religion als
Ketzerei zu verdammen sei. Jener tolerante Satz: „Jeder
möge auf seine Manier selig werden", wurde dem Verfasser
dieses Buches von einem hohen kirchlichen Würdenträger als
„über alle Maßen ketzerisches Wort" bezeichnet. Seligkeit
kann nur erlangt werden durch das unverrückbare strenge
Festhalten an allen Dogmen der römisch=katholischen Kirche
und den Wundern, die sie anerkennt. Wer nur ein Titelchen
davon aufgibt, ist unfehlbar dem Teufel verfallen. So
sprechen Männer, die einen Einfluß auf das Schulwesen haben,
die als Lehrer der Jugend fungiren. In welche Konflikte
müssen da die jugendlichen Gemüther der Studirenden gebracht

werden, und was kann da anders entstehen als — Unglauben und Indifferentismus? Alle Bemühungen, aufklärend auf die Massen zu wirken, müssen im Sinne der Orthodoxie als ebenso viele Attentate auf die Autorität der Kirche gelten. Die Frei= maurerlogen sind natürlich Ausgeburten des höllischen Geistes.

Dadurch ist aber Alles verloren, die moralische Macht der mittelalterlichen Religion gegenüber der modernen Welt= anschauung gänzlich geschwächt, der wahre Glaube durch den zwangsweisen Formenkult gänzlich erstickt.

Die modernen Kommunikationsmittel arbeiten mit einer gewaltigen Kraft an der Ausgleichung alles Verschiedenartigen; sie werfen mit unwiderstehlicher Gewalt das Unzeitgemäße, das Veraltete vor sich nieder. Wie die Wissenschaften, die verallgemeinerte Bildung in den höheren Kreisen befreiend auf den Geist wirken, so in den niederen Schichten der Dampf und die Elektrizität. Der Wunderglaube, wie stark er auch immer noch ist, schwindet doch von Tag zu Tag mehr und die poli= tischen Kämpfe zwischen dem staatlichen Liberalismus und der kirchlichen Orthodoxie haben, wie bereits früher erwähnt, eben= falls das Ansehen der Kirche in den niederen Volksschichten sehr geschädigt, sie darüber belehrt, daß der Klerus bei weitem nicht mehr die Macht besitzt, die er sich früher anmaßte. — Und trotzdem will kein Spanier schließlich die Autorität der Kirche und des Klerus in empfindlicher Weise angetastet wissen; trotzdem herrschen diese ganz unumschränkt, wie sehr sie gleich= zeitig auch verlästert werden; trotzdem wird der Indifferente und der Atheist in beredtester Weise gegen die Pest der Ketzerei, die „Religion der Unsittlichkeit" donnern, und voller Ent= rüstung für die Unfehlbarkeit des „spanischen" Glaubens ein= treten. Denn nun fühlt er sich als Glied des „Volkes der alten Christen", als Bewohner des „Landes der allerheiligsten Jungfrau", als Träger der „spanischen Religion" der Vor= väter, an seiner Nationalehre verletzt, wenn man ihm zumuthet, den eben auf das schmählichste verlästerten Katholizismus gegen einen anderen Glauben einzutauschen. — Das scheint unbe=greiflich, und doch ist es so.

Aber es wird ohne Zweifel früher oder später auch in Spanien anders werden. Alle Kräfte unserer Zeit: Handel, Gewerbe, Kunst, Wissenschaft, Politik, alle wirken zusammen befreiend auf den Geist und die Weltanschauung der Kultur=völker ein und treiben sie an, sich von jedem unnatürlichen Druck zu befreien, der sie in ihrer kulturellen Entwicklung behindert; Kräfte, die dieser Zeitströmung entgegenwirken, können im Augenblick Erfolge erzielen, dauernd aufhalten können sie sie nicht, daher muß auch jeder Versuch, den schwindenden alten Glauben durch den zwingenden Druck der Orthodoxie zu beleben, ebenso verkehrt und resultatlos sein, wie etwa der Versuch, an Stelle der Eisenbahnen wieder die alten Kommunikationsmittel einer längst vergangenen Zeit, der Zeit des Mittelalters, einzuführen.

So wendet man zur Förderung der Religiosität bei Gelegenheit der religiösen Feste, besonders bei Kinder= und Volksfesten, die Vertheilung von Zettelchen an, auf denen religiöse Sprüche, Gebete und Ermahnungen gedruckt und zum Theil sogar durch kleine Bilder illustrirt sind. Die Art, in der diese Vertheilung geschieht, ist folgende. Bei einem großen Feste in Valencia z. B. hatten sich die Bewohner aller Häuser, die in der Straße und in der Nähe der Kirche gelegen sind, in denen sich das Fest abspielte, mit ungeheuren Massen der bewußten „Cedulitas" versehen, um sie von oben herab auf die Straße zu werfen, wo sich die Jugend mit dem Fangen derselben belustigte. Während dabei Tausende und aber Tau=sende von diesen Zettelchen unter die Füße getreten wurden, wetteiferten die Kinder untereinander, so viele als möglich von denselben zu erlangen. Noch ist dem Schreiber dieses erinner=lich, wie ein Junge von etwa 12 Jahren seine Glossen über einen Druckfehler machte, der sich auf einem der Zettelchen befand, auf das er zufälligerweise einen flüchtigen Blick geworfen hatte. Die Witze, die über diesen Fehler gemacht, die Deutungen, die dem falschen Worte untergeschoben wurden, entziehen sich der Mittheilung und es fragt sich, ob das geringe Gute, das durch Vertheilung dieser Zettelchen und ähnliche Mittel vielleicht erzielt wird, die Nichtachtung aufwiegt, die dadurch erzeugt wird, daß die Glaubenssatzungen auf der Straße im Schmutz verstreut, mit Füßen getreten werden.

Allerdings wird ja, wie vorher schon beiläufig angedeutet, in dieser Hinsicht im Allgemeinen Bedeutendes geleistet; in der Blasphemie übertrifft der Spanier alle übrigen Völker. Denn die wörtliche Besudelung und Schändung des Heiligsten ist hier allerorten und mehr oder minder in allen gesellschaftlichen Klassen, besonders unter den jüngeren Elementen ganz gewöhnlich; ja sogar die Geistlichkeit ist nicht frei von diesem Laster. Der Cura wie der Aguador, der Arriero wie der Caballero, sie ersticken allesammt in gleicher Weise den geringfügigsten Aerger, den gelindesten Mißmuth in einer trüben Fluth der wüstesten und obszönsten Verwünschungen; und selbst in ihren gewöhnlichsten Flüchen, die meist aus ganzen Sätzen bestehen, prägt sich eine so schamlose Verachtung der hehrsten Ideale des Christenthums, eine so brutale sinnliche Gemeinheit aus, wie sie wol kaum die verworfensten und rohesten Subjekte anderer Nationen öffentlich zur Schau zu tragen wagen würden. So heißt es auch im Protokoll zur Konferenz über die Evangelisation in Spanien und Portugal, gehalten am 3. September 1879 in Basel, wörtlich: „So schrecklich gotteslästerliche Flüche, eine solche Herabziehung des Heiligsten in der Noth findet sich nirgends in der Christenheit wie bei dem Volk, das sich auf den Namen der „alten Christen" etwas zu gute thut. Dazu glimmt unter der Asche, durch die Priestertyrannei hervorgerufen, in den unteren Volksschichten

ein Haß gegen die römische Kirche, welcher bei der nächsten
Revolution in fürchterliche Flammen ausbrechen wird. Und
bei den Gebildeten? In keinem evangelischen Lande würde der
grimmigste Feind Christi es wagen, die allgemeinen Lehren
christlichen Glaubens von der Dreieinigkeit, der Geburt des
Heilandes 2c. so schamlos frech zu verhöhnen, wie es im
Athenäum zu Madrid, der ersten wissenschaftlichen Gesellschaft
Spaniens, öffentlich und unter Beifallsjauchzen geschieht".

Aber weder die geistlichen noch die weltlichen Behörden
suchen diesem Unwesen ernstlich und nachdrücklich zu steuern:
die Sache wird einfach als unabänderlich hingenommen und
als eine der vielen mißlichen Folgen der ungewöhnlichen Im=
pulsivität und Erregbarkeit des Nationalcharakters entschuldigt.
Die Bandos, welche von Zeit zu Zeit hier und da von wohl=
meinenden Alkalden gegen das Laster der Blasphemie erlassen
werden, bleiben, wie meist alle Verordnungen spanischer Be=
hörden, unbemerkt und unbefolgt und wandern schon nach
kurzem Aushang als Makulatur in den Papierkorb. Ein
solches Dekret des Alkalden von Burgos und datirt vom
20. November 1880 liegt z. B. vor und ist für die dortigen
sittlichen Zustände sehr charakteristisch. Eine andalusische Zei=
tung, „El Diario mercantil", war vor Kurzem der Ansicht,
daß, wenn man allein in Málaga alle Gotteslästerer ein=
kerkern wollte, selbst die größten Gefängnisse nicht Raum genug
zur Realisirung einer solchen Absicht zu bieten im Stande
wären.

Selbst in Gegenwart von Fremden, von Ausländern,
sind die Spanier im Stande, die eigene Religion und die
Ceremonien des Gottesdienstes zum Gegenstande des unerhör=
testen Spottes zu machen. Wir könnten hierfür eine endlose
Reihe der sprechendsten Beweise vorführen, beschränken uns
jedoch auf nur ein Beispiel, welches erst vor Kurzem in den
„Blättern aus Spanien", Nr. XXXIII. p. 521 mitgetheilt

7*

wurde: „In Rivadeo, wo unser Schiff einen halben Tag liegen blieb, suchten wir uns die Zeit mit Gesang und Spiel zu verkürzen; eine spanische Señorita hatte ein Akordeon bei sich, und Don Rafael, einer der Mitreisenden, konnte nicht genug Musik hören. Letzterer war Kapitän zur See und erster Kommandant des Hafens Gijon, also die oberste Autorität an der Küste Asturiens. Ich wurde auch gebeten, deutsche Lieder zu spielen und zu singen; allein die deutschen Weisen waren dem munteren Don Rafael gar zu getragen und feierlich. „Das ist ja wie in der Messe", rief er mehrmals aus. Und doch spielte ich keine Choräle, sondern Volksweisen „Freiheit die ich meine", auch „Die Wacht am Rhein", „Ich weiß nicht was soll es bedeuten" und dergleichen. Mit einem Male höre ich hinter mir ein großes Gelächter. Da steht Don Rafael über dem Kompaß des Schiffes geneigt, mit gefalteten Händen, zu seiner Rechten und Linken knieen zwei junge Burschen, und wendet sich bald rechts, bald links mit salbungsvoller Miene und den Worten „Pax vobiscum, Dominus vobiscum", als ob er ein Priester sei, der eine Messe celebrirte; und über diese Komödie wollte sich die ganze Gesellschaft ausschütten vor Lachen. Das war denn doch zu arg; ich brach gleich ab und sagte: „Da sieht man, wie viel Recht die Spanier haben, sich mit dem Ehrentitel alte Christen zu brüsten und zu gleicher Zeit, das was ihnen in ihrer Religion das Heiligste sein sollte, zu verspotten". Das nahmen sie auch ganz gutmüthig an und sagten: „Recht haben Sie freilich; aber bei uns ist es einmal nicht anders". Und ich muß sagen, obwol ich seit langem diesen Zustand des spanischen Volkes kenne, daß eben Dieselben, welche mit Beobachtung aller äußeren Formen die Ceremonien ihres Gottesdienstes mitmachen, nachher darüber spotten und höhnen, — so war mir doch eine solche Szene noch nie vorgekommen. Es war um so schlimmer, weil der, welcher sie in's Werk

geſetzt, die erſte obrigkeitliche Perſon in dieſer Gegend und
als ſolche von allen gekannt war; und doch erſchien ihm und
den Mitreiſenden dieſe Nachäffung ihres eigenen Gottesdienſtes
nur als ein köſtlicher Spaß".

Welche zweifelhaften Früchte die katholiſche Kirche in
Spanien gezeitigt hat, wo ſie ſeit Jahrhunderten die unum=
ſchränkteſte Oberhoheit behauptet hat, läßt ſich aber am Beſten
und Deutlichſten an dem wahrhaft kraſſen Aberglauben wahr=
nehmen, der hier vornehmlich unter der Landbevölkerung herrſcht.
Jedoch giebt es auch für die „gebildeten" habituell Gläubigen
nichts, was thöricht genug wäre, um nicht geglaubt zu werden;
die albernſten Märchen, Legenden und Wundergeſchichten wer=
den beſchworen, die Wahrheit derſelben wird unfehlbar mit
dem Leben vertheidigt. In gewiſſen Buchläden werden heute
noch Bannformeln und Zauberſprüche gegen den Teufel und
ſein Gefolge, gegen Brand und Ueberſchwemmung, Krankheit,
Viehſeuche und ſonſtiges Unglück verkauft. In Madrid erwarb
ich erſt neulich mehrere Abdrücke eines Blattes, auf dem das
„wahre Maß der Schuhſohle der allerheiligſten Jungfrau" zu
ſehen iſt: wer dieſe Abbildung dreimal inbrünſtig küßt und
drei Ave Maria dazu ſpricht, gewinnt nicht weniger denn drei=
hundert Jahre Ablaß! Desgleichen iſt für die Soldaten, die
in's Feld rücken, geſorgt; dieſe kaufen für wenige Cuartos ein
Amulet, das mit Kreuz und Dornenkrone geſchmückt iſt und
die Umſchrift trägt: „Kugel, halte ein — das Herz Jeſu iſt
mit mir!" Einer der überaus ſeltenen Fälle übrigens, in
denen des Herzen Jeſu und nicht, wie ſonſt, der Jungfrau
Maria Erwähnung geſchieht, und man darf hier ſüdfranzöſi=
ſchen baskiſchen Einfluß vorausſetzen, da der Herz-Jeſu-Schwindel
in Spanien ſonſt keine Wurzeln gefaßt hat. In Aſturien ge=
hört es zum guten Ton, daß Neuvermählte nach Cavadonga
wallfahrten, um der Jungfrau des dortigen Heiligthums Ge=
lübbe und Opfer darzubringen; doch begeben ſich auch junge

heirathslustige Mädchen dahin, um vom Wasser der sogenannten Wunderhöhle zu trinken: ein unfehlbares Mittel, binnen Jahres=frist einen reichen und hübschen Mann zu bekommen! Laut Mittheilung des „Diario de avisos" von Zaragoza wurde jüngst in der Kathedrale de la Seo, mit Genehmigung des Herrn Kardinal=Erzbischofs, eine junge Dame aus Samper de Calanda exorzirt, welche bereits sechszehn Jahre vom Teufel besessen war. Dem Pfarrer von Palleja in Katalonien war es gelungen, nach „großen Anstrengungen" fünfundsiebzig Teufel auszutreiben. Ja, in Jaca findet sogar alljährlich am 24. und 25. Juni allgemeine öffentliche Teufelaustreibung statt und es ist zu verwundern, daß man diesen um die ge=plagte Menschheit so hochverdienten Ort nicht schon längst mit dem Eisenbahnnetz in Verbindung gebracht hat.

Mitte Januar 1881 wurde die vielgeprüfte Stadt Murcia von neuen Ueberschwemmungen bedroht; das Volk strömte entsetzt und rathlos zum Palaste des Bischofs und bat letztern um Hülfe; da aber alle Gebete und Gelübde sich fruchtlos erwiesen, veranstaltete endlich die Geistlichkeit in der Nacht vom 18. zum 19. Januar die feierliche Ueberführung des Bildes der Jungfrau von Montserrate nach der Brücke über den Segurafluß, unter Theilnahme der Behörden und aller Gläubigen von Murcia. An Ort und Stelle angelangt, nahm der Bischof einen geweihten Olivenzweig aus der Hand des Madonnenbildes und warf denselben unter feierlichen An=rufungen und Recitationen der Anwesenden in die tückischen Fluthen. Die Wahrscheinlichkeitsrechnung war eine richtige gewesen, die Indicien für die Aenderung des Wetters hatten nicht getäuscht, als sich daher bald darauf der Himmel auf=klärte, das Wasser zu fallen begann — da hatte dies natürlich die Heilige bewirkt, und ganz Murcia glaubte an das Wunder.

Haben dagegen derartige expiatorische Kunststücke keinen guten Erfolg, spotten die Naturelemente derselben, dann ver=

wandelt sich natürlich auch die Demuth und Inbrunst der gläubigsten Christen in Wuth und zornigen Rachedurst — ganz ebenso wie bei dem Januariusfest in Neapel, wenn das wunderwirkende Blut des Heiligen nicht sofort auf Wunsch und Kommando der ungeduldigen Lazzaroni sich belebt und flüssig wird. Die Spanier machen dann kurzen Prozeß, erschießen, ertränken und verstümmeln ihre Heiligen, denn diese armseligen Götter, deren der polytheistische Katholizismus Hunderte besitzt, sollen in allen Nöthen den Menschen beistehen. Im Mai 1881 veranstaltete z. B. der Pfarrer von Onda (Castellon) eine große Prozession durch die umliegenden Weinberge, um die Reblauskrankheit „durch rituelle Ceremonien" zu beschwören!

Unter solchen Umständen kommt es denn natürlich oft vor, daß die Jungfrau Maria und die Heiligen nicht zu helfen vermögen und dadurch den Zweifel in den Seelen der Gläubigen erwecken.

Der Teufelsglaube und die Gespensterfurcht und alle übrigen Auswüchse eines polytheistischen ganz auf Aeußerlichkeiten gegründeten Glaubens sind in den niederen Schichten des aller Bildung entbehrenden Volkes geradezu schreckenerregend und erzeugen die furchtbarsten Greuel, weil sie eben durch die offiziellen Vertreter der Kirche, durch die Priester beständig genährt werden. Manche Irrsinnigen werden die Opfer dieses rohen Aberglaubens; denn die Vorstellung, daß solche Unglückliche von Teufeln oder bösen Geistern besessen sind, hat oft die Konsequenz, daß ihnen auch alle Unglücksfälle, die in der Umgegend ihres Wohnortes vorkommen, von dem Volke zugeschrieben werden, was dann früher oder später die Folge hat, daß ihrem imaginären gemeinschädlichen Wirken durch eine Flintenkugel oder einen Dolchstich ein Ende gemacht wird. Daß man an Hexen, an alle Arten von Besprechungen, bösen Blick und ähnliche Ueberreste aus den Zeiten der geistigen

Unkultur glaubt, bedarf kaum der Erwähnung, ebenso auch, daß von den Geistlichen und von den Strenggläubigen alles zum Wunder gestempelt wird, was unter besonderen Zufällig= keiten sich ereignend, nur irgend hierfür ausgebeutet werden kann, und daß den Visionen hysterischer und epileptischer Per= sonen Realität und göttliche Erleuchtung beigemessen wird, wofern dieselben sich auf die Kirche beziehen.

Das sind in allgemeinen großen Zügen die der Wirklich= keit entsprechenden Zustände Spaniens hinsichtlich der Reli= giosität, des Charakters des Glaubens, dem die Bewohner des Landes anhängen und das Ergebniß ist, daß trotz des Scheins des Gegentheils der eigentliche Glaube völlig todt ist, daß ihm die veredelnden ethischen Bestandtheile ganz verloren gegangen sind, und daß man nur von Kirchlichkeit, nicht aber von Re= ligiosität sprechen kann.

Der S c h e i n lehrt allerdings das gerade Gegentheil, denn es giebt in keinem Lande im Verhältniß zur Bevölkerung so viele Kirchen und Kapellen, als in Spanien. In kleinen Dörfern finden wir oft sogar große prächtige Kirchen, und diese sind überall ziemlich stark besucht — besonders an Fest= tagen. Nirgends werden so viele religiöse Feste, und nirgends mit größerer Pracht gefeiert, nirgends so viele Messen gelesen. Fast in jeder Wohnung wird ein Zimmer, oder ein Theil desselben zu einer Art Kapelle umgestaltet, und wenn nichts weiter, wenigstens vor dem Bilde der Jungfrau Maria ein Lämpchen aufgehängt, ein Betstuhl aufgestellt. In den Häusern der Reichen und Vornehmen sind gewöhnlich große und überaus prächtige Kapellen eingerichtet und da die Bälle und Gesellschaften, die in solchen Häusern gegeben werden, oft bis zur Zeit der Frühmesse dauern, so wohnen derselben als= dann die Versammelten bei, um nach dieser Unterbrechung wiederum noch dem Tanz und anderen geselligen Vergnügungen zu huldigen. Es ist dies ein so gewöhnliches Vorkommniß, daß die Zeitungen davon eben nur in einfacher referirender Weise als zum Ganzen gehörig Notiz nehmen.

— In Spanien besitzt ferner fast jeder Provinzialdistrikt eine oder mehrere ausschließlich religiöse Zeitungen meist ultramontaner Färbung. So oft in Madrid einem Sterben= den das Viatikum in's Haus getragen wird, schließt sich jeder Vorübergehende eine Strecke weit entblößten Hauptes dem ciboriumtragenden Geistlichen an, während Diejenigen, die durch dringende Geschäfte davon abgehalten werden, so lange niederknieen, bis das Allerheiligste an ihnen vorübergetragen ist. Ist es gerade Abend oder Nacht, so beleben sich die Fenster und Balkone mit Personen, die ebenfalls knieend sich befreuzen und mit Lampen oder Kerzen auf die Straße hinab= leuchten. Regnet es, so versteht es sich von selbst, daß der erste beste Vorüberfahrende sofort anhält und aussteigt, und dem das Sakrament tragenden Geistlichen seine Equipage über= läßt, — eine Sitte, die sogar von Seiten des Königs auf das strengste beachtet und erfüllt wird. Die „Correspondencia de España" vom 20. Januar 1882 berichtete, daß König Alfons im Verlaufe einer und derselben Ausfahrt am 19. Januar zweimal einem ciboriumtragenden Geistlichen seine Equipage abtrat und zu Fuß demselben in Begleitung der Königin und der Infantinnen folgte. Am Palmsonntag werden die Häuser vielfach mit rohen oder künstlich geflochtenen Palmzweigen ge= schmückt, die bis zum gleichen Tage im nächsten Jahre erhalten werden. Am Gründonnerstag beginnen die Fasten, gleichzeitig hört bis Sonnabend morgens das Glockengeläut der Kirchen, sowie der Wagenverkehr innerhalb der Stadt auf; die Flaggen der öffentlichen Gebäude werden auf Halbmast niedergelassen; die meisten Zeitungen tragen Trauerrand; in den Straßen erscheint fast Jedermann in schwarzer Kleidung; die Soldaten ziehen ohne Musik auf Wache, das Gewehr unter'm Arm, den Lauf nach unten gerichtet, die Hände wie zum Gebet gefaltet. Am Charfreitag vollzieht der König an 25 Armen beiderlei Geschlechts eigenhändig und unter Assistenz des Patriarchen von Indien den Akt der Fußwaschung und Speisung, worauf der gesammte Hof, in Begleitung der Minister und Generäle, zu Fuß und in feierlichem Aufzuge eine Anzahl Kirchen besucht. Endlich ist es nicht minder Thatsache, daß man in Spanien, sogar als Fremder, namentlich von den Damen, mit denen man nähere Bekanntschaft anknüpft, auf Konfession und religiöse Ueberzeugung hin geprüft wird. Bekennt man sich offen und rückhaltlos zum Protestantismus, so werden nicht selten Bekehrungsversuche angestellt, bis der Verkehr in den betreffenden Kreisen unmöglich wird. Der Ausländer wird überhaupt immer gut thun, sich in spanischer Gesellschaft bei etwaigen Gesprächen über Religion und Glaubensbekenntniß möglichst reservirt zu verhalten; denn in dieser Beziehung dulden oft selbst die nämlichen Liberalen keinen Scherz, die sonst am frechsten die katholische Kirche und den Klerus schmähen und verspotten, — ebenso wie ja auch dieselben Landleute, die in den respektwidrigsten Ausdrücken den caciquismo ihrer Dorfcuras beklagen, in allen ihren Privatangelegenheiten und Unternehmungen nicht verabsäumen, den Rath dieser Herren zu erbitten und — auf das Treueste zu befolgen.

Das sind eben Widersprüche; wie glänzend aber auch der Schein ist, er vermag den ruhigen objektiven Beobachter nicht zu täuschen über die thatsächlich bestehenden Zustände.

7.

Was den spanischen Klerus besonders in Unruhe versetzt und überhaupt seit 1868 eine starke Bewegung hervorgerufen hat, das ist das Umsichgreifen der protestantischen Lehre.

Die ältesten Spuren der evangelischen Bewegung in Spanien lassen sich bekanntlich bis in die erste Hälfte des sechszehnten Jahrhunderts zurückverfolgen. Schon vor Luther hatte hier der Staats- und Kirchenreformator Ximenez de Cisneros auf die Nothwendigkeit des Studiums und der Verbreitung der heiligen Schrift hingewiesen. Als dann später der Bruch zwischen den deutschen Reformatoren und dem Papstthum erfolgt war und Karl V. die reformatorische Bewegung in Deutschland durch Hinberufung der gelehrtesten spanischen Theologen zu hemmen versuchte, da zeigte es sich bald, daß auch diese die Lehren jener im Prinzipe billigten und nur noch in so fern eine selbstständige Stellung wahrten, als sie die Absicht nicht theilten, die Glaubensreinigung unter gleichzeitiger Trennung von der römischen Kirche zu vollziehen. Und eben diese Sendlinge waren es dann vor Allen, die in Spanien selbst für die Verbreitung der im Verkehr mit den deutschen Lutheranern erkannten Wahrheiten eine umfassende Thätigkeit entwickelten. Ja, es traten allmälig sogar spanische Kirchenfürsten auf, wie die Bischöfe Guerrero von Granada, Carranza von Toledo, Cuesta von Leon, Carrubias von Ciudad Rodrigo, Agostino von Lérida, Ayala von Segovia und Andere,

die mehr oder minder offen und freimüthig für die Kirchen=
reform kämpften und den päpstlichen Anmaßungen den be=
harrlichsten Widerstand entgegensetzten. Ein eigenthümliches
Spiel des Schicksals war es besonders, daß manche der höchsten
Staatsbeamten Karls V., manche seiner besten Berather, vor
Allen eine Reihe seiner Beichtväter und Hofprediger zu den
eifrigsten Reformatoren wurden und zum Theil noch zu seinen
Lebzeiten der Inquisition verfielen. Ja, es scheint kaum mehr
einem Zweifel zu unterliegen, daß die „Pest des falschen
Glaubens", wie die orthodoxen Spanier sagen, selbst in die
Kaiserfamilie eingedrungen war. Wenn Karls V. Mutter
Johanna, von ihrem Vater Ferdinand dem Katholischen wie
von ihrem Sohne als wahnsinnig behandelt, von der ihr zu=
kommenden Regierung ausgeschlossen wurde, so sprechen die
aufgefundenen Dokumente dafür, daß der Grund dazu nicht
allein die Herrschsucht, die subjektive Interessenpolitik beider
Fürsten, sondern hauptsächlich auch der Umstand war, daß die
Königin offenbar dem Protestantismus nicht fern stand. Eiferten
doch seit Jahrhunderten die wahrhaft Frommen gegen die Ver=
weltlichung, Verwilderung und Entsittlichung der römischen
Kirche, wofür sie, weil sie eben die reine Lehre Christi wieder
herstellen wollten, als Ketzer auf das Furchtbarste verfolgt
wurden. Auch der Sohn des fanatischen Despoten Philipp II.,
Don Carlos, wurde offenbar das Opfer seines entmenschten
Vaters, weil er sich der ketzerischen Lehre zugewandt hatte,
die ihm im Verkehr mit den Niederländern lieb geworden war.

Die Ketzerei fand überhaupt in Spanien fruchtbaren Boden;
um 1550 hatte die Verbreitung des Protestantismus derartige
Fortschritte gemacht, daß selbst Illesca in seiner Geschichte der
Päpste anerkennen mußte, die Ketzerei habe „mit reißender
Schnelligkeit auch den vornehmen Ständen sich mitgetheilt
und wenn man es nur noch zwei oder drei Monate so gehen
lasse, werde ganz Spanien in Flammen stehen und das schwerste

Unglück hereinbrechen". Im Jahre 1559 erfolgte endlich die päpstliche Einwilligung zum Einschreiten der Inquisition und nunmehr begann im ganzen Lande eine Verfolgung der Dissidenten, wie sie entsetzlicher kaum gedacht werden kann. Es ist bekannt, daß allein unter dem Großinquisitor Torquemada und seinen beiden nächsten Nachfolgern an 15,000 Menschen lebendig, 10,000 im Bilde verbrannt und über 170,000 mit verschiedenen andern Strafen belegt, im Ganzen 191,419 Familien in's tiefste Elend gestürzt oder ausgerottet wurden. Und in der That können diese Ziffern nicht überraschen, wenn man das Verfahren der Inquisition und den Geist des Fanatismus, die finstere Geistesnacht bedenkt, die die Kirche, ihre entmenschten Diener und der staatliche Despotismus in Spanien erzeugt hatten. Die Spuren der furchtbaren Menschenhekatomben konnte man bis vor wenigen Wochen noch auf dem Quemadero, der ehemaligen Verbrennungsstätte in Madrid wahrnehmen. Das Amtsblatt der Hauptstadt Spaniens berichtet darüber am 12. April 1869 Folgendes: „Am Ende der Calle Ancha San Bernardo, an der Stelle, die unter dem Namen Cruz del Quemadero bekannt und in alten Schriften als Verbrennungsplatz bei den Autos de Fé bezeichnet ist, sind bei dem Abtragen der Erde zum Zwecke einer neuen Straßenverlängerung große schwarze horizontale Streifen in unregelmäßiger Breite, einige in der Länge von 150 Fuß zu Tage getreten. In vertikaler Richtung erscheint eine untere Schicht von 50 Centimeter, wo sie am breitesten ist; über derselben eine andere von 80 Centimeter aus Thon und Sand; über dieser eine andere von 40 Centimeter aus Kohlen, mit Zwischenlagern kleiner unterbrochener Schichten von 8 bis 10 Centimeter aus thoniger Erde. Es ist hier mit einem Worte das geologische Archiv der Verbrennungen der Inquisition dargestellt in Brandschichten, welche durch ihre Ausdehnung das Wachsthum, den Höhepunkt und die

Abnahme der Verbrennungen bekunden. Die Schichten be=
stehen aus pulverisirter fettiger Kohle und man findet in den=
selben Knochenreste und Stücke verkohlten Tuches. Man wird
diese Brandstätte untersuchen und eine Analyse der furchtbaren
Masse einer fettigen und geschwärzten Materie ausführen, die
wol gedacht, gefühlt, gelitten, geschrieen hat in der Agonie
des Gerichts der Inquisition 2c."

Es geschah dies letztere, die wissenschaftlichen Unter=
suchungen bestätigten durchaus die obige Annahme, und erst
jetzt ist es dem Einfluß des Klerus gelungen, diese ihm lästigen
Zeugen der Thätigkeit der Inquisition, die er und alle Ortho=
doxen womöglich heute wieder in ihre alten Rechte eingesetzt
sehen möchten, zu beseitigen.

Fragen wir uns nun aber, nachdem Jahrhunderte über
jene Zeiten des Schreckens und der Thränen verflossen, ob
die Inquisition in Spanien ihr eigentliches Ziel erreichte, so
müssen wir an der Hand der Geschichte eine verneinende Ant=
wort geben. Es unterliegt keinem Zweifel, daß das Land
selbst ruinirt, seiner besten und edelsten Kräfte beraubt und
geistig wie materiell in eine Einöde verwandelt wurde. Spanien
verlor, wie Döllinger zutreffend bemerkt, einen Besitz nach dem
andern, war bankerott und entvölkert, und am Ende des sieb=
zehnten Jahrhunderts nur noch ein fühlloser Leichnam, das
Skelett eines Riesen. Im Innern prägten die Jesuiten in
einträchtigem Zusammengehn mit der Inquisition zwei Jahr=
hunderte hindurch dem spanischen Geistesleben ihren Geist auf;
und die Folge ist gewesen, daß die höhere Bildung dort er=
drückt, aller wissenschaftliche Geist erstickt wurde, Spanien noch
heute eines der am meisten zurückgebliebenen Länder in Europa
ist. Die völlige Ertödtung des Protestantismus haben aber den=
noch in Spanien ebensowenig die Torturen und Autos de Fé der
Inquisition wie die späteren Einkerkerungen und Verbannungen
unter den Bourbonen zu erreichen vermocht.

Zu Anfang dieses Jahrhunderts gab es auf spanischem Boden zahlreiche Anhänger der evangelischen Lehre, einheimische und fremde Agenten, die unermüdlich für die Verbreitung der heiligen Schrift thätig waren und namentlich die in moralischer Versumpfung und abschreckendster Unwissenheit lebenden niederen Volksstände mit dem Inhalte der Evangelien bekannt machten. In den sechsziger Jahren fanden in den englischen Konsulaten zu Barcelona, Sevilla, Málaga u. a. O. regelmäßige Versammlungen zu gemeinsamem Gottesdienst statt; im preußischen Gesandtschaftshause zu Madrid wurden Mischehen geschlossen, Taufen und Konfirmationen vollzogen; endlich gelang es nach vielen vergeblichen Mühen und Bitten auch, eine Anzahl besonderer Friedhöfe für die Dissidenten zu erwerben. Und dieserart brach sich die gewaltsam unterdrückte Gewissensfreiheit allmälig wieder Bahn, bis eine kleine, jedoch auserwählte Schar von Spaniern, unter ihnen Ruet, Matamoros, Cabrera, Carrasco und Alhama, in festem beharrlichem Auftreten und trotz unausgesetzter Verfolgung und Bedrängniß die gesammte evangelische Bewegung in eine neue hoffnungsvolle Phase zu leiten wußten.

Francisco Ruet, der Sohn eines Obersten, wurde 1826 in Barcelona geboren; nach Abschluß seiner Vorbildung widmete er sich dem Studium der Rechtswissenschaft und begab sich dann 1845 auf Reisen. In Turin lernte er den Waldenser de Sanctis kennen, dessen Predigten ihn bald zum Entschlusse brachten, sich fortan der Verbreitung der evangelischen Lehre zu widmen. Ruet kehrte 1855 nach Barcelona zurück, wo er unter gewaltigem Zulauf predigte, wurde jedoch auf Befehl des Gouverneurs, der geistlichen Behörde und des Preßgerichtes viermal nach einander eingekerkert und endlich zum Tode verurtheilt, in Folge eines „Gnadenaktes" aber 1856 auf Lebenszeit aus seinem Vaterlande verbannt.

Der zweite der vorgenannten spanischen Evangelisten,

Manuel Matamoros, ebenso wie Ruet der Sproß einer alten Offiziersfamilie, lernte erst 1859 in Gibraltar, wo er als politischer Flüchtling lebte, die evangelische Glaubenslehre kennen. Als er später, in Folge einer Amnestie, nach Sevilla zurückkehrte, rief er hier im Geheimen eine zahlreiche protestantische Gemeinde in's Leben, mußte aber nach Barcelona flüchten und wurde hier auf Befehl des Erzbischofs von Granada festgenommen, darauf nach Málaga transportirt, woselbst er mit Alhama, Carrasco und Anderen lange Zeit im Kerker schmachtete, bis 1862 durch Vermittelung unseres Kaisers Wilhelm und der Evangelischen Allianz die Befreiung erfolgte. Die Genannten mußten sämmtlich Spanien verlassen, wohin sie erst nach der Septemberrevolution von 1868 zurückkehrten, — mit Ausnahme von Matamoros, der während der Verbannung in Lausanne verstarb.

Am 5. Mai 1869 beschlossen endlich die Kortes mit 163 gegen 40 Stimmen die Religionsfreiheit für das gesammte spanische Landesgebiet, und schon wenige Wochen darauf, am 26. Juli, trat in Sevilla eine von achtzehn evangelischen Geistlichen und Abgesandten besuchte Synode zusammen, in welcher die wesentlichsten Punkte vorberathen und festgestellt wurden, die am 11. April 1871 in einer weiteren, ebenfalls in Sevilla abgehaltenen, von sämmtlichen evangelischen Gemeinden des Landes beschickten Synode zur endgültigen Konstituirung der „Christlichen Kirche Spaniens" Iglesia cristiana española, führten. Gleichzeitig wurde eine Reihe evangelischer Schulen eröffnet, in Madrid eine eigene Buchhandlung, sowie eine Anzahl Zeitschriften gegründet, die für die Förderung der Bewegung und größerer Einigkeit und festeren Zusammengehens unter den leider nicht immer in ihren Meinungen übereinstimmenden Gemeinden von vielem Nutzen waren. Allerorten wurden öffentlich Bibeln und Traktate verkauft und unentgeltlich vertheilt; die Lokale, in denen öffentlicher Gottesdienst stattfand, waren stets überfüllt; in Córdoba, Sevilla und Málaga traten sogar katholische Geist= liche zum Protestantismus über und predigten mit feuriger Be= geisterung das Evangelium.

Aber schon 1876 trat wieder ein bedenklicher Rückschlag ein. Der Ministerpräsident Cánovas del Castillo hob trotz aller gegentheiligen Versprechungen die religiöse Freiheit wieder auf und führte die Duldung auf ein Minimum zurück. Dem bekannten Kautschukparagraphen XI der Konstitution gemäß sollte „auf spanischem Boden Niemand in seinen religiösen Meinungen noch in der Ausübung seines betreffenden Gottes= dienstes behindert werden, so lange er die der christlichen Religion geschuldete Achtung nicht verletze; doch sollten keine anderen öffentlichen Ceremonien und Kundgebungen als die der Staatsreligion erlaubt sein“. Die Schilder mit Aufschriften an den evangelischen Bethäusern und Bibeldepôts wurden von Polizeidienern entfernt oder mit schwarzer Farbe übertüncht, alle Druckschriften evangelischen Inhalts einer strengen Zensur unterworfen, Pastoren und Schullehrer vieler Gemeinden ver= bannt, die Civilehe wieder aufgehoben. Und diese Reaktion in den höheren Schichten fachte natürlich auch unter der Geist= lichkeit und der mit ihr verbündeten oder von ihr abhängigen niedern Beamtenschaft den bis dahin mühsam gebändigten Geist des Fanatismus gegen die Dissidenten wieder an; zumal in den abgelegenen Landesbezirken, wo in Folge lokaler und administrativer Verhältnisse ein rechtzeitiges Einschreiten der Centralbehörde nicht erfolgen konnte und sogar bei groben Exzessen fast jede Möglichkeit einer gerichtlichen Feststellung des Thatbestandes ausgeschlossen war. In Camuñas, Alcoy, Monistrol, Salamanca, Bilbao, Mallorca, Cadiz, Málaga, Asquerosa u. a. O., traten in den letzten Jahren wiederholt Fälle religiöser Intoleranz ein, die überall das größte Auf= sehn erregten. Den Geschädigten ward aber kaum die geringste

Genugthuung oder Reparation zu Theil; die Schuldigen gingen fast regelmäßig frei und ungehindert aus den „gerichtlichen Untersuchungen" hervor, — oft wurden die Verfolgten und Gemißhandelten selbst als Ursache der Exzesse behandelt und mit Gefängnißstrafen belegt!

In Iznatoraf, Provinz Jaen, drangen im Jahre 1878 zwei Priester, in Begleitung des Ortsvorstehers, in die Wohnung eines evangelischen Bibelboten, dessen Frau Tags zuvor niedergekommen war, beschlagnahmten den Säugling und ein zweijähriges Schwesterchen desselben und tauften sie unter feierlichem Geläute aller Glocken in der Kirche des Ortes. Der Vater wandte sich beschwerdeführend bis an den Justizminister; aber erst lange Zeit nachher erhielt der Ortsvorsteher von Iznatoraf einen Verweis, lediglich weil er in amtlicher Eigenschaft an der Beschlagnahme der Kinder theilgenommen hatte. Und damit war die Sache erledigt.

Im Jahre 1879 wurden zwei englische Geistliche, die in Morgabanes evangelischen Gottesdienst gehalten hatten, auf dem Rückwege nach Vincios von einer zahlreichen Rotte von Landleuten unter Anführung zweier Priester und des Richters von Morgabanes angehalten und mit Steinwürfen und Flintenschüssen verfolgt. Aber eine Bestrafung der Schuldigen ist bis heute nicht erzielt worden. Im Gegentheil wiederholten sich ähnliche Vorgänge bereits 1881 an gleicher Stelle: ein englischer Geistlicher wurde durch Steinwürfe aus einer Gasse in die andere getrieben; die Ortsbehörde, welche rechtzeitig von diesem Vorgang Kenntniß erhielt, erachtete es jedoch nicht für erforderlich, dem Bedrängten polizeilichen Schutz zu gewähren, sondern sandte lediglich die Frau des Gerichtsboten an Ort und Stelle, welche den Tumultuanten wiederholt zurief: „Insultadle cuanto querais, mas no le tireis piedras!" „Insultirt ihn so viel ihr wollt, nur werft keine Steine!" In Unzué, einem navarrischen Städtchen, kam es im Dezember

1881 ebenfalls zu tumultuarischen Szenen, da es ruchbar
geworden, daß zwei daselbst lebende Frauen, Töchter eines
guten Katholiken, dem protestantischen Gottesdienst beiwohnten.
Das Haus, in welchem die Ketzerinnen wohnten, wurde mehrere
Tage hindurch mit Steinen beworfen und zur Zielscheibe un=
zähliger Flintenschüsse gemacht, bis endlich nach Verwundung
des Eigenthümers der Untersuchungsrichter von Tafalla, in
Begleitung eines Munizipalbeamten von Unzué dem wüsten
Treiben ein Ende machte.

Unzweifelhaft ist es indessen vorzugsweise die Frage der
Kirchhöfe, welche in den letzten Jahren in Spanien zu Frevel=
thaten Veranlassung gegeben hat, für die man wol nirgend
anderswo Analoga nachweisen dürfte. Im Jahre 1880 wurde
in San Vicente de Castellet eine daselbst verstorbene Pro=
testantin auf einem besondern Friedhof beerdigt, zu dessen
Einräumung der Alcalde erst seitens der Madrider Central=
behörde gezwungen werden mußte. Kaum hatte aber die Be=
erdigung stattgefunden, da wurde dem Wittwer verboten, die
Mauer des Friedhofs fertig zu bauen, wiewol er sich bereit
erklärte, die Kosten aus eigenen Mitteln zu bestreiten. Im
April 1881 wurde dann endlich die halbfertige Mauer ein=
gestürzt, der Sarg zertrümmert, und ungeachtet dem Gerichte
sofortige Anzeige erstattet worden, blieben die Ueberreste der
Beerdigten ohne Schutz. Ja, eines Nachts setzte man sogar
junge Hunde und Katzen in's Grab, — offenbar damit die
abergläubischen Leute meinen sollten, es heulten böse Geister
in den Gräbern der Ketzer!

Als in Pontevedra, Galicien, ein Gymnasiallehrer Namens
Juan Dominguez auf dem bis dahin noch nicht benützten Civil=
friedhof beigesetzt werden sollte, ergab es sich, daß man den
Protestanten ein Stück Felsen zum Friedhof angewiesen hatte,
so daß die Gräber in den Stein gehauen werden mußten.
Desgleichen wies man den Protestanten in Igualada, Kata=

lonien, einen Friedhof zu, der thatsächlich nur anderthalb
Meter breit und vier Meter lang war; dem Stadtrath lag
eben daran, nicht nur das Gesetz zu umgehen, sondern auch
die Dissidenten obendrein zu verhöhnen.

Und nun endlich noch ein Beispiel anderer Art, welches
zugleich einen weiteren Beleg für die oft geradezu krasse Beschränktheit des spanischen Landklerus gewähren mag. Ein
protestantischer Schweizer, Namens Döbli, verließ im April
1881 den Ort Andoain, Guipuzcoa, woselbst er längere Zeit
in einer Zuckersiederei thätig gewesen war und, wie die Orts-
zeitung „El Urumea" versichert, „ungeachtet" (á pesar) seines
evangelischen Glaubens, sich durch Fleiß, musterhafte Führung
und liebenswürdigen Charakter die allgemeinste Achtung erworben hatte. Sobald Döbli am Tage der Abreise seine
Wohnung verlassen hatte, begab sich der Ortspfarrer in feierlichem Aufzuge dahin, „um die Teufel zu beschwören und zu
verscheuchen, welche der Protestant zurückgelassen haben mußte
und die sich an den Wänden festklammerten".

So fabelhaft nun auch solche Vorgänge erscheinen mögen,
so sind sie dennoch wohl erklärlich, wenn man selbst von der
Unwissenheit und dem Fanatismus der Geistlichkeit und des
Landvolks absieht und allein die oft ebenso absurden wie
perfiden, nur Wuth und Haß dokumentirenden Erfindungen,
Fälschungen und Verläumdungen in Betracht zieht, deren sich
in Spanien eine gewisse Partei in der Universität wie in den
Schulen, in der Kirche wie im Hause, in der Tagespresse wie
in besondern Schriften zur Bekämpfung des Protestantismus
und zur Aufwiegelung des Volkes gegen die Anhänger der
evangelischen Lehre bedient. Die Kirche steht eben auf Kriegs-
fuß und weil sie sehr bedrängt ist, so ist sie unerbittlich gegenüber ihren Gegnern und setzt gegen diese alle Kräfte in Bewegung, die sie nur irgend ihrer Macht unterordnen kann.
Die Sprache und der Ton deren sich die Pietisten im Kampfe

gegen die „Gegner und Schädiger des Katholizismus" be=
dienen ist höchst charakteristisch und sie bekunden am deut=
lichsten gleichzeitig die im orthodoxen Lager herrschenden An=
sichten!

Wir greifen aus der Masse der einschlägigen Literatur
zunächst eine Abhandlung über den Protestantismus von Maesso
Campos, einem Geistlichen in Málaga, heraus. Zwar wurde
dieselbe 1859 geschrieben, aber auf Kosten einer religiösen Ge=
nossenschaft Málaga's gedruckt und erfuhr zahlreiche Auflagen,
weil der Erzbischof von Toledo und viele andere hohe Prä=
laten, sowie auch der Nuntius sich sehr wohlwollend darüber
äußerten und die Verbreitung derselben im ganzen Lande
wünschten. So hat sie bis auf den heutigen Tag volle Gel=
tung behalten, und spiegelt durchaus den Geist, der den hohen
Klerus und die Orthodoxen beherrscht.

Der Verfasser spricht in der Einleitung von den großen
Anstrengungen, die der deutsche und englische Protestantismus
gemacht haben, um in katholischen Ländern Boden zu gewinnen.
Besonders wird die Thätigkeit der englischen Bibelgesellschaft
hervorgehoben und bemerkt, daß man sich in den Schriften
gegen den Katholizismus stets der „Falschheit und Verläum=
dung" bedient und den katholischen Glauben lächerlich macht,
wie er es auch in einer ebenfalls höchst interessanten Streit=
schrift über und für das Dogma der unbefleckten Empfängniß
ausspricht, in einer Schrift, die gegen eine gegnerische von
der Bibelgesellschaft veranlaßte Broschüre gerichtet war.

Der Verfasser drückt nun seine hohe Verwunderung aus
„über das tiefe Stillschweigen, das die Protestanten über ihre
religiösen Grund= und Glaubenssätze bewahren". „Dieses
Schweigen", fährt er später fort, „ist sehr bezeichnend, und
sagt an sich mehr als irgend etwas anderes. Wie! Sind
ihre religiösen Theorien so schlecht, daß sie nicht wagen sie
kundzugeben? Fürchten sie etwa, daß die Völker, entsetzt

vom Anhören derselben, sich vielleicht von ihnen entfernen, wie sie es nur vor den größten Feinden des Menschen= geschlechts thun könnten?" u. s. w. „Aber nein, das ist's nicht; ihr wißt recht gut, was für ein trauriges Bild der geben würde, der versuchen wollte, im neunzehnten Jahrhun= dert eure verderblichen Lehren in Worte zu kleiden". Er erinnert daran, wie der Protestantismus durch die Katholiken, die darüber geschrieben haben, schon „pulverisirt" worden ist, wie von den letztern schon bis zur Evidenz nachgewiesen wor= den, daß „seine Lehren absurd sind, daß die Einsetzung der sogenannten Reform unendliches Uebel erzeugt hat, sowol in den Ländern, die das Unglück hatten, ihr Eingang zu ge= währen, wie in den andern, die den Glauben an Jesum Christum unverletzt erhalten haben" u. s. w.

Den ersten Abschnitt leitet er ein mit der Frage: „Was ist der Protestantismus?" zitirt die Antwort darauf aus dem anglikanischen Katechismus, um daraus zu schließen: „Nach diesem ist die reformirte Religion nichts anderes als der Haß gegen den Katholizismus und der Ausschluß der Katholiken von allen kirchlichen und bürgerlichen Aemtern." Man sieht aus diesem wie aus unzähligen andern Beispielen, wie die Orthodoxen es machen. Gestützt auf jesuitische Dialektik, greifen sie aus dem Zusammenhange alles heraus was für ihre Zwecke dienlich ist und selbstverständlich alles andere ignorirend, ziehen sie aus den für ihre Absichten verwend= baren Prämissen die entsprechenden Schlüsse. Mit Geschick wird jede Handhabe ergriffen, die sich nur bietet, um den Gegner im gehässigsten Lichte erscheinen zu lassen und lächer= lich zu machen. Doch lassen wir ihn selbst noch etwas sprechen. „Zunächst erkennen wir aus dem Citat, daß der Protestan= tismus nicht im Glauben oder Leugnen bestimmter Dogmen oder in der Zulassung dieses oder jenes Glaubensbekenntnisses besteht. Nichts davon; indem er den Katholiken haßt, kann sich schon jeder für einen guten und eifrigen Protestanten halten, indem es sehr wenig darauf ankommt, ob seine religiösen Grundsätze denen, die das Evangelium lehrt, diametral entgegengesetzt sind." Nach dieser „protestantischen Toleranz gegenüber dem Katholizismus sind die Katholiken eine Art Parias, deren Nähe befleckt, die man kaum ehren darf damit, daß man sie mordet" u. s. w. In diesem Lichte stellt der Verfasser dem Volke eine andere Religion dar!

Er spricht nun weiter über den Reichthum des englischen Klerus, führt das Stillschweigen über die protestantischen Lehren zurück auf den Eigennutz, denn es wäre doch traurig, wenn der protestantische Klerus der 700 Millionen Realen verlustig ginge, die jährlich zu seiner Verfügung stehen. Daran werden weitere Mittheilungen gehässigster Art über die Verwendung dieser Gelder gemacht.

Zur Entstehung des Protestantismus übergehend, giebt er die Idee der Reformation an und spricht dann von den Reformatoren: „Sie traten dann als Reformatoren auf mit der Absicht, den moralischen Zustand der Gesellschaft zu bessern und das ursprüngliche Christenthum in seiner Reinheit herzustellen. Um eine so wichtige Aufgabe würdig zu erfüllen, wäre es nöthig gewesen, daß diese Männer sich durch die Reinheit ihrer Sitten und durch den Wunsch auszeichneten, alle übrigen tugendhaft zu machen, indem sie ihnen die gesündesten Grundsätze der Moral einimpften, durch Charaktereigenschaften, durch die die wahren Reformatoren sich stets ausgezeichnet haben". Solche waren z. B. Lykurg, Thales, Solon; und vollends Moses. „Natürlich konnte Gott zu einem Führer und Reformator seines Volkes nur Moses wählen. Und konnte es anders sein? Sollte Gott vielleicht, um sein Volk zu reformiren, unmoralische Männer wählen? Sollte er Parteigänger des Irrthums zu Stützen der Wahrheit machen? Nein und tausendmal nein. Wenn das Volk

Israel vom Wege des Heils abwich, so schickte ihm Gott, um es wieder zurückzuführen, sicherlich nicht verderbte gottlose Männer wie Achab, Joram und Ochosias; er schickte ihm die Propheten Elias, Elisa, Nathan, gerechte Männer, welche von Eifer für den Ruhm Gottes erfüllt waren und sich nicht fürchteten, jeder Gefahr, auch dem Tode, in Vertheidigung der Wahrheit in's Gesicht zu sehen."

„Im Hinblick auf alles dieses können wir uns nicht überreden, zu glauben, daß Gott die Reform der christlichen Kirche den Führern des Protestantismus anvertraute, Männern, in denen sich keine einzige der hervorragenden Eigenschaften wahrer Reformatoren fand und die durch ihre Verderbtheit, ihren Stolz, ihren maßlosen Ehrgeiz, unersättlichen Durst nach Reichthümern und vollständigem Mangel religiöser Grundsätze mehr geeignet waren, die Gesellschaft zu demoralisiren, als sie zu rekonstruiren und zu organisiren."

Und nun beginnt das Gericht über alle deutschen und englischen Reformatoren.

Luther war unmoralisch, „seine Freimüthigkeit war vielleicht noch die einzige gute Eigenschaft", denn sie gewährt dem Verfasser Einblick in die Seelenkämpfe des Reformators, in die Zweifel, die ihn quälten, in die Qualen, die eine gerechte Strafe für die Sünde des Abfalls vom Katholizismus waren.

„Calvin war noch unmoralischer und verworfener als Luther" u. s. w.

Heinrich VIII. ist dem Verfasser natürlich eine für seine Zwecke sehr willkommene Persönlichkeit. Die jungfräuliche Königin bleibt auch nicht frei von seiner Kritik.

Nachdem der Verfasser sich lange genug dabei aufgehalten und eine Anzahl passende Citate für das, was er beweisen will, aus Luthers, Melanchthons und Anderer Schriften herbeigezogen hat, behandelt er die Resultate der Reformation.

Den Charakter der Reformation vorausgesetzt, ergiebt

sich von selbst der nothwendige Schluß, daß die Wirkungen
derselben natürlich nur entsittlichend und verderblich sind, und
er beginnt diesen Abschnitt mit den Worten: „Man kann sagen,
daß der Protestantismus, vom religiösen Standpunkt aus be=
trachtet, selbst noch vor seinen Begründern starb".

Für einen geschickten Dialektiker und Sophisten ist es
nicht schwierig, Alles zu beweisen, was er nur will, und nun
vollends in Fragen wie die vorliegende. Aus den Werken
der Gegner lassen sich schon Sätze finden, die, aus dem Zu=
sammenhang des Ganzen herausgerissen, bis zur Evidenz be=
zeugen, daß jene ihre eigne Sache für die falsche, für schlecht und
wer weiß was sonst halten. Der Kenner der Schriften Luthers
und seiner Zeitgenossen wird begreifen, daß dieß gerade den
deutschen Reformatoren gegenüber sehr leicht ist. So ist denn
auch der Verfasser sehr sorgfältig darin, die Bestätigung und
die Beweise dessen was er will, immer mit den Worten pro=
testantischer Schriftsteller zu geben und weist die Richtigkeit
seiner Anschauung überdies noch aus der Erfolglosigkeit
des englischen Missionswesens und aus der geringen Zahl der
Kommunikanten nach.

Alsdann geht er wieder zurück zu Luther und den Kämpfen
seiner Zeit, sucht, wiederum gestützt auf geschickt gewählte
Citate, nachzuweisen, wie hinfällig die Lehren der Reformation
waren, daß Luther die katholische Religion im Grunde doch
für die einzig wahre hielt, verurtheilt auf das schärfste den
Mißbrauch, der dadurch mit der Bibel getrieben wird, daß
jeder Laie sie in die Hand nehmen darf, spricht über die
fehlerhafte Anordnung der protestantischen Bibel, hebt die
Schwankungen im Charakter Luthers und anderer Reforma=
toren mit besondrem Nachdruck hervor und verweilt mit Wohl=
gefallen auf den Citaten, aus denen die Verzagtheit spricht,
die Reform gegenüber der katholischen Kirche zur Geltung
zu bringen u. s. w.

In dem 1871 vom Erzbischof von Santiago, Kardinal Cuesta, zur Belehrung der Gläubigen verfaßten und seitdem in Millionen von Exemplaren verbreiteten „Catecismo para el uso del pueblo acerca del protestantismo" heißt es beispielsweise in wörtlicher Uebersetzung: „Protestant werden, bedeutet eine Apostasie von der christlichen Religion, die Verwerfung der Lehre Christi, der Apostel und der Kirche; der Protestantismus ist nicht nur ein wahrhaftes Babel, sondern eine in der Theorie erschreckliche, in der Praxis unsittliche, Gott lästernde, die Menschen entwürdigende, die Gesellschaft gefährdende Lehre; es bedarf nur des Nachlesens in den Schriften Luthers, Calvins und ihrer Schüler, um sich davon zu überzeugen, mit welcher gottlosen Frechheit dieselben lehren, daß Gott der Urheber der Sünde ist, die Menschen zum Sündigen zwingt, und Letztere lediglich erschafft, um das Vergnügen (gusto) zu haben, sie dann rücksichtslos zu verdammen; daß ferner der Gläubige, so viele Sünden er auch haben mag, nicht aufhört, Gott wohlgefällig zu sein; daß es endlich nicht erforderlich ist, einen sittlichen Wandel zu führen, um die Seligkeit zu erlangen. In den Schriften der Genannten steht auch, daß es erlaubt sei, sich gegen Souveräne zu empören, die sich den Lehren, welche man „das reine Evangelium" nennt, widersetzen; weder Heiden noch Türken gelangten je zu solchem Frevel. In Italien sind die dem Protestantismus genehmsten Rekruten alle diejenigen, welche dem Auswurf des Volkes angehören, ein unsittliches Leben führen, keine Religion haben, als Atheisten und Ungläubige, kurzum wie Bestien leben. Die Protestanten wütheten gegen die Katholiken der Art und vollzogen an ihnen solche Torturen, daß sie an Grausamkeit die Nerone und Diocletiane übertrafen; Feuer und Schwert, Rad und Folter, Alles wurde gegen die ihrem Gotte treuen Katholiken, sogar gegen Weiber und Kinder in Anwendung gebracht; in einigen Ländern wurden die fürchterlichsten Inquisitionsgerichte eingesetzt und über Geistliche, die nur eine Nacht daselbst zubrachten, die Todesstrafe verhängt; es sind das historische Fakta, welche von den protestantischen Schriftstellern selbst mitgetheilt werden; der Uebertritt zum Protestantismus ist also ein Verbrechen (delito), der Uebertretende als Verbrecher (reo) zu betrachten; der Protestantismus bedeutet auf religiösem und moralischem Gebiete dasselbe was die Pest auf natürlichem ꝛc."

Ueber Luther heißt es an gleicher Stelle: „Ungeachtet des abgelegten Keuschheitsgelübbes, verliebte er sich in die Nonne Katharina Bore, die er aus dem Kloster entführte und nach verschiedenen Skandalgeschichten heirathete, worauf dieselbe nach wenigen Tagen gebar. In seinen Tischreden, die er in Gesellschaft seiner Freunde im „Hôtel zum schwarzen Adler" hielt, trägt er einen Cynismus zur Schau, der jedem anständigen Menschen die Schamröthe in's Gesicht treibt. Sein Leben war das eines Epikuräers, der in so hohem Maße den Freuden des Mahls, des Trunks und der Sinnlichkeit sich ergeben zeigte, daß zu seiner Zeit das Sprichwort ging: heut wollen wir nach lutherischer Manier leben!"

Ferner in einem anderen, aus dem Italienischen des berüchtigten Jesuiten G. Perrone übersetzten und in Spanien ebenfalls stark verbreiteten Katechismus: „Es ist evident, daß die protestantischen Länder bei weitem unmoralischer sind als die katholischen, mit andern Worten, die katholischen Länder im Vergleich zu den protestantischen nehmen sich ebenso aus wie ein krystallheller Wasserbrunnen neben dem unfläthigen Schmutz einer Kothpfütze".

Dergleichen in einer Flugschrift „Der sicherste Weg": „Die Mutter Melanchthons, eines der berühmtesten Schüler Luthers, wurde von ihrem Sohne zum Abfall fortgerissen und folgte der sogenannten Reformation. Als sie auf dem Sterbebette lag, rief sie den Reformator und sagte ihm in diesem feierlichen Augenblicke mit tiefem Ernst: Mein Sohn, auf deinen Rath hin verließ ich die katholische Kirche und bekannte mich zur neuen Religion; ich soll jetzt vor Gott erscheinen, und deßhalb beschwöre ich dich vor ihm, sage mir, ohne das Geringste zu verheimlichen, in welchem Glauben ich sterben soll. Melanchthon senkte das Haupt und blieb einen Augenblick in Schweigen versunken; die Sohnesliebe kämpfte in seinem Herzen gegen den Ketzerhochmuth. Mutter, antwortete er endlich, die protestantische Lehre ist leichter, aber die katholische ist sicherer".

Endlich steht im offiziellen Lehrbuch der Religion, welches gegenwärtig im Madrider Lehrerseminar gebraucht wird, wörtlich Folgendes zu lesen: „Wie kannst du von mehreren Religionen sprechen, da es doch nur eine wahre Religion geben kann? Antwort: Wohl giebt es nur eine einzige wahre Religion, die der heiligen römisch-katholisch-apostolischen Kirche; in uneigentlichem Sinne pflegt man jedoch auch die Irrthümer anderer Völker Religionen zu nennen, und so spricht man, obgleich es genau genommen unrichtig ist, auch von einer Religion der Chinesen, Japanesen, Hindus, Mohamedaner, Engländer u. s. w." Die evangelische Lehre wird also auf denselben Standpunkt gestellt wie veralteter Aberglaube und Götzendienst; die Protestanten gehören eben nicht zu den Christen.

Kehren wir indessen noch einmal zur Betrachtung der evangelischen Bewegung in Spanien zurück und suchen wir uns ein allgemeines Bild von dem augenblicklichen Stande derselben zu machen. Die Arbeit der Evangelisation wird hier wie in Portugal von Einheimischen und Fremden versehen. Erstere sind zum Theil Solche, die früher katholische Priester waren oder doch wenigstens eine katholisch-theologische Ausbildung genossen haben, zum Theil Solche, die als Evangelisten, Bibelboten und Lehrer thätig sind. Die ausländischen

Arbeiter gehören dagegen den verschiedenen Sekten an und zerfallen ebenfalls in zwei Kategorien, in Solche, die von bestimmten Kirchen- oder Missionsgesellschaften nach Spanien gesandt werden und Solche, welche keiner determinirten Gemeinschaft angehören und, ohne alle theologische Vorbildung, unabhängige Stationen errichten oder als freie Missionare das Land durchziehen. Die Episkopalen haben ihr Arbeitsfeld in Lissabon und einzelnen umliegenden Punkten, in Sevilla, in Málaga und seit Kurzem in Madrid. Die Wesleyaner arbeiten mit großem Erfolge in Oporto, Poblo não, Barcelona und auf Mallorca und Menorca, in Mahon und Palma. Die schottischen Presbyterianer haben ihre Stationen in Madrid, Jerez, San Fernando und Puerto Santa Maria; die irländischen in Madrid und Córdoba; die freie schottische Kirche in Lissabon. Die evangelische Kontinental-Gesellschaft unterstützt die Stationen in Bilbao, Camuñas, San Vicente de Castellet und Monistrol; das Komité von Lausanne hat in Barcelona, das von Genf in Reus und Cartagena seine Stationen; die große amerikanische Missionsgesellschaft in Santander und Zaragoza; die amerikanischen Baptisten in Madrid, Hospitalet und Alcoy; die deutsche evangelische Kirche hat in Madrid außer Kapelle und Schulen, wie sie an den meisten anderen Orten bestehen, ein Waisenhaus nebst Hospital und Buchhandlung, dazu eigene Häuser in Madrid, Granada und Camuñas. Der Leiter dieser letzteren, und man darf sagen der hauptsächlichste unermüdliche Förderer der protestantischen Sache, ist der Pastor der deutschen Gemeinde in Madrid, Fritz Fliedner. Im beständigen Kampfe mit den zahllosen Gegnern der Evangelisation hat er im Laufe von 12 Jahren wirklich Erstaunliches geleistet und die Interessen der Bekenner protestantischer Glaubensbekenntnisse auf das eifrigste vertreten. Der reaktionären Strömung zum Trotz ist es ihm gelungen, den von ihm geschaffenen Institutionen eine gewisse Bedeutung

zu verleihen; ungeachtet der überaus beschränkten Geldmittel
hat er für die Madrider Gemeinde ein eigenes großes Haus
zu erwerben verstanden, in dem sich die Kirche, das Waisen=
haus, das Krankenhaus, eine vielklassige Schule, die Vorräthe
der Buchhandlung befinden. Um persönlich im Stande zu sein,
das Schulwesen zu fördern, hat er sich der Mühe unterzogen,
neben seinen großen Berufspflichten den Studiengang und die
Examina zu machen, die die spanische Regierung für ihre wissen=
schaftlichen Lehrer vorschreibt. Die protestantischen Kirchen
sind somit dem Pastor Fliedner zu nicht geringem Danke
verpflichtet.

Die hauptsächlichsten Stationen der vorerwähnten unab=
hängigen Missionäre und „Brüder" befinden sich in Madrid,
Barcelona, Barceloneta, Gracia, Villafranca, Figueras, Vigo,
Coruña, Ferrol, Oviedo, Besullo, Leon, Valladolid, Igualada,
Córdoba, Sevilla, Cadiz, Utrera, Huelva, Escornaz u. s. w.
Ferner sind noch in Spanien und Portugal mehrere Bibel=
und Traktat=Gesellschaften rüstig am Werk, mit etwa dreißig
Bibelboten und einem Bibelwagen, welche Tausende von Testa=
menten oder einzelnen Evangelien, sowie kleinere und größere
Bücher und Schriften verkaufen oder unentgeltlich vertheilen.
Im Ganzen bestehen in Spanien etwa 60 Gemeinden und
Missionsstationen, vielleicht ebensoviele Schulen mit 5000 bis
6000 Kindern, dazu 10,000 Gemeindeglieder und vielleicht
20,000, welche wenigstens dem Gottesdienste beiwohnen, 50
Sonntagsschulen mit mehr als 3000 Kindern, endlich vierzehn
einzelne Gebäude für Kirchen und Schulen in Lissabon, Oporto,
San Fernando, Sevilla, Jerez, Granada, Camuñas und
Madrid, als Eigenthum erworben und theilweise zweckmäßig
ausgebaut. In der vorerwähnten deutschen Buchhandlung
werden ebenfalls Bibeln und Traktate vertrieben, jedoch auch
spanische Wochenschriften für Kinder und Erwachsene verlegt,
wie die „Revista cristiana", „El amigo de la Infancia", „La

Luz", „El cristiano". An der Verwaltung des unter deutscher Aufsicht stehenden oben erwähnten Waisenhauses nebst Hospital, Schule und Kapelle sind zwei deutsche und drei spanische Geistliche, ein deutscher und fünf spanische Lehrer, acht Lehrerinnen und junge Mädchen, die dazu vorbereitet werden, zwei Waiseneltern, ein Bote, ein Pförtner, im Ganzen 28 Personen betheiligt; das Waisenhaus beherbergt gegenwärtig über 30 Waisenkinder.

Das Evangelisationswerk in Spanien ist demnach unzweifelhaft in stetem wenn auch langsamem Wachsen begriffen; desgleichen ist es Thatsache, daß alle Verfolgungen, Belästigungen und Erschwernisse, welche die Arbeit hindern, bisher eher fördernd als hemmend auf dieselbe einwirkten. Denn manche verderbliche Auswüchse wurden dadurch gleich von vornherein abgeschnitten, während es bei größerer religiöser Duldung und Freiheit vielleicht unmöglich gewesen wäre, dieselben gänzlich zu unterdrücken. Das Werk läuterte sich allmälig und schlug tiefere festere Wurzeln; auch erstarkte das innere Leben der Gemeinden zusehends, wie man unter Anderem daran wahrnehmen kann, daß in den nämlichen Schulen, wo der Unterricht früher unentgeltlich stattfand, gegenwärtig die Schüler selbst, deren Zahl täglich anwächst, nach Kräften durch regelmäßige Zuschüsse zum Unterhalte der Anstalten beitragen. Die Gemeinden erkennen also selbst den Werth des Unterrichts an und damit ist, wie jeder mit den spanischen Verhältnissen Vertraute zugestehen wird, schon sehr viel gewonnen.

In neuerer Zeit sind besonders in England und Deutschland Bedenken dagegen erhoben worden, ob die Evangelisation in Spanien von thatsächlichem Nutzen für den Staat und für das Volk im Allgemeinen sein kann, und der Protestantismus hier je im Stande sein wird, sich eine feste, dauerhafte Grundlage zu schaffen. Die Einen begründen ihre Zweifel damit,

daß Indolenz und Unwissenheit, Bestechlichkeit und Gleich=
gültigkeit gegen das Laster, Aberglaube, Stolz und Bettel=
sinn einen viel zu tiefgehenden Einfluß auf alle Schichten der
spanischen Gesellschaft ausüben, als daß man überhaupt eine
geistige und sittliche Wiedergeburt der gesammten Nation er=
warten könne. Andere sind überzeugt, daß in einem Lande
wie Spanien, wo die Glaubensreform, da sie nothwendig ein=
treten mußte, unter gleichzeitiger Abtödtung des zu läuternden
Organismus selbst unterdrückt wurde, kein „reformatorischer
Nachfrühling" denkbar sei — am allerwenigsten in unserer
gegenwärtigen überwiegend politisch, keineswegs aber religiös
bewegten Zeit. Endlich hegen Viele die Ansicht, daß die
kleinen schwachen und verachteten Gemeinden, die hier müh=
sam in's Leben gerufen werden, die paar Tausende armer,
meist ungebildeter und den niedern gesellschaftlichen Schichten
angehöriger evangelischer Christen, gegenüber den vielen Mil=
lionen von katholischen Spaniern und Portugiesen der alten
und neuen Welt keinen wirklichen bleibenden und überzeugen=
den Eindruck zu machen im Stande sind. Diesen Besorgnissen
und Bedenken können wir uns indessen, so begründet und be=
rechtigt sie auch in mancher Hinsicht sein dürften, nicht ohne
weiteres anschließen.

Es ist unzweifelhaft richtig, daß Spanien noch heute an
den unseligen Folgen seiner Inquisition, seiner jahrhunderte=
langen absolutistischen Priesterherrschaft und geradezu boden=
losen Mißverwaltung krankt, daß die Evangelisation hier auch
fernerhin mit unendlichen Schwierigkeiten zu kämpfen haben
wird, zumal bei der Unsicherheit und dem beständigen Wechsel
der politischen Verhältnisse. Wir glauben sogar, daß der
Protestantismus in Spanien zunächst nur unter dem einfachen
niedern Volk Anhänger finden wird, das weder von der
„höhern" Kultur beleckt, noch von der Politik verdorben ist,
während andrerseits die höher stehenden Klassen, in Folge

ihres angeborenen Widerwillens gegen jegliche Geistesanspan=
nung, ihres nationalen Mangels an abstraktem Denkvermögen
und tieferem Gemüthsleben, ihrer Jahrhunderte alten Ge=
wohnheit sich an blendendem Schein zu weiden und gänzlich
von äußern Symbolen, geräuschvollen Ceremonien und prunk=
vollen Schaustellungen fesseln zu lassen, wol noch lange hin
für den bequemeren Katholizismus optiren werden, der ja
thatsächlich nur die Befolgung und Innehaltung vorgeschrie=
bener äußerer Bräuche zur Pflicht macht, nicht aber auch zu
tieferem Sinnen, Prüfen und Erwägen auffordert.

Aber man wird ebensowenig vergessen dürfen, daß „die
Bewohner der romanischen Länder seit Jahrhunderten gelehrt
worden sind, Rom und Christenthum als identisch zu be=
trachten“ und daß daher die Idee einer christlichen Kirche,
welche „kein Reich dieser Welt sein und nur durch geistigen
Einfluß die Umgestaltung des sittlich zerfallenden Theiles der
Gesellschaft unternehmen will“ unter ihnen unmöglich im Hand=
umdrehen größere Verbreitung finden kann — zumal nicht in
Spanien, wo das Evangelisationswerk erst sehr wenig über
ein Jahrzehnt eine festere Gestalt erhalten und völlige Reli=
gions= und Gewissensfreiheit währenddem nur auf Monate
bestanden hat. Es heißt ferner zu schwarz sehen, zu pessi=
mistisch urtheilen, wenn man durchgreifende reformatorische
Bewegungen in Spanien für unmöglich hält; damit spräche
man der spanischen Nation die Fähigkeit ab, jemals die Bahn
des Fortschritts zu betreten, sich geistig je wieder aufzuraffen,
also für die Schöpfungen des modernen Weltgeistes empfäng=
lich zu werden. Es sind vielmehr Anzeichen genug vorhanden,
daß die natürlichen hohen Fähigkeiten der Spanier durch den
Druck des starren Dogmatismus doch noch nicht so völlig
vernichtet sind, der Geist nicht so gänzlich erstickt ist, als daß
er nicht wieder zum Leben geweckt werden könnte. Nur vor
einem verhängnißvollen Fehler, der dem Missionswesen leider

nur zu oft anhaftet und alle seine Bemühungen, alle enormen Geldopfer fruchtlos macht, werden sich auch die Förderer der Evangelisation in Spanien und diejenigen, die ihr Werk dort unterstützen, sehr zu hüten haben: vor übermäßiger Frömmigkeit und Frömmelei, vor dem Streben, dem veralteten Glauben früherer Perioden, der evangelischen Orthodoxie ältern Datums, dem lutherischen Pietismus in Spanien Boden zu schaffen. Auch die protestantischen Glaubensbekenntnisse bedürfen zeitgemäßer Reform und nur unter der Voraussetzung, daß die Evangelisten ihre Lehre einigermaßen den Forderungen des modernen Zeitgeistes, den Ergebnissen moderner Wissenschaft und Weltanschauung anpassen, können wir ihnen in Spanien einen dauernden Erfolg prognostiziren. Ein endgültiges Urtheil über die Zukunft der evangelischen Bewegung in Spanien und Portugal wird sich daher, unseres Erachtens, noch lange nicht fällen lassen — und das am allerwenigsten im Auslande, wo die inneren Verhältnisse dieser Länder so sehr wenig bekannt sind und meist in verkehrtester Weise beurtheilt werden.

8.

Was nun die Weltanschauung der modernen Spanier betrifft, so ergiebt sie sich aus den vorhergehenden Mittheilungen über Religion und Kultus eigentlich von selbst. Da dies jedoch ein Gegenstand von hoher Bedeutung und von allgemeinstem Interesse ist, so erscheint es zweckmäßig, die Grundzüge der spanischen Denkweise und Weltanschauung an dieser Stelle noch einmal zusammenzufassen und einzelne nationale Charakterzüge damit stärker zu beleuchten.

Die Religion beherrscht, wie wir gesehen haben, das Geistesleben des heutigen Spanien noch geradeso wie im Mittelalter. Der Charakter dieser „spanischen Religion" ist ferner durch die Jahrhunderte unverändert derselbe geblieben und der Formalismus, der Kultus des Scheins hat denn natürlich auch der gesammten Denkweise und Weltanschauung seinen Stempel aufgedrückt. Der Schein gilt dort Alles; die spanische Etiquette, der spanische Konventionalismus sind ja sprüchwörtlich geworden und das nationale Leben ist den strengen Gesetzen derselben unterworfen. Das durchaus nur auf Aeußerlichkeiten beruhende, allerdings erstaunlich gekünstelte Ceremoniell beherrscht nicht allein den Hof und alle leitenden Kreise der „Gesellschaft", sondern wirft seinen Schatten auch bis in die niedersten Schichten des Volkes. Ueberall werden die hergebrachten traditionellen Formen und Gebräuche auf das Strengste, ja oft mit einer bis zur Lächerlichkeit gehenden

9*

Pünktlichkeit beobachtet. Freilich ergiebt sich daraus eine Er=
scheinung, die den Fremden angenehm berührt, man wird im
sozialen öffentlichen Verkehr sehr selten irgend welche Roh=
heiten bemerken oder denselben ausgesetzt sein, da selbst das
Volk die konventionellen Verkehrsformen mit großer Sicher=
heit beherrscht und sich dadurch zu seinem Vortheil von andren
auf viel höherer allgemeiner Bildungsstufe stehenden unter=
scheidet. Diese eine Lichtseite und günstige Folge des Kon=
ventionalismus vermag uns jedoch nicht zu täuschen, sie ver=
deckt weder den Mangel an tiefem Gemüthsleben und die
seelische Rohheit, die bis in die höchsten Klassen der Gesell=
schaft hinaufreicht, noch die kleinliche überaus beschränkte Welt=
anschauung des Spaniers, den Bogumil Goltz im Hinblick auf
sein Empfindungsleben so außerordentlich treffend als „Un=
geheuer und Kind" bezeichnet. Diese sklavische Unterordnung
unter konventionelle Gesellschaftsgesetze und unter den Tyrannen
Mode, überrascht um so mehr, als der Spanier doch mit einem
so überaus stark entwickelten Unabhängigkeitssinn begabt ist,
der in der inneren Geschichte des Landes zu allen Zeiten eine
große Rolle gespielt hat. Sein geistiger Horizont ist aber in
der Schule des Klerus stets auf das engste begrenzt geblieben.
Das Dogma setzte dem Fluge seiner Gedanken, der freien
Entfaltung seines Geistes unüberwindliche Schranken, es bil=
dete sein ganzes Wissen, es hielt ihn in absoluter Unkenntniß
über die Naturgesetze, weil sonst der Wunder= und Aberglaube
erschüttert worden wäre; aus demselben Grunde verwehrte es
ihm die Beschäftigung mit andern Wissenschaften, es lehrte ihn,
daß das einzig berechtigte Wissen das religiöse, daß die wahre
Religion nur die christliche, d. h. die katholische sei, daß die
ketzerischen Länder für alle Zeit verworfen und in Unkultur
blieben, daß Spanien, als das allerorthodoxeste auch das erste
Land der Welt sei. Dazu kamen die Erfolge spanischer Waffen
in der neuen Welt, das Uebergewicht das Spanien dadurch

im europäischen Völkerkonzert erlangte und — so trat an Stelle
des Gebotes Christi der Nächstenliebe die fanatischste Unduld=
samkeit, so steigerte sich andrerseits der nationale Stolz, das
Selbstbewußtsein, die Vaterlandsliebe ebenfalls zur fanatischsten
Exklusivität dem Auslande, vollends den vom wahren Glauben
abgefallenen ketzerischen Staaten gegenüber.

Der Grad der Bildung wurde nicht erhöht, denn der
Klerus hatte diese in seiner Hand und durfte keine ketzerischen
und wissenschaftlichen Bildungselemente eindringen lassen, wenn
er nicht selbst seine unumschränkte Allmacht, den Quell seiner
überaus glänzenden Existenz, seiner unermeßlichen Reichthümer
vernichten wollte, und so blieb denn auch die durch den reli=
giösen und nationalen Fanatismus bedingte und gestempelte
Weltanschauung unangetastet, die Geistesthätigkeit konnte sich
nur auf dem Gebiete des Sinnenlebens entfalten und so wurde
der Kultus des Scheins, der Aeußerlichkeiten, der Mode, der
Etiquette bis in seine äußersten Konsequenzen entwickelt.

Man muß sehen, was der Spanier für einen großen
Werth auf seine Toilette legt, um zu begreifen, was ihm die
äußere Erscheinung gilt, und dies bezieht sich keineswegs etwa
nur auf die Spanierin, sondern ganz besonders auf die männ=
lichen Individuen. Daß der Friseursalon eine ziemlich hohe
politische und soziale Bedeutung erhalten konnte, ist zum Bei=
spiel ein Beweis dafür. Dort verbringen die Herren oft
viele Stunden, um sich Haupthaar und Bart à la mode
dressiren zu lassen, um den edlen Stadtklatsch zu pflegen, und
in Gemeinschaft mit dem Friseur und seinen Gehülfen zu kanne=
gießern. Die kostbarsten Handschuhe, die zierlichsten Stiefelchen
müssen dazu dienen, die Schönheit und Feinheit der betreffen=
den Körpertheile zu erhöhen. Ist es etwa Mode, keine Hand=
schuhe zu tragen, so erfordert die Pflege der Hände, der Haut,
der Nägel wiederum enorme Zeit. Der Cylinderhut muß
immer neu, glänzend und von bester Qualität, selbstverständ=

lich von neuester Mode sein. In Kleiderstoffen, Wäsche und Schmucksachen wird ein unglaublicher Luxus getrieben und in Summa für die äußere Erscheinung stets ein bedeutendes Kapital von allen denen aufgewandt, die sich zur „Gesellschaft" rechnen, zu ihr gerechnet sein oder gar in ihr eine Rolle spielen wollen. Die sogenannte „Gesellschaft" ist aber die Elite der Nation, ist der Träger der Bildung und der Civilisation, und da diese beiden Begriffe meist als identisch betrachtet werden, da als Kriterium für sie die äußere Erscheinung gilt, so beantwortet sich die Frage ob eine solche Beurtheilung der Welt und der Menschen eine hohe ist, von selbst.

Die Unmöglichkeit, den Forderungen der Mode zu genügen, wird daher in den Kreisen aller die etwas gelten und sein wollen, aller „Gebildeten" als das größte Unglück empfunden und dem sozialen Bankerott, der Diskreditirung in der Gesellschaft gleichgeachtet. Man hungert und dürstet lieber, man darbt so sehr man kann, man begnügt sich mit der allerschlechtesten Kost — und die Spanier sind ja außerordentlich genügsam, können von sehr Wenigem leben wenn es sein muß, — man verzichtet auf die Behaglichkeit im Hause, um nur den Schein zu wahren, um nur den Anforderungen des gesellschaftlichen Konventionalismus und der Mode zu genügen. Und dazu gehört in den höhern Schichten zum Beispiel auch, daß man seinen festen Platz, daß Familien ihre Loge im Theater haben, daß man seine eigne Kutsche, sein eignes Pferd besitzt oder zu besitzen scheint, daß man sich täglich auf der Promenade zeigt. Zu allem dem gehört Geld, viel Geld, der Spanier ist im Allgemeinen aber arm und der eigene Besitz reicht meist nicht zur Deckung für alle Erfordernisse des äußern Scheinlebens hin, und es bietet sich da das interessante Problem, zu untersuchen, woher die nöthigen Summen kommen, die zum „Leben" erforderlich sind, da doch der vornehme, der gebildete Spanier viel zu stolz zum tüch=

tigen Arbeiten und Verdienen des Lebensunterhaltes ist. Ohne
die Abgründe zu enthüllen, die die gesellschaftlichen Zustände
bei derartigen Untersuchungen dem Blicke des sorgfältigen
Forschers bieten, wollen wir uns damit begnügen, auf den
nationalen Charakterzug hinzuweisen, der sich uns in der all=
gemeinen Spielwuth bekundet. Reichen die eignen Gelder
nicht mehr, ist der Kredit erschöpft, helfen die Freunde nicht
weiter, weil sie in keiner bessern Lage sind, so nimmt man
seine Zuflucht zum Roulette, das zwar nicht existiren darf,
aber überall zu finden ist. Es genügen die allereinfachsten
Rechenexempel, um zu ermitteln, wie viel zum konventionellen
Leben in Madrid zum Beispiel erforderlich ist — und man
begreift denn auch den finanziellen Bankerott, in dem sich sehr
viele glänzende Glieder der Gesellschaft befinden.

Ein solcher Kultus der äußern Formen, des leeren Scheins,
eine derartige Verirrung und Einseitigkeit der Interessen spricht
nicht für einen hohen Geistesflug, für eine weitsichtige Welt=
anschauung. Diese suchen wir denn in Wirklichkeit auch ver=
gebens; der geistige Horizont ist so eng geblieben, wie er
vor Jahrhunderten war. Eine Ausnahme davon finden wir
höchstens bei einigen Freigeistern und Politikern, die im Aus=
lande, in Genf und Paris, geschult sind, für die dann zum
Theil wiederum Paris das non plus ultra aller Bildung
oder Civilisation ist, und die sich bemühen, diese Sorte von
moralischer und sozialer Kultur wie sie dort existirt auch in
Spanien zur Geltung zu bringen.

Bei andern Völkern giebt es gewisse soziale Typen, die
man leicht erkennt, so die des Schulmeisters, des Gelehrten,
des Künstlers. In Spanien wird es nur in sehr seltenen
ausnahmsweisen Fällen möglich sein, derartige Typen auszu=
scheiden und den Stand des Individuums aus seinem Aeußern
zu erkennen. Weshalb? Weil das Gesetz des Konventionalis=
mus ein so strenges, der Schein eine so wichtige Sache ist,

daß kein spanischer Lehrer, Gelehrter, Dichter, Maler oder Musiker, der darauf Anspruch macht, in der Gesellschaft etwas zu gelten, ja sich überhaupt nur blicken zu lassen, es wagen wird, dem Konventionalismus und der Mode so weit Hohn zu sprechen, anders zu erscheinen, als andre Individuen der höhern Kasten.

Aus solchen Verhältnissen, aus dieser Beschränktheit der Interessen und der Weltanschauung ergiebt sich mit Noth=wendigkeit die Freude am Klatsch und die Pflege desselben. Da der Horizont klein, eben nur lokal und national ist — denn die wenigen Ausnahmen zählen nicht — so wird inner=halb dieses Gesichtskreises Alles der genauesten Prüfung unter=zogen und Nichts ist zu geringfügig, um nicht zum Gegen=stande der lebhaftesten Interessen der sogenannten gebildeten Stände zu werden. So kann man Gelehrte und Politiker sich stundenlang und mit der größten Leidenschaftlichkeit und einer Sachkenntniß, die deutlich bekundet wie wichtig ihnen derartige Dinge sind, über den Schnitt, über die Stoffe ihrer neuesten Pariser Schlafröcke und Kleider unterhalten hören!

Der Fremde, der es etwa wagt, sich anders als nach der neuesten Mode zu tragen, darf sich nicht wundern, selbst auf den Promenaden der feinen Welt in Madrid, im Buen Retiro, auf dem Prado, in Recoletos 2c. nicht allein die all=gemeine Aufmerksamkeit auf sich zu lenken, sondern sich an=gestarrt und belacht zu sehen von Personen, die den gelehrtesten und höchst gebildeten Kreisen angehören, in den ersten Salons verkehren, und sich zum Gegenstande der geistlosesten Witze gemacht zu sehen. Sehr charakteristisch für die Spanier ist es, daß ihnen der König Amadeo aus dem Grunde auch so sehr unsympathisch war, weil er es wagte, sich wie ein ge=wöhnlicher Sterblicher zu benehmen, die nationale Etikette und das Hofceremoniell so weit zu verletzen, daß er in ein=fachster Tracht, ein kleines rundes Hütchen auf dem Kopfe,

zu Fuß spazieren ging. Alfons XII. handelt in dieser Hin=
sicht praktischer, obgleich er, in deutscher Schule erzogen und
überhaupt höher gebildet und weiter blickend als seine Lands=
leute, dieß lästige Ceremoniell wahrscheinlich nicht anders be=
trachtet als Amadeo; er beobachtet bei seinen Ausfahrten stets
die traditionellen Formen und hütet sich wol, seine Spanier
durch Hintansetzung derselben zu verletzen.

Was die höchsten Gesellschaftskreise in Madrid, die dor=
tige Presse, ja die ganze Bevölkerung zu interessiren und für
längere Zeitdauer zu beschäftigen vermag, das mögen einige
Beispiele aus der allerjüngsten Zeit, aus dem vorigen Jahre,
illustriren.

Eines schönen Tages tauchte in der Presse der Name
Perro Paco (Hund Paco) auf, und es dauerte nicht lange,
da war dieser Name und das ihn tragende Individuum in
ganz Madrid bekannt. Wer war Perro Paco, nun ein Hund
gemeinster Rasse, oder richtiger von gar keiner Rasse, der auf
den Namen Paco hörte und das Muster hündischer Intelligenz
sein sollte; diesen Hund zu einer großstädtischen Celebrität zu
machen, war jedenfalls der launige Gedanke eines hohen Herrn
oder einer Gesellschaft von solchen gewesen, denn Paco bewegte
sich nur in den höchsten und feinsten Kreisen und Klubs und
der Name eines Marquis wurde auch von der Presse der
Hauptstadt als der des Promotors dieser Berühmtheit ge=
nannt. Es hat ja viele Hunde von außergewöhnlicher Klug=
heit gegeben und man weiß, was durch eine geschickte Dressur
in dieser Hinsicht erzielt werden kann, es hat Hunde gegeben,
die historische Bedeutung erlangt haben, in so fern, als sie
Feldzüge mitgemacht und als Zugthiere von Trommelwagen
oder sonst wie eine gewisse Rolle gespielt haben. Von allem
dem ist bei Paco nicht nur nicht die Rede gewesen, sondern
er wurde einfach durch die Herren eines Klubs gut gefüttert,
besuchte mit einzelnen Gliedern desselben die vornehmsten

Cafés, Theater, Wettrennen und Stiergefechte und — dieß bildete den Grund zu seiner Berühmtheit. Die ersten politischen Journale der Hauptstadt gingen auf diesen Scherz ein und die Herren Feuilletonisten überboten sich in der Länge ihrer „geistvollen" Artikel, die sie über diesen Hund abfaßten. Ja, er soll dem König vorgestellt worden sein, und wo er sich bei öffentlichen Gelegenheiten zeigte — und darin bekundete sich eben seine Intelligenz, daß er von jedem Wettrennen, jedem Stiergefecht, jeder Première unterrichtet war — da wurde er mit Jubel empfangen. Als er dann bei einem Stiergefecht selbst eingegriffen hatte, von dem Stier verwundet war, da erschienen wiederum in vielen großen Zeitungen die Berichte über sein Befinden und endlich über seinen Tod. Wenn man nun das Ganze auch nur als einen harmlosen Scherz betrachtet, so ist doch die Art und Weise des Eingehens auf denselben von Seiten der Gesellschaft und der Presse, die Literatur, die über den Hund erschien, ganz charakteristisch für die Denkweise der Madrider und mit vollem Recht spotteten Provinzialblätter über diese — nun sagen wir: Hundegeschichte. Der „Orden público" sagte bei Gelegenheit, als Paco dem König vorgestellt wurde: „Der Hund Paco bezeichnet unsern Verfall, denn die Frivolität kann keinen höhern Grad erreichen". Er spottet über diese und ähnliche Kindereien, womit die Madrider sich belustigen. Der Madrider „Porvenir" entschuldigt diesen Scherz der Residenz damit, daß er nichts kostete: „wenn alle Belustigungen der Hauptstadt so billig wären!"

Wenn irgendwo ein Kunstschütze, ein Schnelläufer oder dergleichen auftritt, so ist es jetzt ganz gewöhnlich, daß er einen Preis aussetzt für denjenigen, der ihn in seinen betreffenden Produktionen überbieten kann, und es wird keinem Menschen einfallen, darin eine Herausforderung ernster Art zu erblicken. Im Herbst vorigen Jahres trat nun in Spanien

ein italienischer Schnelläufer auf, der Konkurrenten zum Wett=
lauf herausforderte. Nach einander traten verschiedene auf,
die er mühelos besiegte. Da meldete sich ein Aragonese
Mariano Bielsa zum Wettlauf und überwand den Italiener
Bargossi am 24. Oktober 1882. Sofort wurde dieser Um=
stand in alle Welt telegraphirt und Madrid wollte sich die
Gelegenheit nicht entgehen lassen, sich auch eine solche Be=
lustigung zu gewähren. Eine Gesellschaft arrangirte dort für
den 14. November ein Wettlaufen. Inzwischen war aber die
Sache zu einer nationalen aufgebauscht worden; Bielsa, der
Aragonese, der Spanier, hatte den Italiener überwunden und
die Presse scheute sich nicht, der Angelegenheit wirklich natio=
nalen und politischen Anstrich zu verleihen. Bielsa war mit
einem Male zum Nationalhelden geworden, von dessen Erfolg
bei dem nächsten Rennen das Ansehen des Landes abhing;
demgemäß wurde er denn auch am 7. November vom König
empfangen und einzelne Journale berichteten, daß als Bielsa
seine aragonesische Kopfbedeckung, das seidene Kopftuch, abge=
nommen hatte, der König ihn veranlaßte, dasselbe in seiner
Gegenwart wieder anzulegen. Es ist dieß wol schwerlich
thatsächlich, denn das würde allerdings nicht wesentlich von
der höchsten Ehre abweichen, die der spanische König den
ersten Granden erweist; auch soll er ihm sein Bild verehrt
haben. Mag das sein wie es wolle, kurz die Presse be=
schäftigte sich auf das ernstlichste mit Bielsa und dem Wett=
laufen, und ganz Madrid, die „Gesellschaft“ am allerwenigsten
ausgeschlossen, sah mit Spannung dem großen Ereigniß ent=
gegen, die illustrirten Blätter, so z. B. das Organ Castelars,
der „Globo“, brachte die Illustration des berühmten National=
helden. Als dieser dann gleich nach Beginn des Wettlaufens
gezwungen war, sich krank zu melden, da war die Erbitterung
gegen den Italiener so groß, daß es nur mit Mühe gelang,
ihn, geschützt durch Polizei ꝛc. aus der Arena zu entfernen,

damit er nicht etwa der Wuth des Pöbels zum Opfer fiele. Es fehlten nicht Stimmen, die sich sogar in der Presse bemerkbar machten, daß Bargossi durch bösen Blick oder andre teuflische Künste den gesunden Spanier unschädlich gemacht habe.

So gehört oft nur ein ganz beiläufiger Umstand dazu, das Auge und den Geist der ganzen gebildeten Welt Spaniens auf eine an sich völlig bedeutungslose Sache oder Persönlichkeit zu lenken, wie ja das auch im politischen Leben der Fall ist. Besonders aber geschieht dieß, sobald ein Gegenstand nationalen patriotischen Charakter annimmt, und darin hauptsächlich zeigt sich vorzugsweise die Kleinlichkeit und Beschränktheit der spanischen Weltanschauung. Weil eben der Spanier nur sein eignes Land kennt, weil er in seiner Unbildung glaubt, daß dasselbe immer noch wie im sechszehnten Jahrhundert den ersten Rang unter den Kulturstaaten einnimmt, so erkennt er nur das Spanische an und dieses erscheint ihm unter allen Umständen immer als das Größte, Beste, Hervorragendste und die aus seinem Munde stets erklingende Redensart von den „Ersten" und den „Herren der Welt" macht auf den objektiven Beurtheiler spanischer Zustände oft genug einen recht komischen Eindruck. Das spanische Land, das spanische Volk, die spanische Kultur sind der Maßstab, an dem alles Existirende überhaupt nur gemessen wird und die spanische Weltanschauung entbehrt somit überhaupt jeder Spur von Objektivität, sie ist durch und durch nur subjektiv. Jeder Spanier hält sich für befähigt zu allem Bedeutenden und glaubt eben auch auf den verschiedensten Thätigkeitsgebieten das Bedeutendste zu leisten. Kann er dieß nicht in eigener Person, so prahlt er doch mit seiner Verwandtschaft, mit seiner Freundschaft, mit seinen gesellschaftlichen Beziehungen zu denen, die eine bedeutende Rolle spielen. Er stellt die Kulturleistungen seiner Landsleute über die aller

andern Völker, so gelten ihm zum Beispiel auch seine Staats=
männer für die ersten der Welt; er bewundert und erhebt
alles Spanische, daher auch der Kultus, der mit den großen
Banditenchefs getrieben wird. Wo sich eine bedeutende Per=
sönlichkeit erhebt, da sucht er nachzuweisen, daß sie spanischer
Abkunft ist. Man hat oft genug Spinoza und Disraeli als
Spanier reklamirt und Spanien ihren Ruf beizumessen ge=
sucht. Wo das Spanische in Konkurrenz mit Fremdem tritt,
muß es ohne Zweifel dieses übertreffen. Ein kleines Bei=
spiel hiefür.

Von der vorjährigen (1882) Kunstausstellung in Wien
berichtete der Korrespondent der „Epoca“ unter dem 15. Mai,
daß die spanische Sektion zwar beschränkt aber nach dem Ur=
theil aller Kunstverständigen als die vollständigste anerkannt
sei. Wer die bescheidene spanische Abtheilung gesehen hat, ist,
sofern er nicht Spanier war, andrer Meinung gewesen.

Die spanische Eitelkeit wurde im vorigen Jahr bei Ge=
legenheit des in Pest ertheilten Schönheitspreises sehr schwer
verletzt. Die „Ilustracion Española y Americana“ brachte
das Bild von Cornelia Szehely und machte dazu ihre ent=
sprechenden Glossen, und in heiligem nationalem Zorn über
dieses Verdikt der Jury bricht sie in die Worte aus: „Die
Schönheit von Cornelia Szehely! Wir wollen sie nicht leugnen:
aber nach Spanien, etwa nach Madrid, möge jene geistreiche
ungarische Jury kommen, welche geglaubt hat mit einem
Schlage die ewige Frage weiblicher Schönheit, das große
Problem der Aesthetik zu lösen . . . . und sie würde diese
zwei „Lösungen“ finden: daß es in jeder spanischen Stadt
schönere Frauen als „die Königin der Schönheit Ungarns“
giebt; daß . . . sie viel Noth haben würde, die Preise mit
Gerechtigkeit zu vertheilen“.

Ich will hier nicht über die Sache an sich urtheilen,
sondern nur den verletzten nationalen Stolz durch obiges

Citat sprechen lassen, diesen Subjektivismus, der eben nur in
dem National=Spanischen das Maß der Welt erblickt.

Die geringe Wissenschaftlichkeit bedingt ferner den Cha=
rakter der spanischen Weltanschauung und die wunderbaren
Vorstellungen vom Auslande, so wie das Verhalten der
Spanier gegen dasselbe. Die ganz oberflächliche Halbbildung
ist aber natürlich wie überall von einer enormen Einbildung
begleitet, die im Verein mit der Vorstellung von der Ueber=
legenheit Spaniens über alle andern Länder, so wie mit dem
patriotischen und religiösen Fanatismus, die wunderbarsten
Thesen aufstellt. Daß es zum Beispiel civilisirte Länder giebt,
in denen man noch so weit zurück ist, keine Stiergefechte zu
haben, das ist dem Durchschnittsspanier, den niederen Volks=
schichten vollends, ganz unbegreiflich. Wie weit die geo=
graphische Unkenntniß selbst in den höchsten Kreisen reicht,
davon ließen sich ergötzliche Beispiele in unzähliger Menge
beibringen. Von Kindesbeinen an mit religiöser Unduldsam=
keit und tödtlichem Haß gegen alle Andersgläubigen erfüllt,
gelehrt, daß die Germanen schon die Feinde der Römer waren,
dann die der lateinischen Völker — oder wie es immer heißt:
der Völker lateinischer Rasse — wurden, konnte es nicht
ausbleiben, daß dieser Gegensatz zwischen Romanenthum und
Germanenthum sich dem Bewußtsein der spanischen Nation
unauslöschlich einprägte und sich seit 1871 womöglich noch
gesteigert hat. Daß der flüchtige Beobachter und der Ver=
gnügungsreisende davon nichts bemerken, ist leicht verständ=
lich, da der Spanier einmal Meister der konventionellen
Formen ist, da es ihm gar nicht darauf ankommt, die freund=
schaftlichsten Phrasen, die weitreichendsten Versprechungen zu
machen, da ferner fast alle deutschen Reisebeschreibungen die
Zuvorkommenheit und Achtung betonen, denen der Reisende in
Spanien begegnet; blickt man aber auf den Grund der Ver=
hältnisse, prüft man die vermeintlichen Sympathien Spaniens

für Deutschland genauer, durchdringt man den Schein und geht auf die eigentliche Sache ein, so gelangen wir leider zu ganz andern Resultaten, die sich noch vor kurzem bei dem Ablauf des Handelsvertrages als richtig erwiesen haben. Der Haß der Spanier gegen Deutschland bekundete sich bei Gelegenheit der Hohenzollernschen Thronkandidatur; er trat in seiner ganzen Größe bei Gelegenheit der Calderonfeier zu Tage, bei der Menendez Pelayo ungeachtet der Gegenwart deutscher Abgeordneten und des internationalen Charakters des Festes, die spanische Inquisition glorifizirte und Deutschland als Herd der Ketzereien, des Unglaubens, der Barbarei und Unwissenheit verdammte. Und diese Ansicht ist nicht eine vereinzelte, sondern sie hat in den maßgebendsten, gebildetsten, höchsten Kreisen der spanischen Gesellschaft ihre Vertreter. Wurde Pelayo, ein Mitglied der höchsten gelehrten Körperschaft Spaniens, der königlichen Akademie der Wissenschaften, doch gerade wegen dieses unerhörten und aller wissenschaftlichen Grundlagen, alles Rechtes entbehrenden Ausfalls gegen Deutschland allgemein gefeiert und von Seiten der „Katholischen Union", d. h. der hohen Geistlichkeit und des hohen Adels, durch Ueberreichung eines kostbaren silbernen Trinkbechers geehrt, der ausdrücklich die Aufschrift trägt: A Menendez Pelayo, por su brindis en el banquete del 31. de mayo de 1881. Sus amigos de la Union Catolica. (M. P. für seinen Trinkspruch auf dem Bankets des 31. Mai 1881. Seine Freunde von der Katholischen Union.)

Von der „unbestreitbaren Prädestination und Suprematie" der lateinischen Rasse überzeugt, halten die Spanier deren gegenwärtige Inferiorität nur für eine „vorübergehende Erscheinung" und vergöttern seit 1871 Frankreich als das Haupt der lateinischen Rasse. Wird Deutschland „das Land der Häresien und Proteste", seine Wissenschaft als „abgeschmackt und nebelhaft" bezeichnet, so Luthers reformatorisches

Werk als „einer der invasorischen Akte der nordischen Barbarei gegen die Kultur des Südens", Luther selbst als „der böse Geist und Vertreter der germanischen Rohheit, der aus den nordischen Urwäldern, den von Schnee und Eis starrenden Wüsteneien an der Spitze von gesittungslosen deutschen Horden hervorbricht, um die friedlichen Silbergestade des mittelländischen Meeres, die von der Sonne vergoldeten Gefilde des Südens mit Materialismus und brutalem Nihilismus zu überziehen". In politischer Hinsicht wird Deutschland als natürlicher Feind Frankreichs und damit der lateinischen Rasse und des Katholizismus betrachtet und alle Parteien stimmen darin völlig überein, daß die spanische Politik niemals ein Bündniß mit Deutschland in's Auge fassen darf. Ein solches „würde nur eine rein gelegentliche, unter Umständen verrätherische Hülfe bieten: wenn man die englische Politik als perfide bezeichnet, so wissen wir eigentlich nicht, welches noch passendere Beiwort ersonnen werden könnte, um die deutsche Politik zu kennzeichnen", sagte das hervorragendste Organ der republikanischen Rechten, der „Imparcial", überhaupt eines der angesehensten Blätter Spaniens, das in vieler Hinsicht die Anschauungen der Nation treu wiederspiegelt.

Spanien möchte am liebsten überhaupt von den andern Ländern nichts wissen, es genügt sich eben völlig selbst. Wenn es aber einmal irgend welchen Anschluß braucht oder sucht, so wendet es sich an Frankreich, gegen das in den niederen Volksschichten allerdings auch im Grunde ein großer Haß besteht — aber mit Deutschland mag es vollends gar nichts zu thun haben. Wie sehr auch im sozialen Verkehr der Schein gewahrt werden mag, so ist es doch nur hochmüthige Herablassung, die der Spanier, dem äußern Formzwang nachgebend, dem Deutschen bekundet.

Glücklicherweise giebt es ja natürlich auch vereinzelte Ausnahmen.

Die Grundbegriffe der Moral, der fundamentalen Vor=
stellungen der sozialen Lebenselemente sind von denen der
alten Zeiten im Prinzip kaum abweichend, in manchen Einzel=
heiten allerdings auch sehr verschieden. Das Regulativ der
Moral bilden natürlich die Vorschriften der Religion. Da
aber die Kleriker durch ihr anstößiges sittenloses Leben diesen
Geboten so vielfach Hohn sprechen, so kann es nicht aus=
bleiben, daß die Praxis des Lebens weit von den Moral=
gesetzen abweicht. So sind hauptsächlich die ehelichen Bande
nirgends laxer als in Spanien, obgleich sie durchaus unlös=
lich sind. Aber gerade diese Unlöslichkeit der Ehe ist Ver=
anlassung geworden, daß das eheliche Leben beinahe ganz ge=
schwunden ist. Der Mann geht seine, die Frau ihre Wege,
beide verfolgen ihre besondern Interessen, haben ihre beson=
dern Objekte der Zuneigung und thatsächlich herrscht — in
den höchsten Schichten besonders — der zügelloseste Liber=
tinismus, aber der — Schein wird gewahrt: die Ehe besteht.

Daß das Rechtsbewußtsein der Nation durch die Lehren
und den Kultus der Kirche sehr erschüttert ist, haben wir
bereits gesehn. Wenn Ablaß, leichte Kirchenstrafen, die pünkt=
liche Erfüllung aller Kultusvorschriften Verbrechen ernstester
Art sühnen, wenn das Sündigen so leicht gemacht und so
mild beurtheilt wird — da muß wol das Rechtsbewußtsein
stark leiden, wenn nicht schwinden. Andrerseits trägt dazu
auch die eigenartige spanische Rechtspflege bei, auf die wir
noch eingehen werden.

Die Vorstellungen von Ehre und Liebe sind beinahe
noch unverändert dieselben wie die des Mittelalters, wie die,
denen wir in Calderon und Lope de Vega begegnen. Die
Ehre ist die Summe aller Gebote des Konventionalismus,
den die Ritterlichkeit des Mittelalters ausgebildet hatte. Und
auch dieser spanische Ehrbegriff erschüttert das Rechtsbewußt=
sein, denn dieses wird durch jenen regulirt, eine Verletzung

der Ehre ist daher eine Verletzung des Rechts und der Mord wird oft genug durch den Ehrbegriff sanktionirt.

Die Liebe hat nichts von jenem Ideal an sich, das dem gemüthvollen Germanen bei diesem Begriff vorschwebt. Allerdings ist ja aber der Spanier ebenso wie alle andern Romanen nicht Gemüths-, sondern Empfindungs-, Sinnenmensch. Wie er in jeder Hinsicht dem augenblicklichen Impuls nachgiebt, ihm daher auch die Fähigkeit abstrakten Denkens — im Allgemeinen — abgeht, so auch in Hinsicht auf die Liebe, die eben nur ein physischer Impuls ist, dem sofort nachgegeben wird. Die Art, in der in Spanien Verlöbnisse und Ehebündnisse geschlossen werden, ist dieser Auffassungsweise völlig entsprechend. Daß das eheliche Leben aber unter diesen Umständen ebenfalls leidet, ist durchaus natürlich. Wo die Ehen im Nu und besinnungslos und vollends, wo sie in jugendlichstem Alter geschlossen werden, um dann unlöslich zu sein, da wird der Werth der Ehe auf das empfindlichste geschädigt: bei den Gemüthsmenschen erwächst daraus in zahllosen Fällen ein elendes unglückliches Siechthum; bei den Sinnenmenschen die grenzenloseste Sittenlosigkeit.

Die Vorstellungen vom physischen Leben und Tode sind so wie die ganze Naturanschauung bei dem Bildungsmangel und der Allmacht des Klerus fast noch durchweg kindlich und biblisch naiv, denn die einzelnen wenigen im Auslande geschulten Freidenker, die meist dem krassesten Materialismus verfallen, kommen nicht in Betracht, einmal weil ihre Zahl absolut verschwindend ist, und ferner weil sie in der Praxis des Lebens ihre Ansichten nicht zur Geltung zu bringen wagen und sich den noch allgemein herrschenden, so wie den kirchlichen Gebräuchen ruhig unterordnen. Das Leben wird als eine vorübergehende flüchtige Erscheinung aufgefaßt, auf die das eigentliche Dasein erst im Jenseits folgt. Das Leben erhält somit erst seinen Werth im Tode. Damit kontrastirt

nun aber wieder auf das schärfste die praktische Weltan=
schauung, die einen durchweg realistischen Anflug hat, wie sie
bei dem reinen Sinnenleben natürlich ist. Man dürfte schwerlich
ein leichtsinnigeres lustigeres Völkchen finden als die Madrider;
freilich glaubt es die Wirkungen dieser Leichtlebigkeit durch
strenge Befolgung der Kultusvorschriften zu paralysiren, und
hinterläßt, wenn das Sündenregister gar zu groß ist, die
Gelder, die erforderlich sind, um die Seele aus dem Fege=
feuer zu befreien. Der Katholizismus hat in Spanien im
Verein mit der dem Volke charakteristischen Trägheit endlich
eine wunderbare Erscheinung gezeitigt, die ebenfalls aus der
allgemeinen Weltanschauung oft genug hervorlugt, eine Art
von Fatalismus, der dem Klerus ruhig das Wohl des Men=
schen überläßt und dem Individuum gestattet, sich dem Fatum
der kommenden Ereignisse zu unterwerfen, sich rückhaltlos dem
Sinnenleben hinzugeben, das durch eine ununterbrochene Reihe
von Impulsen gegliedert wird.

Auch in der spanischen Weltanschauung tritt uns also
vielfach noch das Mittelalter entgegen, das auf so vielen
Gebieten des geistigen wie des sozialen Lebens und der ma=
teriellen Kultur unbedingt herrscht.

9.

Ist der eine der Faktoren, die gestaltend auf das Kul=
turleben Spaniens, das materielle wie das intellektuelle zu
allen Zeiten eingewirkt haben und noch einwirken die Religion,
so ist der andre nicht minder bedeutende die Politik. Frei=
lich ist der Einfluß derselben nicht ein so anhaltender, be=
ständig und ununterbrochen fortdauernder gewesen wie der der
Religion, ja, es gab Jahrhunderte, in denen er beinahe gänzlich
schwand, um so nachdrücklicher sind dann aber in den übrigen
Zeiten die Leidenschaften durch die politischen Interessen ent=
fesselt worden, und in gewissem Sinne wurden diese letzteren
schon mit der Schöpfung der spanischen Staatsorganismen
geweckt. Ein anderer sehr tiefgreifender Unterschied zwischen
diesen beiden Faktoren ist ferner der, daß die Religion die
Denkweise des ganzen Volkes beherrschte, bestimmte und be=
dingte, die Politik dagegen wie überall immer nur wenige
Individuen beschäftigte, auf die privilegirten höchsten Stände
der spanischen Staatenbevölkerungen beschränkt blieb. Die
Annahme, daß das spanische Volk als solches in seiner Ge=
sammtheit ein überwiegend „politisches" gewesen ist, erweist
sich vor dem kritischen Blicke des Historikers als grundfalsch,
gerade so wie auch heute, wie wir sehen werden, davon
durchaus nicht die Rede sein kann.

Die Geschichte der spanischen Staatsideale, der spanischen
Politik, ja sogar die des Parteiwesens — obgleich die des

letztern nur in sehr bedingtem Sinne — weist wie fast alle andern Kulturerscheinungen Spaniens bis tief in das Mittel= alter, zum Theil bis in die gothische Zeit zurück. Muß es uns natürlich fern liegen auf die höchst interessante Entwick= lung der politischen Ideale Spaniens einzugehen, so müssen wir doch mit wenigen Worten bis auf die Zeit Ferdinands und Isabellas zurückgreifen, denn dort liegen die Keime vieler politischen Erscheinungen der Gegenwart. Zu allen Zeiten war zunächst das nationale Selbstbewußtsein, der Subjektivis= mus der Staatsgemeinschaften und dann des gesammten spa= nischen Volks der Boden, in dem die politischen Ideale wur= zelten; zu allen Zeiten waren ferner die Interessen des Staats mit denen der Kirche auf das engste verknüpft, bis zur Un= löslichkeit verbunden worden. Zu allen Zeiten wurde der Schwerpunkt der inneren Politik auf den theoretischen Aus= bau des Staatswesens gelegt, weil sich hier unaufhörlich die gegensätzlichsten Elemente bekämpften, unter denen die absolu= tistischen Bestrebungen der Krone, des Klerus· und des Adels, zuweilen auch des Volkes die hauptsächlichsten waren. Der Schwerpunkt der äußern Politik lag immer in dem eifersüch= tigen Streben, eine Großmachtsrolle zu spielen. Diese Aspi= ration kostete stets viel Geld und da die innere Politik, die Administration des Landes die praktischen Lebensinteressen des Staats vernachlässigten, in unbegreiflicher Kurzsichtigkeit die Träger der Gewerbthätigkeit, des Ackerbaus wiederholentlich schädigten, wenn nicht vertrieben, so war und blieb die Finanz= lage immer eine überaus schwierige und traurige. Der ab= solutistische Zug im Charakter des Spaniers war es endlich, der im politischen Leben Spaniens stets als ein markirender hervortritt und nicht zum kleinsten Theil in dem der Gegenwart.

Was auch Ferdinand der Katholische und Isabella ge= sündigt haben mögen, und die Welt= und Kulturgeschichte ist strenge mit ihnen in's Gericht gegangen, so ist doch nicht zu

verkennen, daß ihre Thätigkeit in rein politischer und admini=
strativer, organisatorischer Hinsicht eine bedeutende war. Sie
strebten die staatliche Einheit Spaniens an und schufen dem
Handel und der Industrie die für ihr Gedeihen erforderliche
Sicherheit durch viele wichtige administrative Maßnahmen;
sie lenkten vorwiegend ihr Augenmerk auf die innere Politik,
auf den Ausbau und die Befestigung des Staatswesens. Vom
national=spanischen und von dem theoretisch=politischen Gesichts=
punkte aus, waren diese ihre Bestrebungen bedeutungsvoll und
sie hatten auch einen gewissen Erfolg, der allerdings sofort
aufgewogen wurde durch die verhängnißvollen Maßnahmen,
die sie ergriffen, durch die furchtbaren und verderblichen Irr=
thümer, in die sie verfielen. Die Entdeckung Amerikas brachte
einen gewichtigen Umschwung in der spanischen Politik zu
Wege. Sie trieb den Eigendünkel, die Großmannssucht der
Spanier auf die Spitze, weckte gleichzeitig den Ehrgeiz, die
Gewinnsucht und Habgier und trug durch alles das nicht
wenig dazu bei, in Karl V. und Philipp II. das Ideal der
Weltherrschaft zum leitenden ihrer Politik zu machen, die für
Spanien die Folge hatte, daß es in gänzlichen Verfall gerieth
und aus der Reihe der Großmächte verdrängt wurde, und
zwar so weit, daß es in seiner völligen Zerrüttung im Laufe
des siebzehnten und achtzehnten Jahrhunderts unter den nie=
drigsten Staatsorganismen rangirte.

Inzwischen war aber gerade durch die Entdeckung einer
neuen Welt die Anschauung derselben erweitert worden, sie
unterstützte hierin die Wirkung der neuen Erfindungen, die
Renaissance des Alterthums. Die humanistischen Grundsätze,
die Ideale Griechenlands und Roms wurden belebt, Handel
und Industrie ließen die untersten Volksschichten in ihre Rechte
eintreten; der dritte und der vierte Stand erwarben sich An=
sehn und nahmen den Kampf gegen die privilegirten oberen
auf. So bereitete sich jener gewaltige Umschwung vor, der

endlich in der französischen Revolution seinen Ausdruck fand.
Die Grundsätze einer neuen sozialen Ordnung, die natürlichen
Menschenrechte gelangten zur Geltung, die gestaltenden Fak=
toren der mittelalterlichen Kultur wurden niedergeworfen, dem
modernen Zeitgeist seine Feuer= und Bluttaufe verliehen. Auch
in Spanien, das inzwischen nur unter Philipp V. und Karl III.
energische Versuche gemacht hatte, sich aus seinem tiefen Ver=
fall zu erheben, aber immer wieder zurückgesunken war, fing
es nun an, zu dämmern. Damit es tagte, mußte jedoch dort
wie in manchen andern Ländern das Nationalbewußtsein erst
vollständig niedergetreten werden. Erst als der fremde Usur=
pator, als Napoleon die für seine Pläne geeigneten corrum=
pirten Zustände am spanischen Hofe benutzte, und willkürlich
zu schalten begann, raffte sich die Nation zur That des 2. Mai
1808 und zum Unabhängigkeitskrieg auf und seit jener Zeit
beginnt denn auch überhaupt erst wieder das politische Leben
Spaniens.

Geradeso wie in der allerletzten Zeit eine Anzahl junger
Völker, die die Weltbühne betraten, mit Begierde die fremden
Kulturelemente in sich aufnehmen und sich gleich die letzten
Kulturresultate zu eigen machen möchten und, indem sie sich
überstürzen, in Folge mangelhafter Vorbildung zum Theil
weit über das Ziel hinausschießen; so wie in den Arbeiter=
kreisen, in den niedersten Bevölkerungsschichten die von ihnen
unverdauten, unverstandenen Vorstellungen der vorgeschrit=
tensten Träger des modernen Zeitgeistes utopistische in sich
hinfällige Ideale erzeugten, so erging es auch Spanien. Der
so lange zu absoluter Unthätigkeit verurtheilte Volksgeist fühlte
sich nun plötzlich belebt, erlangte schnell seine frühere große
natürliche Spannkraft und wollte nun auch mit einem Schlage
alle Fesseln sprengen, wollte mit dem der langsam fortge=
schrittenen und stetig entwickelten Kulturvölker, der Franzosen,
der Engländer, gleichen Schritt halten. Die höchsten poli=

tiſchen Ideale wurden erſtrebt, die freieſten Konſtitutionen wurden zum Muſter genommen, die Spanier erinnerten ſich der alten freien ſtolzen demokratiſchen Verfaſſungen, die ihre Vorväter ausgebildet hatten, ſie erinnerten ſich, daß ihre mittelalterlichen Kortes gewiſſermaßen den Grund zur Re=präſentativverfaſſung, zum Konſtitutionalismus gelegt hatten, ſie gedachten der Rolle, die ſie im fünfzehnten und ſechszehnten Jahrhundert in der Welt geſpielt hatten, erkannten in dem geiſtigen und ſtaatlichen Despotismus die Urſachen von Spaniens Verfall und — ſchufen die Konſtitution vom Jahre 1812, die zwar in der That dem ſpaniſchen Geiſte alle Ehre machte, aber vor der Hand reſultatlos bleiben mußte, wenigſtens nicht die Reſultate erzielte, die ſie bezweckte. Denn das Volk war ja noch in der tiefſten Geiſtesnacht befangen, die der Klerus ſorgfältig erhalten hatte, und es war ganz unmöglich, daß es die Ideen der liberalen Konſtituenten, des modernen Zeit=geiſtes nur in ihren kleinſten Theilen erfaſſen konnte und be=griff nur, daß es frei ſein ſollte und das war ihm gleich=bedeutend damit, daß es thun und laſſen konnte was es wollte. Wie die Konſtitution lediglich das Werk einer im Verhältniß zur geſammten Volksmaſſe kleinen Zahl erleuchteter Geiſter war, ſo konnte ſie in ihrem ganzen Umfange, in ihrer Be=deutung und Tragweite, in ihren beabſichtigten Konſequenzen auch nur von einem kleinen Bruchtheil der Nation begriffen werden; bildet doch überhaupt die Zahl der wahrhaft Gebil=deten, der den Nationalgeiſt durch ihre individuellen Geiſter zuſammenſetzenden, ihn entwickelnden und fortbildenden, die Zahl der leitenden, organiſirenden und herrſchenden Individuen immer und überall einen verſchwindend kleinen Prozentſatz der Nationen: ſo war es im Alterthum, ſo iſt es heute in den geiſtig und kulturell fortgeſchrittenſten und höchſtſtehenden Staaten.

Der ideale ſchwärmeriſche Enthuſiasmus für alles Neue,

dieser Charakterzug des Jünglings, der in das Stadium des subjektiven Empfindungslebens eintritt, in dessen Seele zum ersten Male das Bewußtsein seiner Ichheit aufdämmert — und in diesem Entwicklungsstadium befand sich das eben erst zu neuem Leben erweckte spanische Volk — verband sich mit dem überschwenglichen Patriotismus, mit der natürlichen Leidenschaftlichkeit und Impulsivität und — Bewegung kam in die Massen. Freilich schwankten diese, wie das dem jugendlichen Charakter ebenfalls entsprach, hin und her, bewußtlos und verständnißlos wurden sie die überaus bequemen Werkzeuge für die Interessen derjenigen, die sie zu benutzen verstanden. Heute fochten sie für den Fortschritt, morgen für die Reaktion, heute für die Liberalen, morgen für den Klerus, heute für den modernen Zeitgeist, morgen für die Geistesnacht des Mittelalters. Es konnte nicht anders sein. Denn der Thätigkeitstrieb war wol geweckt worden, das Volk konnte als solches aber von den abstrakten, idealen Vorstellungen der sich bekämpfenden Parteiführer, mit seinem unentwickelten Geiste nichts verstehen, es konnte nur begreifen was es mit seinen Sinnen zu erfassen vermochte, nur das was sich auf seine allereigensten persönlichen Verhältnisse bezog. So folgte es blindlings dem, der ihm die größten materiellen Vortheile versprach, hatte aber keine Ahnung von den politischen Prinzipien für die es kämpfte — und geradeso ist es heute noch; das Volk ist völlig indifferent in politischer Beziehung, gänzlich passiv, ganz einfach, weil es von den Parteikämpfen nichts versteht, sich nur nach dem Schein richtet, alles nur an seinem eigenen Wohlbefinden mißt; keine der zahllosen Revolutionen dieses Jahrhunderts ist daher in Spanien vom Volke als solchem ausgegangen, alle vielmehr wurden von höhern Militärs, von Priestern, von einzelnen Parteiführern.oder Gruppen von solchen hervorgerufen. Selbst wo, wie zur Zeit in Jerez, die Bewegung direkt vom Volke auszugehen scheint, zeigt sich

bei oberflächlichster Untersuchung, daß die einzeln oder zu=
sammen handelnden Individuen lediglich den absolutistischen
Führern einer politischen Genossenschaft folgen und nach ihren
Geboten handeln.

So wogte denn seit dem Beginn der Revolution im Jahre
1808 der Kampf unaufhörlich über 60 Jahre hin und her
und fand seinen ersten vorläufigen Abschluß zwar 1868, ist
aber keineswegs als beendet zu betrachten. In chaotischem
Durcheinander sehen wir während dieser Periode alle Kultur=
ideen und Elemente des Mittelalters und der Neuzeit, alle
Verfassungsprobleme der Welt sich bekämpfen und durchdringen.
Unaufhörlich erhoben sich, und zwar sogar aus den niedersten
Schichten des Volkes, was für die Bildsamkeit und Entwick=
lungsfähigkeit des Volksgeistes ein sehr sprechender Beweis
ist, Individuen, in deren Geist die Idee des Fortschritts
Feuer gefangen hatte, zum Kampf gegen die reaktionären Be=
wegungen, die immer und immer wieder die fortschrittlichen
Errungenschaften vernichteten. Da aber auf beiden Seiten
die Existenzfrage die maßgebende war, so wurden diese Kämpfe
sehr erbittert, so dauerte die Gährung so lange, so ging haupt=
sächlich der Patriotismus und der ideale Enthusiasmus von
1808 bis zur Spurlosigkeit verloren. Da aber jeder Häupt=
ling, der in diese Wirren eingriff und das Banner des Auf=
ruhrs erhob, Truppenmacht brauchte, da die meisten derselben
überhaupt Offiziere waren, so wurde das Heer in die poli=
tischen Bewegungen hineingezogen, wurde somit zu einem
Kampfmittel und durch politische Parteiung zersetzt. Sehen
die Soldaten ihre Generäle sich gegen die Regierung erheben,
so muß nothwendigerweise jeder moralische Halt in ihnen
schwinden, die Insubordination unter Umständen zu einer po=
litischen Tugend werden. Damit geht der Zweck des stehen=
den Heeres völlig verloren.

Der subjektive Grundzug im spanischen Nationalcharakter

fand in diesen unaufhörlichen Kämpfen ebenfalls die ergiebigste, reichlichste Nahrung und erzeugte den Absolutismus und Unfehlbarkeitsdünkel, den das politische Leben der. Gegenwart durchweg aufweist. Jeder, der sich nur eben mit den Grundzügen der Politik bekannt gemacht hatte, glaubte für sich nun die Lösung des Problems der politischen Organisation des Staats finden zu können und suchte nun auch eiligst und unterstützt von einigen Gesinnungsgenossen eine Partei zu bilden, diese durch hochtönende Phrasen für seine Vorstellungen zu begeistern oder, damit nicht zufrieden, sich gar durch ein Pronunciamiento das Recht anzumaßen, die bestehende Ordnung umzustoßen, seine unfehlbaren Ideen, als die grundlegenden für eine neue Organisation, der Welt aufzuerlegen. Es ist in der That ein merkwürdiger Anblick, nach einander in den Parteiführern dieses Jahrhunderts sich Hunderte und Hunderte von solchen Individuen erheben zu sehen, die, im Glauben, den staatlichen Absolutismus zu bekämpfen, selbst doch die furchtbarsten Despoten sind, die, wenn sie zur Regierung kämen, den liberalen, den sozialistischen, den republikanischen Absolutismus an Stelle des monarchischen und klerikalen setzen würden. Und die gegenwärtig eine auch noch so bescheidene Stellung einnehmenden spanischen Politiker sind, bis auf verschwindende Ausnahmen, solche Autokraten. Weshalb, fragt man vielleicht. Ist dann nicht jeder selbstdenkende Mensch, jeder Charakter, der für seine Ansicht eintritt, ein Autokrat, ein Despot und Tyrann? Nun nein, da sind denn doch große Unterschiede zu machen. Der autokratische, absolutistische Charakter des spanischen Politikers zeigt sich nicht in den Phrasen seiner rhetorischen Kunststücke, nicht in der Unterjochung seiner Partei, sondern — in der Verwaltung, die er dem Lande auferlegt, sobald er und seine Parteigenossen an das Staatsruder kommen.

Ehe wir auf diese letztere eingehen, müssen wir zunächst

andre Konsequenzen des Subjektivismus im spanischen National=
charakter in's Auge fassen; und da bietet sich uns in erster
Linie das Parteiwesen dar, das man bei seinem schädigenden
Charakter vielmehr Parteiunwesen benennen müßte. Da jeder
einigermaßen selbstdenkende Spanier natürlich auch über all=
gemeine Fragen seine besondern subjektiven Anschauungen hat,
möchte womöglich jeder selbst Partei bilden; gelingt dies nicht,
so sucht er Anschluß bei mächtigeren Gesinnungsgenossen, denen
ihr parteibildnerisches Streben geglückt ist. Begreiflicherweise
bemüht sich aber auch innerhalb der bestehenden Parteien jedes
einzelne Individuum, dem Grade seiner Selbstschätzung gemäß,
seine Person und seinen Personalismus zur Geltung zu bringen,
und daher kommt es denn, daß das spanische Parteiwesen
selbst für parlamentarisch und politisch geschulte Spanier ein
kaum übersehbares Chaos bildet. Die eigentlichen geschlossenen
Parteien, deren Zahl Ende vorigen Jahres der „Liberal" auf
elf demokratische und zehn monarchische bezifferte, haben ihre
Führer meist in ihren Kortesmitgliedern, und ihre Mitglieder
im ganzen Lande, die unter sich fest gegliederte, von hervorragen=
deren Gesinnungsgenossen geleitete Gruppen bilden; jede dieser
Parteien zerfällt aber wieder noch in eine mehr oder weniger
große Zahl von Fraktionen, die sich unter Umständen auf
das heftigste bekämpfen und die Partei sprengen. Diese Zer=
splitterung derjenigen Kräfte, die nach einem gesunden, ver=
nünftigen, gründlich durchgearbeiteten Plan zusammenwirkend
oder sich bekämpfend, Großes leisten könnten, schädigt nun
nicht nur die Interessen der Politiker selbst, sondern des
ganzen Volkes, des ganzen Landes. Und dem leidenschaft=
lichen Charakter der Spanier gemäß, entbehren zuweilen sogar
die Führer, und unter ihnen die berühmtesten Staatsmänner
noch der Ruhe, die zur Erreichung großer Ziele erforderlich ist.
Sie schwanken noch, fallen aus einem Ideal in das andere
und bekunden dadurch nicht nur ihre politische Unreife, son=

dern erschüttern hauptsächlich auch das Vertrauen ihrer An=
hänger und der Massen. Dazu kommt nun noch der Um=
stand, daß das Gros der Politiker derjenigen Tugenden ent=
behrt, die die einzige Garantie für eine gesunde Entwicklung
des Staats sind. Die Armut, der zügellose Ehrgeiz, die
Großmannssucht des Spaniers bedingen es, daß er auf dem
Gebiete der Politik in erster Linie den materiellen Erfolg,
ein hohes Amt, ein Ministerium und den Glanz der Orden
oder des politischen Martyriums im Auge hat. Hinter diesen
persönlichen Interessen und Motiven, sich der Politik zu wid=
men, stehen alle andern zurück und der den spanischen Staats=
männern nachgerühmte Patriotismus erweist sich wie so vieles
andre als eitel Schein und als leere Phrase. Jede Partei
strebt eben nur nach Macht, nach Herrschaft, d. h. nach Aem=
tern, Würden, Titeln, Orden und — Gehältern. Diese Be=
strebungen bedingen aber auch leider den Charakter der Staats=
männer. Wir sehen solche und zwar Träger von in ganz
Europa bekannten Namen von einem Prinzip zum andern,
von einer Partei zur andern, von der Opposition zur Re=
gierungspartei übergehen und viele ehrliche politische Staats=
männer, diejenigen, die wirklich ihre Pflicht dem Lande gegen=
über auf das gewissenhafteste erfüllen, — und solche giebt
es glücklicherweise noch, wenn sie auch Ausnahmen bilden —
bezeichnen als einen der verderblichsten Schäden Spaniens
die Charakterlosigkeit der Politiker. Wir sehen Atheisten und
Voltairianer aus praktischen Gründen jesuitisch unter dem
Schein der Gläubigkeit ihren Frieden mit der Kirche schließen;
wir sehen Republikaner ebenso leicht wieder zu eifrigen
Monarchisten werden, wie sie nach 1868 aus Monarchisten
Republikaner wurden u. s. w. Die Politik ist eben zum
Gewerbe, zum Geschäft geworden und der materielle Erfolg
ist das Ziel. Bei der ungeheuren Konkurrenz muß nun das
Gewissen ein wenig weit und dehnbar werden; der knurrende

Magen kümmert sich nicht um Patriotismus, um das wirk=
liche eigentliche Wohl des Staats.

Neben diesem Personalismus ist es der Partikularismus,
der den Ausbau des spanischen Staatswesens beständig ver=
hindert. Er wird genährt durch das Selbstbewußtsein und
Unabhängigkeitsstreben der aus den ehemaligen selbständigen
Königreichen hervorgegangenen Provinzen, besonders aber durch
die Basken und die Katalonier. So berechtigt nun auch, vom
historischen Standpunkt aus betrachtet, die partikularistischen
Bestrebungen sein mögen, so verhindern sie doch das Ent=
stehen eines einheitlichen spanischen Nationalgeistes, eines ein=
heitlichen staatlichen Organismus, wie er durch die Natur der
Halbinsel geboten ist. Die Ablösung einzelner Theile von
dem Ganzen würde für beide Theile nur im höchsten Grade
schädigend sein, und den wirthschaftlichen Verfall vollständig
machen, dem ein Ziel zu setzen die Aufgabe aller Patrioten
sein muß. Diese tiefgreifende politische Parteiung ist bei dem
Subjektivismus der Denkweise und bei der Grundsatzlosigkeit
vieler spanischen Politiker einer der furchtbarsten Schäden, an
denen das Land leidet, dessen politische Unfertigkeit in Folge
der ewigen politischen Kämpfe permanent bleibt. Da eben
jede Partei, sobald sie an das Staatsruder kommt, ihre Grund=
sätze zur Geltung bringt, alles vorher Geschehene wieder um=
stößt, den Staat wieder von Grund aus neu bauen will, so
wird dieser Bau nie fertig und trotz des ausgebildeten Par=
lamentarismus, auf den die Spanier so stolz sind, ist und
bleibt Spanien der Spielball der Experimentalpolitik seiner
Leiter und ist noch ebenso weit von einer feststehenden Kon=
stitution entfernt wie am Anfange der Revolution im Jahre
1808. Es ist nicht uninteressant auf die verschiedenen Kon=
stitutionen zu blicken, die im Laufe dieser fünfundsiebzig Jahre
geschaffen worden sind. 1812 entstand die Verfassung von
Cadiz. Die Revolution von 1820 hatte eine neue Verfassung

zur Folge. Von 1833 bis 1836 neue Verfassungskämpfe über
die Konstitution von 1812, an die sich die Arbeiten für eine
neue in den Jahren 1836 und 1837 schlossen. 1845 eine
neue Konstitution; darauf die Kämpfe der gegnerischen Par=
teien gegen dieselbe bis 1854; gleichzeitig von andrer Seite
Reformpläne, von denen einer 1852 scheiterte. 1856 neue
Konstitution, an die sich die bis 1868 dauernden Kämpfe um
dieselbe schließen, die mit dem Umsturz des Thrones enden.
1869 neue Verfassung; 1873 wiederum konstituirende Kortes;
1876 wiederum neue Konstitution; seit dem Antritt des
liberalen Ministerium Sagasta unaufhörlicher Streit, ob die
Verfassung von 1869 oder von 1876 die grundlegende bleiben
soll, und wir können sagen, daß Spanien sich heute noch in=
mitten seiner konstituirenden Periode befindet.

Der Parlamentarismus leidet an Weitschweifigkeit und
Schwerfälligkeit; die Kortes sind eine Schule der Rhetorik
geworden, in der sich der spanische Charakter in allen seinen
Eigenthümlichkeiten bekundet. Die Prinzipienreiterei hat im
Verein mit dem Subjektivismus die Unendlichkeit der Debatten
zur Folge, in denen eine ganz enorme Zeit und Kraft auf
die geringfügigsten Dinge verschwendet werden. Dem sub=
jektiven Grundcharakter entsprechend, vertieft man sich in oft=
mals ganz bedeutungslose Details, die nun zu Prinzipien=
fragen aufgebauscht werden und über denen das Ganze, die
wirklich wichtigen Gegenstände vernachlässigt, oft in oberfläch=
lichster Weise kurz abgehandelt werden. Die Vorliebe des
Spaniers für alles Glänzende, die Sinne Fesselnde läßt ihn
das Formale, das Aeußerliche betonen; so entwickelte sich die
Beredsamkeit zur Rhetorik, in der alle Parteien sich nun zu
überbieten suchen und so ereignet es sich oft genug, daß die
Formvollendung, der glänzende Stil, die blumige poetische
Fassung der Gedanken die Kortes und das Land, und zwar
selbst die politischen Gegner in enthusiastische Begeisterung

verſetzen und ſie über den Inhalt der Rede täuſchen. Denn
analyſiren wir dieſe Meiſterwerke der Redekunſt, ſo finden
wir oft genug nichts weiter als leere hohle Phraſe; die ge=
ſchickteſte Anwendung aller formalen Hülfsmittel der Rhetorik;
das Streben durch Gedankenblitze zu glänzen; mit frappiren=
den Kombinationen die heilloſen Sophismen zu verdecken, durch
die der Redner ſich über die dem Angriff vielen Stoff bie=
tenden Schwächen der von ihm vertretenen Sache hinweg=
zuhelfen ſucht; eine geſchickte haarſpaltende Dialektik, wo es
gilt eine kleine Schwäche der Gegner auszubeuten; meiſter=
hafte Verwerthung von Material, das ganz außerhalb des
Bereichs des Gegenſtandes liegt, aber durch Vergleichungs=
punkte, die ſich ergeben, geſchickt verwebt wird. Dabei herrſcht
übrigens in den Kortes, das muß man geſtehen, bei den hef=
tigſten Debatten im Allgemeinen ein konventioneller feiner
Ton; es wird ſich ſelten ein Redner zu perſönlichen Aus=
fällen gegen ſeine Gegner hinreißen laſſen. Ja, der Kon=
ventionalismus nimmt ſogar einen komiſchen Charakter an,
wenn man die politiſchen Todfeinde ſich als Freunde be=
zeichnen und für ihre gegen einander geſchleuderten Meiſter=
reden ſich umarmen ſieht.

Sind denn nun aber wenigſtens die Kortes die echte
Vertretung des Volks, geben ſie der öffentlichen Meinung in
allen ihren Schattirungen Ausdruck? Nichts weniger als das.
Die Politik iſt heute noch wie am Anfang dieſes Jahrhun=
derts das Privilegium einer kleinen Schaar von den den
höchſten Ständen oder den Gebildeten angehörenden Indivi=
duen. Die politiſchen Stimmführer ſind Offiziere, Gelehrte,
beſonders Juriſten und Ingenieure, Literaten aller Kategorien
und Kleriker. Das Volk verhält ſich paſſiv, folgt willig und
gutmüthig dem, der ihm droht oder ihm ſchmeichelt, beſon=
ders aber dem, der ihm goldene Berge verſpricht. Von öffent=
licher Meinung im Sinne von Volksſtimme iſt in Spanien

keine Rede. Jede Partei hat ihre Preßorgane und diese bilden in ihrer Summe die öffentliche Meinung, während sie that= sächlich nur die Anschauungen der Parteiführer zum Aus= druck bringen, denen die Parteiglieder und die von ihnen geworbenen Volksmassen unbedingt und blindlings folgen. Von öffentlicher Meinung kann man in Spanien nur bei zwei Ereignissen, bei der Volkserhebung von 1808 und bei dem Sturz des Bourbonenthrons 1868 sprechen. Bei diesen beiden Gelegenheiten waren alle Schichten des Volkes von einem Gedanken erfüllt, und weil diese beiden Revolutionen eben aus dem Nationalbewußtsein entsprangen, mußten sie auch unfehlbar gelingen.

Was für eine Rolle das Volk spielt, das zeigen wol am deutlichsten die Wahlen, die jedesmal, was für eine Partei auch am Ruder sein mag, ministeriell sind, stets eine enorme Majorität für die augenblickliche Regierung ergeben; sie sind fast ausschließlich konservativ unter einem konservativen, fast ausschließlich liberal unter einem liberalen Ministerium und damit kommen wir zu einem der größten Krebsschäden, die dem spanischen Staatswesen anhaften, und der besteht einfach darin, daß jeder politische Systemwechsel stets von einem vollständigen Beamtenwechsel begleitet ist. Das Wort politische „Krisis" hat daher eine ganz außerordentliche Be= deutung und ruft stets eine allgemeine Bewegung hervor. Diese Erscheinungen erklären sich so:

Die Politik ist zu einem Erwerbsmittel geworden, zu einem Gewerbe, das dem der sich ihm zuwendet, Existenz= mittel gewähren soll, und der Eintritt in eine Partei eröffnet diese Karrière. Jede Partei strebt nach der Herrschaft über das Land, jedes Parteiglied nach einem ihm alsdann zufal= lenden Amt. Jede Partei ist daher in der Lage, in dem Augenblick, in dem sie zur Regierung gelangt, sofort alle Stellen von den Ministern bis zu den Nachtwächtern im ganzen Lande zu besetzen und jedes Parteiglied wartet nur auf diesen Moment. Kommt daher z. B. heute die konser= vative Partei an das Staatsruder, so setzt sie sofort alle früheren Beamten ab und ersetzt sie durch ihre eigenen, und ebenso geschieht es, wenn heute eine liberale Partei die kon= servative Regierung stürzt. Meist werden dann bei einem Ministerwechsel, sofern er zugleich System=, d. h. Parteiwechsel ist, die Kortes aufgelöst und Neuwahlen angeordnet, die voll= zogen werden, sobald die augenblicklich regierende Partei alle Kommunalämter mit ihren Anhängern besetzt hat. Die Be= hörden, die nun mit unumschränkter Machtvollkommenheit in ihren bezüglichen Bezirken herrschen, und die Wahlkandidaten aufstellen, haben den Ausfall der Wahlen somit ganz in ihrer Hand, und wenn es ein Ministerium für zweckmäßig hielte, die politischen Gegner mundtodt zu machen, so könnte es sie in Anbetracht solcher Zustände ganz aus den Kortes aus= schließen, was natürlich nicht geschieht. Jedenfalls verfügt aber die Regierung hienach immer über eine sehr große Ma= jorität und erst allmälig kann die Opposition sich in Folge der Mißregierung etwa so weit kräftigen, daß sie unterstützt durch ihre Presse und durch ihre Anhänger in den Provinzen, die Regierung veranlassen kann, abzudanken, oder den König moralisch zwingen kann, das unliebsame Ministerium und System durch andere zu ersetzen, worauf dann derselbe Wechsel im Beamtenstande eintritt wie bei der früheren Gelegenheit. Das Volk hat also thatsächlich keine Stimme, aus praktischen Gründen wählt es die Regierungskandidaten, und diese nehmen sich selten einmal die Mühe, ihren Wählern etwa Rechen= schaftsberichte zu erstatten. Sie folgen ihrer eigenen Einsicht, betrachten sich in dieser Hinsicht als ganz souverän und un= abhängig und lassen sich in ihrer Handlungsweise durch ihre persönlichen Interessen und Ziele leiten. Daß da von Re= präsentation des Volks, seiner Interessen, seiner Ansichten kaum die Rede sein kann, liegt auf der Hand. Das Volk aber bleibt über diesen Zuständen politisch unreif und ungeschult. Zugleich aber wird es klar, daß unter solchen Verhältnissen eine fortschreitende Kulturbewegung, eine staatliche Entwicklung und Befestigung Spaniens auf lange Zeiten hinaus nicht möglich ist. Den Umtrieben aller extremen Parteien wird dadurch Vorschub geleistet und wir sehen zur Zeit die Kommunisten und die Karlisten große Rührigkeit entwickeln, den Klerus und die Jesuiten im Trüben fischen, während der gesunde Ausbau des Staats aber durch die Unsicherheit der Fundamente unmöglich gemacht wird.

Die große Zahl der Versorgungsbedürftigen ist Veranlassung, daß die Beamtenheere ganz unverhältnißmäßig groß sind und natürlich dem Lande ungeheures Geld kosten, das der Entwicklung des Schulwesens, der Industrie, der materiellen Kultur überhaupt entzogen wird und die Finanzlage mit jedem Augenblicke erschwert. Der finanzielle Bankerott droht Spanien beständig und es ist fraglich, ob der sagastinische Finanzminister Camacho und sein gegenwärtiger Nachfolger Cuesta durch ihre Operationen im Stande sein werden, das Land vor der ihm drohenden Gefahr zu bewahren. Bei allem dem zielt aber die gegenwärtige Politik darauf ab, dieses Land, das sich kaum von dem furchtbaren jahrhundertelangen Verfall zu erheben beginnt, politisch noch ganz unfertig und schwankend ist, zum Range einer Großmacht zu erheben. In Afrika, d. h. in der Eroberung Marokko's sieht man die zukünftige Größe Spaniens, man kann aber die Zeit derselben nicht abwarten und glaubt in unbegreiflicher Unterschätzung seiner Kräfte, seiner finanziellen Hülfsquellen schon jetzt Stimme und Sitz unter den Großmächten beanspruchen zu dürfen. Der König, der sich eifrig bemüht hat, den großen und schweren Aufgaben, vor denen er in Spanien steht, gerecht zu werden, ist von edlem Idealismus beseelt und hat durch

Berufung Sagasta's an Stelle des konservativ=klerikalen Cáno=
vas bewiesen, daß er die liberale fortschrittliche Tendenz des
modernen Zeitgeistes anerkennt. Als spanischer Patriot möchte
auch er sein Vaterland aus dem Verfall zum Range einer
Großmacht wieder erheben und lenkt sein Augenmerk auf eine
diesem Ziel entsprechende Ausbildung des Heerwesens nach
deutschem Muster. Ehe jedoch daran gedacht werden kann,
muß die finanzielle und wirthschaftliche Lage gebessert und
durch die umfassendsten Reformen die Verwaltung des Landes
geordnet werden, die das trostloseste Bild bietet und jede
Möglichkeit der Entwicklung der materiellen Kultur ausschließt.
Die Steuerlasten sind so groß, daß man es dem Volke nicht
verdenken kann, wenn es in Apathie, Indifferentismus und
Unthätigkeit versinkt, denn wenn es nur für den Staat und
den unersättlichen Klerus arbeiten, selbst aber hungern und
darben soll, so arbeitet es lieber gar nicht und erhält sich
vom Bettel und vom Raub. Die Organisation des Justiz=
wesens ist der Art, daß das Verbrechen, das Räuberunwesen
geradezu großgezogen und vom Volke unterstützt werden. In=
dustrie und Handel fristen ein kümmerliches Dasein in den
Nord= und Ostprovinzen, besonders in Katalonien, aber sie
können nicht daran denken, mit dem Auslande zu konkurriren;
die öffentliche Unsicherheit, die in Folge von Naturereignissen
und Mißverwaltung entstandene Noth in der Arbeiterbevöl=
kerung des Südens und die daraus resultirenden revolutio=
nären Bewegungen schädigen andrerseits das Land auf das
empfindlichste und verhindern die freie Entfaltung und das
gesunde Wachsthum der Kulturkeime, die der moderne Zeit=
geist auch nach Spanien überführt hat.

Was die Administration des Landes betrifft, so ist das
Unheilbringende derselben einerseits in dem System, haupt=
sächlich aber in der Korruption des Beamtenstandes zu suchen.
Denn da jeder Beamte jeden Augenblick gewärtig sein muß,

seinen Posten wiederum an jemand anders abzutreten, so ge=
winnt er zunächst einmal kein Interesse an seiner Thätigkeit,
betreibt dieselbe ganz lässig, erfüllt nur die allerdringendsten
Pflichten und sucht andrerseits sein Amt so weit als möglich
für seine eignen persönlichen Interessen auszubeuten. Die ab=
gesetzten Beamten thun dagegen alles, um die neu angestellten
zu diskreditiren, und weil sie aus eigner Erfahrung wissen,
was man ihnen vorwerfen kann, weil sie einer gegnerischen
Partei angehören, deren einziges leitendes Streben ist, die
augenblicklich am Ruder befindliche zu stürzen, so wird das
wüste Parteitreiben, das unterirdische Wühlen, das geheime
Hetzen der einen gegen die andern unermüdlich fortgesetzt und
dadurch der Zwiespalt, die Parteiung bis in die kleinsten
Dörfer überführt. Die Cesantes, d. h. die stellenlosen Be=
amten, die darauf warten, daß sie wieder an die Reihe
kommen, das Land auszusaugen, sind eines der gefährlichsten
revolutionären Elemente im Lande, und jeden Augenblick bereit,
die bestehenden Verhältnisse umzustürzen, und wenn sie auch
durch die augenblicklichen Beherrscher des Landes vermöge der
Militär= und Polizeimacht im Schach gehalten werden, so sind
sie im Geheimen dafür um so thätiger. Bis in die kleinsten
Ortschaften hinunter werden durch diese Gegensätze zwischen
den Gliedern der Regierungspartei und denen der gestürzten
Parteien die bösen Leidenschaften der Spanier beständig ge=
nährt und auf das äußerste gesteigert.

Da die Gehälter der niedern Beamten meist sehr gering
sind, die höhern Beamten aber mit den ihrigen natürlich
niemals auskommen, so ist in allen Schichten dieses Standes
die Gewohnheit eingerissen, auf andre Weise den Gehalt
zu erhöhen. Daraus entsteht denn zunächst die Neigung Geld=
geschenke anzunehmen; daran knüpft sich alsdann der Usus,
den Beamten für Alles was sie thun, besondere „Gratifi=
kationen" zu geben, was selbstverständlich die ungleiche und

parteiische Erfüllung der Amtspflichten ergeben muß. Der Usus wird zu einem — zwar ungesetzlichen und ungeschriebenen, aber darum nicht minder wirksamen — Gesetz und zu einer schweren Auflage für das Publikum, für das Volk. So ent= wickelt sich also die Bestechlichkeit und von da ist es dann nicht weit zum Unterschleif, zur Urkundenfälschung, zu will= kürlichen, einträglichen Amtshandlungen, zur Verwaltung des Amtes auf eigene Rechnung. Man faßt diese Erscheinungen euphemistisch unter dem Begriff Irregularidades (Unregel= mäßigkeiten) zusammen, weil sie so alltäglich, so allgemein sind und nicht allein in den subalternen Kreisen, sondern — in potenzirtem Verhältniß selbst in den höchsten Schichten zu Tage treten, daß man aus Höflichkeitsrücksichten die Sache nicht gut bei ihrem eigentlichen Namen nennen kann. — Selbstverständlich giebt es zahlreiche Ausnahmen und es wäre traurig, wenn dies nicht der Fall wäre.

Dagegen wagt auch in den Kortes selbst Niemand die Stimme zu erheben und wenn auch die Presse das ihrige dazu beiträgt, diese Uebelstände zu geißeln, so wird doch selbst das Verschwinden von nach Millionen zählenden Summen einfach vertuscht — weil — keine Partei ein reines Gewissen hat, weil nur Wenige die moralische Kraft haben, in gleicher Lage der Versuchung zu widerstehen. Und, wie sich die Kinder in Madrid wunderbare Geschichten von dieser und jener hohen Persönlichkeit erzählen, so weiß auch Jedermann im Lande Individuen zu nennen, die sich als uninteressirt, als patriotisch, als charakterfest erwiesen haben. Die Allgemeinheit des Lasters hat die Bedeutung desselben abgeschwächt, die Langsamkeit des Gerichtsverfahrens befördert es, — und so geht man über die Irregularidades heute als über etwas beinahe Selbstver= ständliches leicht hinweg. Die Verwaltung des Landes wird dadurch aber in schiefe Bahnen gebracht, der Beamtenstand gänzlich korrumpirt, das Vertrauen des Volks zu seinen

Leitern gänzlich erschüttert, das Rechtsbewußtsein auch von dieser Seite aus sehr stark angegriffen.

Innerhalb der Verwaltung kann sich ferner bei dem so oft im Laufe kürzester Zeit sich wiederholenden Wechsel des Beamtenstandes keine Einheitlichkeit und keine Ordnung ergeben. Es können sich auch keine tüchtigen Beamten ausbilden, denn der Ehrgeiz derselben wird nicht nach dieser Seite hin gelenkt. Sie wollen eben nur leben und zwar gut leben, sich bereichern, Titel, Würden, Orden und immer höhere Posten erlangen. Im Vollbewußtsein ihrer Würde tragen sie ihren ganzen echt spanischen Stolz zur Schau und übertreiben denselben oft bis zu geringschätziger Behandlung derer, mit denen sie zu thun haben. Sie halten sich für die Herren der spanischen Welt, wollen als solche leben und möglichst wenig arbeiten; daher werden denn alle Geschäfte mit einer grenzenlosen Umständlichkeit, Langsamkeit und Lässigkeit betrieben. Von einer tüchtigen Vorbildung für ihre Aemter ist meist nicht die Rede. Ohne Rücksicht auf die Befähigung bringt jeder höhere Beamte seine Verwandten, seine nächsten Freunde und Anhänger an den Staatstisch, denn diese rechnen darauf und würden es ihren zur Macht gelangten Verwandten und Freunden sehr verübeln, wenn sie unter diesen Umständen ihrer nicht gedächten. Daher diese unendliche Ueberfülle von Beamten, diese große Umständlichkeit bei Erledigung der allereinfachsten Amtshandlungen, und daher andrerseits auch die überraschende Menge von ganz jungen Leuten, von halben Kindern, von denen alle Aemter wimmeln; Cigaretten rauchend, die Hände in den Taschen, scherzend und unthätig sieht man sie selbst in den Räumen der Ministerien; sie beginnen ihre politische Laufbahn, indem sie ihre Geisteskräfte in witzelnden Bemerkungen über die die Aemter Besuchenden üben.

Was die einzelnen Zweige der inneren Landesverwaltung

anbetrifft, so ließen sich Bände darüber schreiben; aber immer würde das Endresultat das dringende Erforderniß schleuniger durchgreifender Reformen sein. Es giebt einsichtige Politiker genug, die das sehr wol erkennen, die sogar, wenn sie zur Macht gelangen, den ernsten Versuch anstellen, solche Reformen zu erzielen. Die Einzelnen aber vermögen den tief eingewurzelten Uebelständen gegenüber nichts auszurichten. Wenn es z. B. Camacho und Cuesta wirklich gelingt, durch ihre Finanzoperationen die materielle Lage Spaniens zu heben, es vor dem Bankerott zu bewahren, so ist das in Wahrheit eine höchst verdienstvolle, ja großartige That, und es hat den Anschein, als ob es gelingt. Wenn der König und die sagastinischen Kriegsminister bemüht sind, das Militärwesen von seinen Schäden zu befreien, es gründlich zu reformiren, und wenn ihnen das gelingt, wenn es hauptsächlich möglich sein sollte, das Heer vor der Gefahr zu bewahren, fernerhin als Spielball der Parteien, als Werkzeug einzelner ehrgeiziger Generäle zu dienen, so ist auch dies ein großer Fortschritt. Doch in erster Linie ist eine durchgreifende völlig umgestaltende Reorganisation der Administration des Landes, des Beamtenwesens, es ist die Erziehung tüchtiger, durch keine Ministerwechsel in ihrer Stellung zu erschütternder Beamten nothwendig.

Die Statistik bemüht sich eifrig, sich der andrer Länder zur Seite zu stellen. Sie vermag es nicht, weil die Centralbehörden nie rechtzeitig und vollständig das Material für ihre Arbeiten von den Provinzialbehörden erhalten; die Lässigkeit der Beamten ist im Volksmunde schon sprüchwörtlich geworden.

Endlich ist aber für die Wohlfahrt eines Landes eine der fundamentalen Vorbedingungen ein sicher geordnetes kräftiges Justizwesen.

Nun ist es zwar eine allgemein anerkannte Thatsache, daß wahrscheinlich kein europäisches Land eine so umfangreiche juriſtiſche Literatur, ſo viele und große Geſetzbücher beſitzt als Spanien, daß die auf die Legislation bezüglichen Dekrete und Verordnungen der letzten Jahrzehnte allein eine statt=liche Bibliothek bilden würden, daß jeder neue Juſtizminiſter auf das eifrigſte bemüht iſt, etwaige Reformen anzubahnen, trotzdem aber krankt, ebenſo anerkanntermaßen, das ſpaniſche Juſtizweſen an ſo ſchweren Uebeln, daß durch ſie das Land auf das höchſte bedroht iſt, daß das Rechtsbewußtſein ganz ſchwindet. Der Grund dafür iſt, ganz abgeſehen von den obigen auf die Verwaltung und das Beamtenweſen im All=gemeinen bezüglichen Bemerkungen, zunächſt in dem Prozeß=verfahren zu ſuchen, das gänzlich veraltet und ſo ſehr um=ſtändlich iſt, daß die geringfügigſte Sache oft Jahre zu ihrer Erledigung in Anſpruch nimmt.

Wer in Spanien einen Prozeß führen will, muß zuerſt eine der Sache entſprechende Kaution hinterlegen, dann er=fordern die bei dem ſchriftlichen Verfahren ſehr langwierigen Verhandlungen, Feſtſtellungen, Rückfragen, Vorladungen, Ver=nehmungen, Gutachten und Relationen oft eine ungeheure Zeit und koſten viel Geld, ſo daß Kläger und Verklagter unter Umſtänden darüber verarmen. Die Entſcheidung er=folgt dann endlich vielleicht wenn die Urſache zum Prozeß längſt vergeſſen iſt, um dann in Folge irgend eines kleinen Formfehlers zu einem neuen Verfahren Veranlaſſung zu geben. Auch der Umſtand, daß bei Kriminalprozeſſen wie in bürgerlichen Streitigkeiten die Verhandlungen und Ver=höre geheim ſind, erſchwert und verlangſamt den Gang der Prozeſſe. Bei Aburtheilung geringerer Vergehen, in Bagatell=ſachen, ſollte man wenigſtens eine ſchnelle Erledigung erwarten; aber auch das iſt nicht der Fall.

Andrerſeits ſchmachtet der Thäter, vorausgeſetzt daß die Polizei ihn fing, was leider nur ſelten geſchieht, oft jahrelang in Unterſuchungshaft, und was das heißen will,

in einem spanischen Gefängniß zu sitzen, das ist in Deutsch=
land nur vor Kurzem durch die Festnahme des deutschen
Pastor Fliedner in Madrid bekannt geworden. Alle spani=
schen Staatsmänner stimmen darin überein, und es bestätigen
dies auch die obersten Gerichtsbehörden, daß das Gefäng=
nißwesen sich in dem Zustande der furchtbarsten Verrottung
befindet, daß die Gefängnisse nicht Korrektionsanstalten, son=
dern Hochschulen des Lasters und Verbrechens sind, daß wer
in Folge leichten Vergehens in dieselben hereinkommt, als
vollendeter Verbrecher hinausgeht. Unter diesen Umständen,
nämlich der Langsamkeit und Unsicherheit des Prozeßver=
fahrens, und der Zerrüttung des Gefängnißwesens, ist das
Recht in Spanien zu einem leeren Begriff geworden, die
Justiz völlig in Verruf gekommen, das Vertrauen zu der=
selben und damit denn auch die öffentliche Sicherheit ganz
geschwunden. Beraubungen, Sequestrationen werden selbst
in Madrid ausgeführt; die Räuber repräsentiren eine über
das ganze Land verbreitete Macht und das Volk wird sich
nie einfallen lassen, gegen die Banditen aufzutreten, in Pro=
zessen etwa gegen sie zu zeugen, denn sofort verfallen die
betreffenden Individuen damit dem Dolch und der Kugel
jener. Weil das Volk von ihnen nichts Schlimmes zu
erwarten hat, sondern im Gegentheil von den Strauch=
rittern oft genug Unterstützungen erhält, weil diese bis
in die höheren Gesellschaftskreise hinauf ihre Fürsprecher
finden, so haben sich Zustände in Spanien ausgebildet,
welche die von Süditalien und Griechenland an Trostlosigkeit
in Schatten stellen. Wenn wegen Todtschlags im Laufe der
Zeit vom 15. Juli 1880 bis 15. Juli 1881 5901 Männer
und 77 Frauen, wegen Raubes 3548 Männer und 128
Frauen, wegen Mordes 651 Männer und 18 Frauen,
wegen Verwandtenmordes 177 Männer und 55 Frauen ver=
urtheilt wurden, so sind diese Ziffern allein bezeichnend für

die öffentliche Sicherheit und für das Rechtsbewußtsein, die gegenwärtig in Spanien existiren.

Daß darunter Handel, Ackerbau, Industrie leiden, daß darüber das Land sich nicht zu bedeutenden Leistungen erheben kann, ergiebt sich von selbst.

Durchgreifende Reformen sind die Bedingung für eine Besserung.

10.

Eines der wichtigsten Fundamente des modernen Staats ist eine sichere und leistungsfähige Organisation des Schulwesens, eine gesunde rationelle Ausbildung der Staatsbürger. Unbeeinflußt durch die Wechselfälle des politischen Lebens, unabhängig von der Kirche soll die Pädagogik die Kräfte der heranwachsenden Jugend zur Entfaltung bringen, diese zur Erfüllung der spätern Lebenspflichten anleiten und erziehen. Da der gesittete, unter geordneten Staatsverhältnissen lebende Mensch und vollends der Bürger eines konstitutionellen Staats als ein Glied dieses Ganzen seine Rechte auf die staatlichen Institutionen, aber auch seine Pflichten hat, da der moderne Kulturmensch in erster Linie Staatsbürger ist, so hat auch der Staat die Verpflichtung, für seine Erziehung zu sorgen, so weit dieselbe nicht Aufgabe der Eltern ist.

Das moderne Schulwesen entwickelte sich aber aus dem des Mittelalters und das war seit dem Zusammensturz der alten Welt in den Händen des Klerus gewesen. Was dieser einmal zu irgend einer Zeit besessen hat, möchte er aber nie wieder herausgeben und so war es begreiflich, daß in gänzlicher Verkennung des staatsbürgerlichen Werthes des Menschen, bis in unser Jahrhundert hinein hie und da die Berechtigung der Kirche, die Erziehung zu leiten, anerkannt wird, daß auch heute die Kämpfe zwischen Staat und Kirche um die Schule noch keineswegs abgeschlossen sind. Der Grund dafür, daß

die Kirche überhaupt je das Schulwesen als seine Domäne
betrachtete, lag einmal in dem Umstande, daß ja der geistliche
Stand während vieler Jahrhunderte des frühen Mittelalters
der einzige — relativ — gebildete war, daß die Klosterschulen
die Wiege des späteren spezifisch christlichen Schulwesens waren,
andererseits aber auch in dem Charakter der christlichen Lehre
und Weltanschauung. In dem Maße, wie die Institutionen
des Alterthums vor denen des Christenthums schwanden, dies
zur allgemeinen Herrschaft gelangte, vergaßen die Erzieher der
damaligen Menschheit, daß der menschliche Organismus aus
zwei Elementen besteht, die erst zusammenwirkend das Menschen=
thum herstellen, daß das, was man gemeinhin Geist nennt,
nicht ohne den Körper zu denken ist, daß dieser ohne jenen
zur rohen Materie wird, deren latente Kräfte erst wieder
durch Zersetzung und Neugestaltung neues Leben annehmen
können. Der Supranaturalismus des Christenthums sah über
die materielle Grundlage des Geisteslebens hinweg, berücksich=
tigte lediglich die menschliche Seele und das jenseitige Leben
und gelangte so zur Verachtung des körperlichen Theiles des
Menschen. Die christliche Erziehung brach daher mit dem
Grundprinzip der antiken, insbesondere der griechischen Päda=
gogik: der harmonischen gleichmäßigen Ausbildung der Körper=
und Geisteskräfte, und ließ sich nur die letztere angelegen sein;
ja, sie glaubte, daß der Mensch eben nur dem religiösen
Glauben zu leben habe, daß dieser sein einziges Wissen bilden
dürfe und so gelangte man dahin, alles was über das Dog=
matische hinausging und sich nicht diesem unterordnen, mit
ihm vereinen ließ, als ketzerisch, als schädigend für den Men=
schen zu betrachten und daher denn auch jener berüchtigte weit
über ein Jahrtausend die christliche Menschheit beherrschende,
jeden Fortschritt ausschließende Grundsatz Gregor's I.: Un=
wissenheit ist die Mutter der Frömmigkeit. Daß zur Erhal=
tung der letzteren die erstere Voraussetzung ist, war die ein=

fache Schlußfolge und diese bedingte den Charakter der christ=
lichen Pädagogik; und da die Erfahrung lehrt, daß der Satz
Gregor's nur zu richtig war, so bemüht sich denn der ortho=
doxe römisch=katholische Klerus heute noch, so weit seine Macht
reicht, dem Einfluß der ketzerischen Wissensschätze der gebildeten
modernen Welt entgegenzuwirken, ihn von seinen Zöglingen
fern zu halten, die Geistesnacht in den ihm unterworfenen
Sphären fortdauern zu lassen.

In Spanien, wo seine Allmacht bis zum Anfang dieses
Jahrhunderts unumschränkt war, konnte bis dahin von einer
Schulbildung im modernen Sinne dieses Wortes überhaupt
nicht die Rede sein und erst in dem Maße wie die moderne
Weltanschauung und Wissenschaft sich dort Bahn bricht, ist
man darauf bedacht, das Schulwesen auf eine unserer Zeit
würdige Höhe zu erheben. Aber wie alles in Spanien, nahmen
natürlich auch diese Kämpfe nicht blos religiösen Charakter an,
insofern es nothwendig war, dem Klerus die Erziehung der
Nation zu entreißen, sondern auch politischen, insofern als die
Träger der pädagogischen Reformideen die demokratischen
Parteien waren — und dies ist einer der vielen Gründe,
weshalb das gesammte spanische Schulwesen in seinen prakti=
schen Resultaten noch durchaus nicht der inzwischen erzielten
theoretischen Organisation entspricht, die in der That den An=
forderungen des modernen Lebens und Zeitgeistes im All=
gemeinen schon ziemlich nahe kommt. Die Septemberrevolution
des Jahres 1868 bildete auf diesem Felde der spanischen
Kultur, wie auf zahllosen anderen, einen entscheidenden Wende=
punkt, und es ist von liberaler Seite Alles gethan und ge=
schieht besonders jetzt, diese fortschreitende Bewegung zu för=
dern und nicht wieder einer retrograden weichen zu lassen,
wie dies leider unter dem konservativ=klerikalen Restaurations=
ministerium Cánovas geschehen ist. Der Klerus war während
dieser Zeit eifrig und leider mit großen Erfolg bemüht, die

Errungenschaften von 1868 und 1869 zu beseitigen, Spanien wieder von dem Wege des Fortschritts abzulenken und hauptsächlich wieder das Schulwesen in seiner Hand zu konzentriren. Sobald daher alsdann das liberale Ministerium Sagasta Miene machte, die pädagogischen Grundsätze der Demokraten der früheren Jahrzehnte und der Männer der Septemberrevolution und aller Liberalen von neuem zu voller dauernder Geltung zu bringen, da brach der Sturm in unverminderter Kraft wie früher los und der Klerus und die Konservativen kämpfen nun mit allen Mitteln gegen die endgültige Durchführung zeitgemäßer Reformen und einer dem neunzehnten Jahrhundert entsprechenden Erziehung und Ordnung des Schulwesens. Wie sehr auch das gegenwärtige Ministerium aus praktischen Gründen gezwungen ist, in vieler Hinsicht dem Klerus und der Kirche Konzessionen zu machen, so muß man ihm doch zugestehen, daß es in den drei Jahren seines Bestehens das eifrigste Bestreben gezeigt hat, das Schulwesen in allen seinen Zweigen zu heben und zu entwickeln, und daß es in dieser Hinsicht nur durch die finanzielle Noth, durch die Knappheit der hierfür zu Gebote stehenden Mittel behindert wird. Allerdings ist nicht daran zu denken, daß auch auf diesem Gebiete erfreuliche und bedeutende Resultate erzielt werden, ehe nicht eine Reihe von inneren, der Organisation des Schulwesens selbst anhaftenden Schäden gründlich ausgebessert sein werden, und ehe nicht überhaupt die ganze Verwaltungsmaschinerie geändert, der Personalismus in der Politik, der Nepotismus und alle übrigen schweren Leiden des Beamtenwesens beseitigt werden; ehe nicht die finanzielle Lage des Staats eine gesicherte geworden, ehe nicht die immer noch übermäßige Macht des Klerus ganz gebrochen ist.

Was das Verhältniß des letztern zur Entwicklung des Schulwesens, zur öffentlichen allgemeinen Bildung anbetrifft, so brauchte darüber kein Wort weiter gesagt zu werden, es sei aber doch an die interessante Statistik erinnert, die Garrido seiner Zeit in seinem bekannten Werke: „Das heutige Spanien" gab, wonach im Jahre 1797 auf 10½ Millionen Einwohner 429,076 Schüler und 134,595 Geistliche, 1859 dagegen auf 16 Millionen 1,101,199 Schüler und 58,000 Geistliche kamen. Während die Bevölkerung also in 60 Jahren um mehr als 50 Prozent gewachsen war, hatte sich die Zahl der Geistlichen unter dem Einfluß des modernen Zeitgeistes um 70 Prozent vermindert, die Zahl der Schüler dagegen um 150 Prozent erhöht!

Werfen wir nun einen flüchtigen Blick auf die einzelnen Zweige des Schulwesens, wobei wir hauptsächlich die Kinder= erziehung und das Elementarschulwesen in's Auge fassen müssen, weil diese die Grundlage für die nationale Bildung und geistige Leistungsfähigkeit sind und in erster Linie das Augenmerk aller Politiker werden müssen.

Da zeigt sich denn zunächst die eigenthümliche Erscheinung, daß das Fröbel'sche System in Spanien Boden gefunden hat, und zwar so allgemein, daß es als Grundlage für das zu= künftige Schulwesen betrachtet werden darf. Ich spreche hier= von als von einer „eigenthümlichen" Erscheinung und thue dies im Hinblick auf die unendlichen Schwierigkeiten, die sich ihm in Deutschland in den Weg stellen, wo man das Fröbel'= sche System als atheistisch, als schädigend für das Familien= und Staatsleben, als durch das Schablonenhafte seines Wesens geisttödtend und dergleichen mehr betrachtete und zum Theil noch betrachtet und wozu in Wirklichkeit allerdings kein Grund vorhanden ist. Eigenthümlich ist diese Erscheinung außerdem insofern, als sie sich unter dem reaktionären Ministerium Cá= novas zuerst zeigte; ein Beweis mehr dafür, daß diesem System nichts staatsgefährliches und atheistisches anhaftet, denn sonst würde nicht allein der Klerus, sondern die ganze spanische Nation sich der allgemeinen Einführung desselben widersetzt

haben. Statt dessen ist der Fröbel'sche Kindergarten so beliebt
geworden, daß die madrider Centralschule und die anderen
Kindergärten gar nicht im Stande sind, die Kinder aufzunehmen, die Einlaß begehren. Ueberdies ist auch die Zahl
der Kindergärtnerinnen vorläufig so gering, daß dieser Umstand leicht für die ganze Sache verhängnißvoll werden kann.
Weshalb die Fröbel'schen Schulen aber die allgemeine Anerkennung finden, das erklärt sich dadurch, daß sie einem tief-
gefühlten Bedürfniß entsprechen. Man kann die Spanier gelegentlich darüber als von einer nationalen Wohlthat sprechen
hören. Um das Alles zu begreifen, brauchen wir nur den
Nationalcharakter in's Auge zu fassen, der zwar in den Kindern noch nicht entwickelt, aber prädisponirt ist: der Spanier
ist Sinnenmensch, eine naturgemäße Entwicklung der Natur-
triebe, die Erziehung des Kindes durch Appell an seine Sinne
mußte dem Wesen desselben entsprechen und die großen Resultate erzielen, die im Laufe von wenigen Jahren zu verzeichnen gewesen sind. Durch das Fröbel'sche System, das
die Entwicklung der Geistes- und Körperkräfte den Händen
des weiblichen Geschlechts überweist, wird ferner der Grund
zu einem allgemeineren Interesse an der Schule und der Bildung — das bisher in Spanien ganz fehlte — den Kindern
wie den Eltern eingeimpft; es wird die Möglichkeit angebahnt,
die Erziehung immer mehr von den Interessen der Kirche zu
trennen, denn wenn wir auch die Kindergärtnerinnen als
Spanierinnen als orthodox ansehen wollen, so ist doch ihr
beständiger Verkehr mit den schönsten Blüten der Schöpfung
und mit der Natur geeignet, die Strenggläubigkeit zu mäßigen
und auf ein gesundes Maß zu reduziren; endlich und hauptsächlich wird durch die Fröbel'schen Kindergärten die Mädchenerziehung nachdrücklich angebahnt. Diese war bisher ganz
vernachlässigt und es bedarf wol für deutsche Leser kaum mehr
der Erwähnung, daß gerade die Erziehung des weiblichen

Geschlechts aus zahllosen Gründen die erste und größte Aufmerksamkeit erfordert. Dem Fröbel'schen System Spaniens
geht ferner der Pedantismus, das Schablonenhafte des deutschen Schulwesens ab und wir dürfen Spanien nur wünschen,
daß es stets davor bewahrt bleiben möge. Der spanische Geist
ist im Allgemeinen einer Schulung nicht fähig, wie sie dem
deutschen — oft zu seinem Schaden — zugemuthet wird, denn
die nationale Veranlagung ist eine von der deutschen in vielen
wesentlichen Punkten ganz abweichende.

Von bei weitem größter Wichtigkeit ist das Elementarschulwesen in Spanien, und in diesem Zweige bestehen heute
noch die größten verhängnißvollsten Schäden.

Vor 1849 darf man überhaupt in Spanien nicht von
Volksschulen sprechen, denn erst von jener Zeit an datirt ihre
Organisation. 1839 wurde in Madrid die erste Central-
normalschule geschaffen und in den beiden darauf folgenden
Jahren wurden dann auch in den Provinzen höhere und
Elementar-Normalschulen eingerichtet, die den Zweck hatten,
das Lehrpersonal heranzubilden. 1843 wurde das erste Reg-
lement geschaffen und 1849 Schulinspektoren angestellt, das
Schulwesen endgültig geregelt. Diese wichtige Bewegung war
natürlich in der Hauptsache das Werk der Demokraten und
der Liberalen überhaupt, die in der Bildung der niederen
Volksschichten die Vorbedingung und Voraussetzung für einen
nationalen Aufschwung, für die Hebung der Kultur, für eine
zeitgemäße Ordnung des Staatswesens erblickten. Der
Enthusiasmus war bei der damals gerade gegen die Kirche
und das Klosterwesen gerichteten allgemeinen Erbitterung ein
ungemein großer und tausende von jungen Leuten eilten in die
Normalschulen und von ihnen aus über ganz Spanien, um in
allen Kreisen desselben Bildung zu verbreiten und das nächtige
Dunkel zu lichten, in dem die Kirche das Volk erhielt. Denn
was vor jener Zeit mit dem Namen Schule bezeichnet wurde,

verdient denselben kaum. Einige religiöse Körperschaften und einzelne Laien, die meist selbst jeder Bildung entbehrten, richteten Klassen ein, in denen die Künste des Lesens und Schreibens gelehrt wurden und zwar im ausschließlichen Hinblick auf religiöse Zwecke. Diese große Schaar junger feuriger Enthusiasten sollte allerdings bald auf das empfindlichste in ihren Hoffnungen unter den schweren Kämpfen um's Dasein, sowie mit den korrupten Zuständen, mit dem Indifferentismus der Massen, der Böswilligkeit und Gegenwirkung der Orthodoxen enttäuscht werden.

Der Unterricht für die Armen war zwar gratis, aber nicht obligatorisch; und das gesammte Elementarschulwesen war kommunal und nicht staatlich; die Aufsicht der Schulen von Seiten der Inspektoren war mehr als mangelhaft, denn diese durften nicht wagen, der Regierung über den wahren Stand der Sache zu berichten, weil der durch die politischen Zustände herbeigeführte Personalismus und Nepotismus, der beständige Wechsel der Beamten und des Regime, die grenzenlose Mißwirthschaft in der Verwaltung des Landes die gewissenhafte Erfüllung der Pflichten der Inspektoren für ihre Personen gefährlich und geradezu unmöglich machte — und, in geringerem Maße allerdings, gilt dies auch noch für heute.

Die Lokalbehörden, die das Schulwesen zu regeln und zu überwachen hatten, ließen sich bei der Besetzung der Schulen meist von politischen oder persönlichen Rücksichten leiten und je nach der gerade herrschenden Partei waren ihre Maßnahmen für das Schulwesen heute beschränkend, morgen fördernd. Von der Errichtung besonderer Schulgebäude war selbst in großen Städten nur ganz ausnahmsweise die Rede. Beschaffung von Lehrmaterial, Rücksicht auf Hygieine, waren selbstverständlich ausgeschlossen — und leider ist dies fast Alles noch für die Gegenwart zutreffend. Der einzige Unterschied besteht darin, daß das Ministerium Sagasta endlich erkannt hat, daß der

Schwerpunkt des Staatswohls auf dem Gebiete des Elementar=
schulwesens, in der Schaffung guter Grundlagen für das
höhere Schulwesen, für die allgemeine Bildung und damit für
die nationale Moral zu suchen ist und demgemäß alles thut,
was es kann, um den furchtbarsten Uebelständen abzuhelfen,
viele Schulen zu schließen, die der Grundsätze der Gesund=
heitslehre und der Anforderung an moderne Bildung gradezu
spotten. Die Gehälter, welche die Volksschullehrer aller Grade
beziehen, sind auch heute so gering, daß eben nur in Spanien,
wo die Armuth und der Nothstand in allen mittleren und
niederen Schichten des Volkes sehr groß und die Mäßigkeit
ebenfalls glücklicherweise entsprechend ist, sich Personen finden,
die das schwere Amt eines Volksschullehrers auf sich nehmen.
Die Bildung derselben ist allerdings an den städtischen wie
an den Privatschulen oft so minimal, daß Fälle vorgekommen
sind, wie nach der „Revista cristiana" vom 31. Januar 1883
in Fuente=Encarraz (Provinz Valencia), in denen ein Lehrer
oder eine Lehrerin der Kunst des Lesens nicht einmal mächtig
waren. Wie dergleichen möglich ist, fragt man, da doch die
Lehrer vorschriftsmäßig ausgebildet sein müssen? Dergleichen
Dinge, Cosas de España, sind die Folge jener obengezeichneten
politischen und administrativen Mißstände. Der Alcalde, der
Bürgermeister oder Amtmann oder Schulze, ist in den kleinen
Orten oft selbst nicht im Stande zu lesen und zu schreiben
und verdankt seine Stellung nur dem Umstande, daß er mit
irgend Jemand bekannt ist, der dem Civilgouverneur oder
einem höheren Beamten mehr oder weniger nahe steht, und
dem, daß er die Sache der regierenden Partei unterstützt, bei
den Wahlen „seine Pflicht thut" ꝛc. Ist der Alcalde nun
also ein Mann, der Interesse für die Schule hat, so wird er
dieselbe fördern, gehört er zu der bei weitem überwiegenden
Mehrzahl der Indifferenten, derer, die die Geistesarbeit hassen
und verachten — so wird die Schule vernachlässigt; in jedem

Fall aber wird die Kommunalbehörde immer bei Vakanzen in
der Schule Parteigenossen, vielleicht Verwandte, Bekannte
bevorzugen, wenn diesen auch die nöthigen Dokumente fehlen
— denn dem Uebel kann auch leicht abgeholfen, sagen wir:
das Examen kann nachgemacht werden. Unter solchen Um=
ständen ist es denn auch allein begreiflich, daß Dinge passiren, auf
die ich nunmehr eingehen muß. Ich sagte, daß die Gehälter
der Schullehrer übermäßig gering seien; man sollte aber wenig=
stens annehmen, daß diese kleinen Summen ausgezahlt werden.
Die Behörden bleiben aber den armen Schullehrern das, was
sie zu bekommen haben, nicht für einen Monat oder ein Viertel=
jahr schuldig, sondern für ein Jahr, für zwei Jahre, ja für
zehn und zwanzig Jahre und es ist ein Fall vorgekommen,
in dem ein solcher Unglücklicher seinen Gehalt während dreißig
Jahren nicht bezogen hat. Diese Dinge sind den Regierungen
und dem ganzen Lande bekannt, gelegentlich ist wol auch ver=
sucht worden, diesem entsetzlichen Uebel zu steuern, bezügliche
Dekrete wurden erlassen, den Kommunalbehörden schwere
Strafen angedroht, wenn sie ihre Pflicht nicht erfüllten. Die
Behörden fühlten sich aber der Regierung gegenüber sicher
genug, denn diese braucht sie für ihre eignen Zwecke und muß
sie sehr vorsichtig behandeln, um sie nicht zu erzürnen. Zu=
nächst läßt sich leicht begreifen, was für soziale Uebelstände
daraus entstehen müssen, wenn die Lehrer ihre Gehälter nicht
bekommen: Nachlässigkeit in Erfüllung der Pflichten, Bestech=
lichkeit, Uebernahme anderer Arbeiten, die einen Ersatz liefern,
denn man will mit seiner Familie doch leben, und dergleichen
mehr. So sind denn viele gezwungen gewesen, weil alle ihre
Petitionen selbst bei der Regierung fruchtlos waren, die öffent=
liche Wohlthätigkeit in Anspruch zu nehmen, zu betteln, in den
Hospitälern Aufnahme zu suchen. Das Elend war und ist
auch heute in den Lehrerkreisen ganz grenzenlos. Das Lehr=
personal der Volksschulen größerer Städte sah sich hier und

da endlich gezwungen, die Schulen zu schließen, ihre Thätig=
keit einzustellen. So geschah es in Lorca durch ein vom
24. August 1880 datirtes Cirkular an die Bewohner der Stadt.
Während für Feste aller Art, für Stiergefechte, für den Bau von
Arenen von den Kommunalbehörden und den Bürgern enorme
Summen hergegeben wurden, ließ man die Lehrer unbezahlt.
Die Energie, mit der das liberale Ministerium Sagasta endlich
diesem Uebel steuerte, hat ihre günstigen Resultate gehabt
und die Kommunalbehörden suchten an vielen Orten die
Summen zur Deckung ihrer Schulden an die Lehrer durch
öffentliche Subskription und durch die Alternative aufzubringen
— andernfalls nicht die üblichen Stiergefechte zu veranstalten.
Man sieht also, daß diese letzteren doch zu etwas gut sind.

Die Summe, die die Behörden des ganzen Landes 1875
ihren Elementarlehrern schuldeten, belief sich auf 400,000,000
Realen (80 Millionen Mark) und war im Februar 1881,
Dank der Energie der Regierung, auf 20 Millionen Realen
(4 Millionen Mark) vermindert.

Aus der offiziellen Statistik des Elementarschulwesens
von 1871—1880, der einzigen bis zum Januar 1883
existirenden, entnehme ich noch die folgenden Ziffern. Auf
eine Bevölkerung von 16,729,958 Seelen in 9314 Ayunta=
mientos (kommunale Verwaltungsbezirke, Bürgermeistereien)
kamen am 30. Oktober 1880 23,132 öffentliche Schulen,
während nach dem Unterrichtsgesetz 27,126 existiren müßten,
und 6696 Privatschulen. Die Schulräume selbst sind oft in
einem unglaublich traurigen Zustande. Bald sind sie so bau=
fällig, daß sie gegen das Wetter nicht genügend Schutz ge=
währen, bald fehlt es an Bänken und Tischen, und meist
werden in die unzureichend kleinen Räume unverhältnißmäßig
große Kindermassen zusammengepfercht.

Unter 13,200 eigenen und 9127 gemietheten Lokalen
werden 4933 als gut, 11,265 als regelrecht und 6129 als

schlecht bezeichnet — wobei die Privatschullokale nicht mit=
gerechnet sind.

Das Personal der öffentlichen Schulen bestand aus
15,291 Lehrern und 832 Hülfslehrern; 6626 Lehrerinnen
und 1034 Hülfslehrerinnen; unter der Summe von 23,783
waren 744 Individuen geistlichen Standes und zwar 259 männ=
lichen, 485 weiblichen Geschlechts.

Das Personal der Privatschulen bestand aus 2680 Lehrern,
1099 Hülfslehrern, 3201 Lehrerinnen und 2771 Hülfslehre=
rinnen; unter der Summe von 9751 waren 2183 Individuen
geistlichen Standes und zwar 307 männlichen und 1876 weib=
lichen Geschlechts, unter dem gesammten Lehrerpersonal von
33,534 somit 2927 Individuen geistlichen Standes.

Die Schülerzahl in den öffentlichen Schulen war 1,442,577
und zwar 848,561 Knaben, 594,016 Mädchen. Die Zahl
der Schüler in den Privatschulen war 326,879 und zwar
150,522 Knaben, 176,357 Mädchen; Summa 1,769,456
Schüler beiderlei Geschlechts.

Das Lehrprogramm für den Primärunterricht ist sehr
umfassend, aber Theorie und Praxis stehen sich hier schroff
gegenüber; die thatsächlichen Leistungen und Ergebnisse sind
sehr minimaler Natur und die Lehrbücher im Allgemeinen den
heutigen Anforderungen und der heutigen Weltanschauung noch
durchaus nicht entsprechend. Pastor Fliedner und das von
ihm an den protestantischen Schulen angestellte Lehrerpersonal
bemühen sich auf das eifrigste, diesem Uebel abzuhelfen und Lehr=
bücher nach dem Muster der deutschen für Spanien herzustellen
und es ist bekannt, daß auf der vorjährigen pädagogischen
Ausstellung in Madrid diese Bücher einen der höchsten Preise
erhalten haben.

Der Unterrichtsmethode ist hauptsächlich vorzuwerfen, daß
der Schwerpunkt auf das mechanische Auswendiglernen des
Lehrstoffs, nicht aber auf die freie Ausbildung der Geistes=

kräfte, auf die Anleitung zur Selbstthätigkeit gelegt wird. Die nationale Selbstgenügsamkeit kommt ferner ebenfalls in diesen Schulen zur Geltung. Das Nationale wird durchaus betont; in der Geschichte wie in der Geographie geschieht außerordentlich wenig, den Gesichtskreis über die nationalen Grenzen hinaus zu erweitern, und das ist von großer Wichtig= keit, denn würden die Kinder endlich angeleitet, zu lernen, daß es außer Spanien auch noch Beachtenswerthes giebt, so würde die Weltanschauung der Nation in wenigen Jahren eine wesent= liche und vortheilhafte Aenderung erfahren. Alle diese Be= merkungen haben übrigens ihre Gültigkeit auch für das höhere Schulwesen und die Universitätsbildung. Die trockene mecha= nische Behandlung der Lehrstoffe kann ferner den Kindern kein Interesse an der Schule und am Lernen einflößen und die Gleichgültigkeit gegen die Geistesarbeit, die Geringschätzung derselben, wie sie uns überall in Spanien entgegentreten, sind ebenfalls zum großen Theil auf den Charakter der Lehrmethode zurückzuführen.

Der Elementarunterricht ist endlich die Grundlage für die „Allgemeine Bildung", und diese ist noch so überaus gering, daß wir auch daraus den völlig ungenügenden prakti= schen Werth des gegenwärtigen Schulwesens nur zu deutlich erkennen. Eines der wichtigsten Kriterien ist die Schätzung der Geistesarbeit und diese existirt im Volke kaum. Trueba widmet dieser Erscheinung in seinem neuesten Werke de Flor en Flor mehrere Artikel, in denen er die Denkweise des Volkes über die literarische Thätigkeit treffend charakterisirt. Bei dem weiblichen Geschlecht ist die Wissenssumme im Allgemeinen sehr minimal und selbst in den „Salons" hört man zuweilen höchst wunderbare Ansichten über geographische und geschicht= liche Fragen elementarsten Charakters, denn die Ausbildung des weiblichen Geschlechts ist bis in die letzten Jahre in un= verantwortlicher Weise vernachlässigt worden und erst ganz allmälig entstehen nun hie und da höhere Töchterschulen, bisher war die klerikale klösterliche Bildung die einzige, die die Mädchen erhielten, die nicht die Volksschulen besuchten.

Die Statistik ist ja überhaupt in Spanien noch in embryonischem Zustande und wenig zuverlässig, so ist auch auf die Angaben über den Prozentsatz derer, die lesen und schreiben können, kein Verlaß, und wir haben sehr gegründete Veranlassung, allen optimistischen Ansichten darüber zu miß= trauen. 1860 konnten von den 15³/₅ Millionen Einwohnern 705,680 lesen und nicht schreiben; 3,130,085 konnten lesen und schreiben und 11,837,415 konnten weder lesen noch schreiben. 1880 nahm man an, daß von den 16⁴/₅ Millionen Einwohnern circa 6 Millionen lesen und schreiben konnten; doch giebt es auch heute Spanier, welche behaupten, daß die Zahl der letzteren nur 20 Prozent der Gesammtbevölkerung ausmacht. Diese Ziffern bekunden hinreichend den Grad der allgemeinen Bil= dung ebenfalls. Da eine im Verhältniß zur Landesbevölkerung nur verschwindend kleine Zahl von Menschen über die Elementar= bildung hinausgeht, die letztere sehr geringfügige Resultate er= giebt, so steht auch heute noch die allgemeine nationale Bildung auf einer sehr niedrigen Entwicklungsstufe.

Großen Unwillen erregte im Oktober 1882 ein Dekret des Kriegsministers Martinez Campos, das für uns außer= ordentlich wichtig ist. Es wurde in demselben den Offizieren der Infanterie eröffnet, daß sie 11 Lehrbücher für den zu diesem Zwecke herabgesetzten Preis von 17 Franks 75 Centimes, und den Sergeanten, daß sie sie für 13 Franks 75 Centimes „zu erwerben hätten". Was für Bücher sind dies?: Compendium der spanischen Grammatik. — Grundzüge der allgemeinen und spanischen Geographie. — Compendium der spanischen Geschichte. — Grundzüge der Arithmetik und Algebra. — Grundzüge der Geometrie und „flüchtige" Bemerkungen über Topographie. — Bemerkungen über die Kriegskunst. — Bemerkungen über Feld=

befestigungen. — Compendium der militärischen Geschichte
Spaniens. — Der Kriegsminister muß jedenfalls die Bildung
der Infanterieoffiziere für recht gering und unzureichend er=
achtet haben, daß er ihnen, die doch meist auf Militärschulen
ausgebildet worden sind, zumuthet, sich diese Elementarbücher
anzuschaffen. Und dies ist durchaus bezeichnend für die all=
gemeine Bildung in den höheren Schichten der Gesellschaft.

Mit einer wahrhaft Erstaunen erregenden geistigen Be=
fähigung begabt, werden die für Examina und praktische Zwecke
erforderlichen Kenntnisse sehr schnell erworben, aber bei dem
gänzlichen Mangel an geistigen Interessen auch wieder sehr
schnell vergessen. Nur so ist wol der letzt herangezogene Fall
zu erklären.

Die gegenwärtige Regierung thut Alles, was sie kann,
um den Grad der allgemeinen Bildung des Volkes zu erhöhen;
so werden überall, wo das Bedürfniß zu Tage tritt, Volks=
bibliotheken angelegt; für die Arbeiter und Handwerker werden
Fortbildungsschulen und andere zweckdienliche Institutionen
geschaffen. Die Erkenntniß, daß auch der höhere Unterricht,
der in 61 unseren Gymnasien etwa entsprechenden Schulen
ertheilt wird und den Provinzialdeputationen untergeordnet ist,
den Bedürfnissen nicht entspricht, hat ferner zur Gründung
einer Reihe von Fachschulen Veranlassung gegeben, die in
Zukunft, und wenn sie nur erst besser dotirt sind, jedenfalls
für die wissenschaftliche Ausbildung der höheren Stände sehr
ersprießlich sein werden.

Was endlich die Universitäten anbetrifft, deren Zahl sich
auf 10 beläuft: Madrid, Barcelona, Granada, Oviedo, Sala=
manca, Santiago, Sevilla, Valencia, Valladolid, Zaragoza,
so werden sie im Vergleich zu denen anderer Länder ganz
außerordentlich stark frequentirt, und der Grund dafür scheint
wol einmal und hauptsächlich in der verschiedenartigen
Organisation des Schulwesens überhaupt zu liegen, die den

Universitätsbesuch im Vergleich mit anderen Ländern sehr er=
leichtert; ferner darin, daß die Politik in Spanien mit der
Wissenschaft so eng verschwistert ist, daß alle diejenigen, die
sich dem politischen Leben zuwenden und zu Amt und Wür=
den gelangen wollen, meinen, dieses am bequemsten zu er=
reichen, indem sie einige Semester die Universität besuchen,
was ihnen Ansehen giebt, wo sie sich amüsiren, wo sie Rhe=
torik und Sophistik studiren, ohne große Anstrengung die
akademischen Titel erlangen können, um dann in der großen
Welt zu figuriren.

Die Bewegung an den Universitäten war in dem Studien=
jahre 1878—79 folgende: Zahl der ordentlichen Professoren
415, der außerordentlichen 240. Summe der Studenten 16,874.
Die Licenciatur erwarben 2008, den Doktorgrad 249.

Auch die Universitäten, die sich endlich seit Anfang dieses
Jahrhunderts von ihrem gründlichen Verfall zu erholen an=
fingen, haben unter den ewigen politischen Wechselfällen der
Revolutionsperiode 1808—1868 viel gelitten, denn auch in
ihnen selbst spielt die Politik eine sehr gewichtige Rolle, eine
um so gewichtigere, als viele Universitätslehrer zugleich
Politiker, Literaten und Journalisten sind. Dieser Umstand
bedingt denn auch nicht unwesentlich den Charakter der Lehr=
vorträge, die oft genug an die Kortesreden erinnern. Die
Rhetorik, Dialektik, Sophistik, der Ehrgeiz, die Form künst=
lerisch zu behandeln, der seit einigen Jahrzehnten allen in
die Oeffentlichkeit Eintretenden und vollends allen Universitäts=
lehrern eigen ist, haben dem Lehrwesen an den Universitäten
einen ganz spezifischen und nicht gerade vortheilhaften Anstrich,
wie es uns scheinen will, gegeben, ihm einen guten Theil seines
wissenschaftlichen Werthes und Ernstes geraubt. Einen sehr
harten Rückschlag erfuhr das Universitätswesen durch die
Maßnahmen, die das reaktionäre Restaurationsministerium
Cánovas gegen dasselbe ergriff, hauptsächlich durch das Dekret

des Marquis de Orovio vom 27. Februar 1875, durch das den Universitätsprofessoren der Schwur auferlegt und zuge= muthet wurde, ihre Wissenschaften gemäß den Dogmen der Kirche vorzutragen und sich der Aufsicht der Bischöfe unter= zuordnen. Die wichtigste Folge davon war, daß sofort die freidenkenden Professoren der Madrider Universität, wie Sal= meron, Castelar, Figuerola, Azcárate, Giner, Montero Rios, Soler, Linares und andere, ebenso wie die liberalen der an= deren Universitäten ihre Aemter niederlegten und ungeachtet der schmählichen Verfolgung, die alle protestirenden Professoren zu erfahren hatten, eine freie Universität gründeten, die außer= ordentlich stark besucht und mit Gymnasium und Vorschule verbunden wurde: die Institucion libre de Enseñanza. Das Ministerium Sagasta hatte natürlich nichts Eiligeres zu thun, als Anfang des Jahres 1881 dieses den Geist des neunzehnten Jahrhunderts doch gar zu sehr verhöhnende Dekret von 1875 aufzuheben. Zwar ist die Institucion libre dadurch in ihrer Existenz nicht geschädigt worden, aber mehrere derjenigen, die sie gründeten, wie Castelar, sind nun an die Staatsuniversitäten zurückgekehrt.

Es würde zu weit führen, alle die vielen Fachschulen und Privatinstitute zu behandeln, die erziehliche Zwecke ver= folgen. Nur eines sei noch erwähnt, das Fomento de las artes, das sich die Aufgabe gestellt hat und dieselbe glänzend erfüllt, den Arbeitern, Handwerkern, Kunstgewerbtreibenden zc. Gelegenheit zur Fortbildung zu geben. Eine Reihe von Lehr= klassen, jüngst auch für Mädchen, ist eingerichtet worden, in denen tüchtige Lehrkräfte thätig sind. Durch regelmäßige Vor= träge von den hervorragendsten Gelehrten und Politikern, durch musikalische und deklamatorische Darbietungen werden ferner die wöchentlichen Vereinsversammlungen zu Anziehungsmitteln für weite Kreise von Interessenten aus den höchsten Klassen der Gesellschaft.

Die Aufgabe der rationellen Pädagogik darf nicht sein, die Aufspeicherung eines großen Wissens in den Geistern anzubahnen, auch nicht, dieselben nur oberflächlich anzuregen und so eine vorübergehende Thätigkeit zu erzielen, ebensowenig nur das Formale des Wissens, das Aeußerliche der Ausdrucksweise desselben zu betonen, sondern die Geisteskräfte zur Entfaltung zu bringen, sie zu befähigen, das, was in ihren Bereich kommt, zu verarbeiten — und dazu ist Vorbedingung, daß dasselbe nicht über ihre Fassungskraft hinaus geht — und sich dann zur Selbstthätigkeit zu erheben. Obgleich es ja auch manche Bildungselemente giebt, die lediglich zur Schärfung des Geistes dienen, sollte doch im Uebrigen nur solches Wissen vermittelt werden, das praktisch verwerthet werden kann. Endlich hat nur das Wissen einen Werth, das völlig verdaut und verarbeitet, das zu geistigem Kapital geworden ist.

In allen diesen Hinsichten läßt das spanische Schulwesen noch Vieles zu wünschen übrig; besonders das höhere, dem noch viel von dem jesuitischen Schulwesen anhaftet, das das Formale und Aeußerliche, das Rhetorische betont. In den Sekundärschulen wird den unentwickelten Geistern grade so wie in Deutschland unendlich Vieles zugemuthet, was weit über ihr Begriffsvermögen hinausgeht. In Summa aber dürfen wir sagen, daß auch auf diesem Gebiete und zwar besonders in den letzten Jahren, ein sehr kräftiger Fortschritt zu bemerken ist und mit Energie dahin gestrebt wird, das Schulwesen durch zweckmäßige Reformen auf die Höhe dessen anderer Kulturvölker zu erheben.

II.

Der niedere Grad der allgemeinen Bildung, der In=
differentismus gegenüber der Geistesarbeit, wie er mit Aus=
nahme der kleinen Zahl von Interessenten alle Schichten der
spanischen Gesellschaft beherrscht, bedingt natürlich auch den
Grad der Wissenschaftlichkeit im Allgemeinen und die Reg=
samkeit auf dem Felde der Wissenschaften. Die höhere Geistes=
bildung, die höheren geistigen Interessen sind ja allerdings
überhaupt bei allen Völkern aller Zeiten immer nur die Er=
rungenschaft einer verschwindenden Minorität der Nationen
gewesen, haben nur die obersten Schichten derselben durch=
drungen, haben sich allenfalls als sogenannte allgemeine Bil=
dung bis in die mittleren durchgearbeitet, die unteren aber,
wenn überhaupt jemals, immer nur vorübergehend erfaßt.
Die Wissenschaftlichkeit, die wissenschaftlichen Interessen und
Beschäftigungen sind sonach, wie überall, so auch in Spanien
nur bei einer kleinen Zahl von Individuen vorauszusetzen;
das Gros des Volkes hat dafür kein Verständniß, es hat in
Gemäßheit seines Charakters vielmehr einen entschiedenen
Widerwillen gegen alle ernste Denkarbeit. Der Schwerpunkt
seiner geistigen Interessen liegt auf dem Gebiete der Sinne,
nicht des Verstandes. Der Spanier ist subjektiv in seiner
Denkweise, bezieht alles nur auf sich und sein erweitertes
Selbst, seine Familie, seine Nation; er ist Empfindungsmensch
und handelt als solcher den Impulsen entsprechend, die sich

ihm gegenüber geltend machen, er vermag sich daher nur aus=
nahmsweise zur Objektivität, der Grundlage aller strengen
Wissenschaft, zu erheben; seine Begabung liegt daher, diesen
Grunddispositionen seines Wesens entsprechend, auf dem Ge=
biete der Phantasie, der Poesie, des lyrischen Empfindens und
Gefühlsausdruckes, der unter der Wucht seiner natürlichen
Leidenschaftlichkeit dramatisch werden kann. Der starre ver=
altete Glaube macht ihn überdies zum Gegner der modernen
Wissenschaft, die er nur in ihren konkreten praktischen Resul=
taten, in den Eisenbahnen, der Telegraphie ꝛc. acceptirt, deren
Beziehung zu den abstrakten Wissenschaften er jedoch nicht
begreift.

Darf man nach allem dem aber den Spaniern die Be=
fähigung für echte Wissenschaftlichkeit, für tiefe gründliche
Forscherarbeit absprechen, wie dies vielfach geschehen ist und
im Hinblick auf die oben entwickelten Grundzüge seines Wesens
mit gewissem Recht, weil es die psychologische Schlußfolge aus
der natürlich gegebenen Prämisse ist? Wäre die Nation ein=
heitlich, besäße sie einen geschlossenen einheitlichen Charakter,
so müßten wir ihr diese Befähigung im Allgemeinen absprechen
und sie ihr im Besondern nur in der Erforschung und Durch=
dringung von Spezialfragen zuerkennen. Da aber innerhalb
der Nation die verschiedenartigsten Charaktere vorhanden sind
und so auch ungleiche Befähigungen, da ferner die Pflege der
strengen Wissenschaft bei allen Völkern immer nur das Pri=
vilegium einiger weniger hierzu befähigter Individuen, und
niemals der Massen ist, so wäre es thöricht, den Spaniern
obige Fähigkeit ganz absprechen zu wollen. Ihre Leistungen
im Laufe ihres nationalen Lebens würden das Falsche dieser
Ansicht auch beweisen.

Ein Beispiel statt vieler mag genügen.

Es wird Niemand einfallen, den leidenschaftlichen, anda=
lusischen feurigen Redner und Staatsmann Castelar als Muster

eines gründlichen Forschers zu betrachten. Wol aber darf der Mathematiker, der Staatsmann, der Dramatiker Echegaray als solcher betrachtet werden. Ein solcher war auch Sanz del Rio, der die Philosophie aus Deutschland nach Spanien übertrug, und solcher ernsten Denker giebt es unter den Gelehrten viele. Der Vertreter des echten spanischen Typus, der Andalusier besonders, ist nicht zum gründlichen Forscher geschaffen. Jene Eigenthümlichkeiten der römischen Schriftsteller spanischer Nationalität, das Haschen nach Effekt, das Rhetorische, das Epigrammatische, finden wir bei den heutigen Schriftstellern wieder; und es ist merkwürdig, wie das Germanische, das doch eine der fundamentalen Basen des Spanierthums war, durch das Romanisch-Iberische resorbirt wurde, wie dies speziell aus dem Studium der wissenschaftlichen Literatur der Spanier erhellt.

Die phänomenale natürliche geistige Begabung ersetzt bei dem Spanier die wissenschaftliche Gründlichkeit so sehr, daß er vermöge derselben mit größter Leichtigkeit den Schein der tiefsten Gelehrsamkeit erlangen und die Welt auf das gründlichste über sein Wissen täuschen kann. Aber eben diese außerordentliche Begabung ist es wiederum auch, die ihn hindert zum gründlichen wissenschaftlichen Forscher zu werden. Was ein Deutscher mit Umständlichkeit in ungeheurer Zeit durch Forschung und ausgedehnteste Studien in systematischer Weise langsam ermittelt und dann zaghaft als wissenschaftliches Ergebniß aufstellt, das kombinirt und erräth der Spanier oft in kürzester Zeit in rapidem Gedankenfluge; sorgfältig in logischer Gedankenfolge einen abstrakten Gegenstand zu erforschen, dazu hat er keine Geduld, dazu ist seine Denkweise zu subjektiv. Schnell erfaßt er das Wesentliche einer Sache und sprunghaft läßt er seine Gedanken von einem Gegenstand zum anderen eilen. Von gründlicher Vertiefung ist daher eben nur ganz ausnahmsweise eine Spur zu bemerken. Castelar's Geschichtswerke sind dafür auch der Beweis, und Castelar ist Professor der Geschichte an der Universität von Madrid. Oberflächlich= keit, Flüchtigkeit, Leichtigkeit sind leider vielfach die Merkmale von Werken, die vom In= und Auslande als wissenschaftlich bezeichnet werden. Viele sind Zeugnisse großer Belesenheit und eminenten Gedächtnisses; viele Werke sind Kompilationen, denen jede Originalität abgeht.

Bei der Beurtheilung des wissenschaftlichen Lebens Spaniens sind wir insofern sehr leicht Irrthümern ausgesetzt, als das Material, das wir dafür haben, durchaus abweichend ist von dem, wonach wir das andrer Länder beurtheilen. Die wissenschaftliche Literatur ist nämlich sehr bescheiden an Um= fang und wollten wir lediglich aus ihr unsere Schlüsse ziehen, so würden wir eben zu ganz falschen Resultaten gelangen. Bücher wissenschaftlichen Charakters werden nur in sehr ge= ringer Zahl geschrieben und gedruckt. Der Grund dafür ist die Unmöglichkeit, sie abzusetzen. Wenn es nicht Lehrbücher sind, wenn sie nicht auf Kosten gelehrter Gesellschaften ge= druckt werden, wenn für andere nicht durch vorhergehende Subskription ein bestimmter Abnehmerkreis gesichert ist, wenn nicht der Gegenstand zufällig das allgemeinste Interesse erregt, so wird ein wissenschaftliches Werk äußerst selten auch nur 200 Abnehmer finden, daraus ergiebt sich, daß es für den Autor, wie für den Verleger beinahe unmöglich ist, derartige Werke zu veröffentlichen. So kommen ganze Jahre vor, in denen nicht ein Originalwerk von hoher wissenschaftlicher Be= deutung erscheint. Die wissenschaftlichen Zeitschriften, die Boletins und Anales der wissenschaftlichen Gesellschaften ge= nügen vollständig für die bezüglichen Arbeiten. Je weniger geschrieben wird, desto mehr wird aber in den Vereinen, Aka= demieen 2c. gesprochen und diskutirt, und darin haben wir hauptsächlich eine Eigenthümlichkeit des wissenschaftlichen Lebens Spaniens zu erblicken. Diese Vereinigungen sind die Herde desselben, dort werden mündlich die Wissenschaften gepflegt und in ihren Diskussionen erkennen wir auch die fortschreitende Bewegung, in der sich die Wissenschaft Spaniens befindet. Es entspricht diese eigenthümliche Erscheinung wiederum völlig dem spanischen Nationalcharakter. Die oratorische Begabung ist gerade so wie die poetische dem Spanier eingeboren, und beide Gaben bekunden sich überall, wo sich nur irgend Gelegenheit dazu bietet.

Die Erweckung der Wissenschaft von dem Todesschlaf, in dem sie sich seit Jahrhunderten unter der unumschränkten Herrschaft des Klerus und des Glaubens befunden hatte, datirt natürlich wie die Bewegung auf allen Feldern der intellektuellen und materiellen Kultur Spaniens erst seit der französischen Revolution und den Einwirkungen des in ihr erscheinenden Geistes der Neuzeit auf den spanischen Nationalgeist, seit dem Beginn der Revolution im Jahre 1808. Die Demokraten, die Liberalen aller Schattirungen richteten ihr Augenmerk auf sie und suchten sie nach Kräften zu fördern; jeder ihrer Siege gab den Wissenschaften neue Impulse und besonders war ihr die enthusiastische Bewegung der dreißiger Jahre günstig. Damals wurden in Madrid literarische und wissenschaftliche Gesellschaften gegründet, die die Pflegestätten der Wissenschaft und die Herde wurden, von denen die neuen Ideen sich über Spanien verbreiteten. Den politischen Schwankungen entsprachen nun auch bis heute die der Geistespflege, aber die Bewegung blieb trotz aller Beschränkungen stets eine fortschreitende, und wird es hoffentlich immer mehr und mehr werden, vorausgesetzt, daß das liberale Regime nicht wieder durch ein klerikal-konservativ-absolutistisches ersetzt wird. Diese Bewegung konnte aber begreiflicherweise nur eine sehr langsame sein, denn die Interessen der höher Begabten waren während der 70 Jahre seit 1808 in erster Linie durch die politischen Kämpfe absorbirt, und konnten nur beiläufig sich

der Pflege der Wissenschaften und der schönen Literatur zu=
wenden. In erster Linie mußte dann aber die Preßfrei=
heit errungen werden, die endlich im Jahre 1868 auf ziem=
lich breiter Basis gegründet wurde. Die Restauration be=
schränkte aber dieselbe wieder gänzlich und verfolgte die freie
Meinungsäußerung sowol in politischen wie besonders in
religiösen Dingen auf das härteste. Und wo, wie in vielen
Fällen, das Preßgesetz nicht angewandt werden konnte, da
trat dann die Kirche ein. Als Beispiel dafür möge das Folgende
dienen.

In der „Revista de Andalucia" eröffnete Leon Ramon
Mainez 1877 eine Reihe von Artikeln über die Visionen der hei=
ligen Theresa, und erklärte dieselben sowie überhaupt alle ihre
Krankheitserscheinungen vom physiologischen Standpunkte aus.
Der erste dieser Artikel konnte nach dem Preßgesetz nicht beanstandet
werden; kaum aber war er publizirt, so eröffneten die Bischöfe
von Avila, Cadiz, Málaga das Strafgericht; von den Kanzeln
wurde gegen den Ketzer gepredigt, er wurde wiederholentlich
exkommunizirt und mit ihm auch die Redaktion des betreffen=
den Journals und die Leser desselben, wenn die Artikel fort=
gesetzt würden. Dies Alles war für den Verfasser bei seinen
Anschauungen von keiner Bedeutung, die Folge aber war, daß
die Blätter, für die er bisher gearbeitet hatte, bei der Macht
des Klerus nicht wagen durften, weitere Beiträge von ihm
aufzunehmen und auch die Gesellschaft zog sich daher von ihm
zurück. Und ähnliche Dinge, völlige Ketzerverfolgungen, früherer
Jahrhunderte würdig, fanden zu wiederholten Malen statt.

Madrid, als Sitz der Regierung, als Hauptstadt des
ganzen Landes, als Brennpunkt des regen politischen Lebens,
zog schon, weil die Kortes dort tagen, die bedeutendsten Männer
des Landes an sich und da diese zugleich auch literarisch thätig
waren und sind, so wurde dadurch das literarische Centrum
geschaffen. Und die vielen Klubs, Vereine, Akademieen sind

auch heute geeignet, jeden der sich der wissenschaftlichen und literarischen Thätigkeit vorzugsweise oder ausschließlich widmen will, anzulocken, denn nicht in der Abgeschlossenheit, sondern im regen Verkehr mit anderen Geistern entwickeln sich die Talente.

Gegen dieses geistige Centralisationssystem kämpften aber alsbald die Provinzen und deren Hauptstädte an, indem sie die Gefahr des Schematismus, des Schablonenwesens für die Literatur vorgaben, wenn diese nur an einem Orte gepflegt wird. In der That wurde aber nur der politische Partikularismus auch auf das wissenschaftliche und literarische Gebiet übertragen und so ein reger Wetteifer zwischen Madrid und den anderen großen Städten erzielt, der heute seine guten Früchte trägt.

Als eine solche Nebensonne, die der großen: Madrid, den Rang streitig zu machen sucht, müssen wir zuerst Barcelona, die zweite Stadt Spaniens an Größe und Einwohnerzahl, nennen. Sie spielte im Mittelalter nicht allein in politischer, sondern auch in literarischer Beziehung eine bedeutende Rolle. Als die heitere provenzalische Lyrik aus der Provenze vertrieben war, da fand sie in Barcelona ihre Zuflucht; dort bestand vom Ende des vierzehnten Jahrhunderts an der Rath des heiteren Wissens, dem so viele bedeutende Dichter angehörten. Und jene provenzalische Sprache lebt heute noch in Katalonien wenig verändert fort, ja, moderne Dichter gebrauchen sie von neuem und wenden ihr wieder das Interesse ganz Spaniens zu. Barcelona ist der Sitz vieler gelehrter Schulen, hat viele Bibliotheken; der religiöse Freisinn hat dort fruchtbaren Boden gefunden. Handel und Gewerbe blühen hauptsächlich dort. Das alles wirkt zusammen und läßt Barcelona auch zu einem Vorort für geistige Interessen werden. Bedeutende Staatsmänner, viele Vorkämpfer für den Liberalismus und die Republik, viele Gelehrte sind aus dieser Stadt hervorgegangen.

Auch Cadiz darf als ein Bildungsherd gelten und bietet damit eine interessante kulturhistorische Erscheinung.

Weit in das Meer vorspringend, an der äußersten Spitze einer Landzunge gelegen, von starken Mauern rings umgeben, bietet die Stadt nicht die geringste Spur landschaftlicher Reize. Keine natürliche Vegetation erfreut das Auge, bis auf die Anlagen, die man mit vieler Sorgfalt auf den Plätzen gemacht hat.

Ihrer Lage nach war die Stadt berufen, eine große Rolle in der Geschichte des Handels zu spielen, und diese Aufgabe hat sie auch auf das glänzendste erfüllt. Man erkennt ihre frühere kommerzielle Bedeutung heute noch an den großartigen Waarenhäusern, an den Einrichtungen jener Gebäude, die einst große Handelsfirmen für ihre ehemaligen Bedürfnisse hatten herstellen lassen. Die Zahlen und das Geld herrschten in jener Stadt jahrhundertelang, und so lange war kein Sinn da für literarisches Schaffen, für geistige Thätigkeit. Heute macht die Stadt einen todten Eindruck, der Handel ist in andere Bahnen eingegangen, die ungeheuren Reichthümer sind geschwunden, die Geschäfte liegen darnieder, die Stadt ist verarmt. Aber sie hat sich für den erlittenen Verlust einen Ersatz geschaffen, der ihr für lange Zeit auf einem anderen Felde der Kulturgeschichte eine Ehrenstelle sichern wird.

Im Jahre 1810 war Cadiz die Vorkämpferin für die konstitutionelle Verfassung des Landes gewesen; im Jahre 1868 machte das Pronunciamiento von Cadiz der Herrschaft Isabella's ein Ende, und auch sonst hat die Stadt in den Verfassungskämpfen dieses Jahrhunderts immer an der Spitze des Fortschritts gestanden.

Das eigentliche produktive Geistesleben datirt jedoch erst aus jüngster Zeit, und Cadiz verdankt seine schnelle Entwicklung zum Theil auch der Anregung, die jener oben genannte gemaßregelte und exkommunicirte Schriftsteller, Don Leon

Ramon Mainez, durch seine cervantistischen Studien gab. Im Jahre 1874 trat der Genannte mit einigen Gleichgesinnten zusammen, bildete die Cervantistische Gesellschaft von Cadiz und begründete die Crónica de los Cervantistas, eine nach Bedürfniß erscheinende literarische Zeitschrift, zunächst natürlich den cervantistischen Studien gewidmet.

Der 23. April, der Sterbetag des großen Dichters, wurde zur jährlichen Festfeier bestimmt, und die Betheiligung an derselben ist in den wenigen Jahren so gestiegen, die Gesellschaft ist so angewachsen, daß 1878 weder die ursprünglich benutzten Säle des Provinzialinstituts, noch des Rathhauses genügten, sondern es mußte das große Theater der Stadt für diesen Zweck in Anspruch genommen werden, und das will etwas sagen bei einem Feste, das lediglich literarischen, wissenschaftlichen Charakter hat.

Im Jahre 1876 wurde ferner in Cadiz eine Akademie der Wissenschaften und Künste eröffnet, die sich eines großen Zuspruchs erfreut.

Aus Cadiz gingen Castelar und viele andere namhafte Staatsmänner hervor, und die jetzt dort lebenden Schriftsteller und Gelehrten, unter den ersteren auch eine Dame, Patrocinio de Biedma, die Begründerin des beliebten von ihr redigirten Journals „Cadiz", zeichnen sich durch große Regsamkeit aus.

Ferner dürfen wir auch Sevilla, Valencia und Bilbao als Pflegestätten der Geistesinteressen in zweiter Linie nennen.

Zum unmittelbarsten Ausdruck des Geisteslebens, zur Literatur der Gegenwart übergehend, wollen wir zuerst die wissenschaftliche einer kurzen Betrachtung unterziehen.

Ist die moderne wissenschaftliche Literatur auch nachgerade schon ziemlich umfangreich geworden, so ist sie im Ganzen doch nicht sehr bedeutend und entbehrt auf manchen Gebieten aller Originalität insofern, als sie aus Uebersetzungen und aus Kompilationen aus fremden, ursprünglich überwiegend französischen, dann auch aus deutschen und englischen Werken besteht. Die französische Literatur war ja lange Zeit hindurch der einzige Kanal, durch den Spanien Kunde von der anderer Länder erhielt, noch heute werden manche deutsche und englische Werke nicht aus den Originalen, sondern aus den französischen Ueber=tragungen in's Spanische übersetzt. Später, sobald man die Wichtigkeit der Philosophie erkannte, wurden Gelehrte nach Deutschland geschickt, um dort an der Quelle die Philosophie zu studiren, die in Spanien über der Pflege der mittelalter=lichen Scholastik und der jesuitischen Sophistik und Dialektik zu einem undefinirbaren, unverständlichen Begriff geworden war. Als Julian Sanz del Rio 1843 im Auftrage des frei=sinnigen Ministers La Serna nach Deutschland ging und von dort die Krause'sche Philosophie mitbrachte, wurde diese nun alsbald das Dogma, auf das alle Jünger der Wissenschaft schwuren. Von dem Augenblicke an wurde das Auge der gebildeten Spanier überhaupt auf Deutschland und seine Wissenschaft gelenkt und diese bald in ihren hervorragendsten Erzeugnissen durch Uebersetzung zum Eigenthum der Spanier gemacht. Als später auch die Hegel'sche und Kant'sche Philo=sophie bekannt wurden, erlitt die Krause's dadurch, obgleich sie ohne Zweifel dem Wesen der Spanier im Allgemeinen viel mehr zusagte und entsprach, erheblichen Abbruch. Die Philosophie wurde nun aber Modesache und zu einem ganz unentbehrlichen wissenschaftlichen Rüstzeug. Wenn man nur einem literarischen Produkt das philosophische Mäntelchen um=gehängt, die nöthigen philosophischen Schulausdrücke und Flos=keln angebracht hat, so glaubt man demselben damit wissen=schaftlichen Werth und höhere Weihe verliehen zu haben. So besteht im großen Ganzen die Pflege der Philosophie einer=seits in einem einseitigen Autoritätskultus und in der Ueber=setzung der bezüglichen Werke und andererseits in rein äußer=licher Handhabung derselben, in dem man sich ihrer zum wissenschaftlichen Aufputz bedient, um dadurch dem behandelten Gegenstande in den Augen der Masse wenigstens und der Gebildeten den Nimbus höchster Wissenschaftlichkeit zu verleihen. Also auch hier ein Kultus des Scheins, Tüncharbeit, hinter der sich oftmals eine unergründliche Leere verbirgt.

Die weitaus größte Menge der wissenschaftlichen Werke dient ferner den Schul= und überhaupt den Lehrzwecken, da das Schaffen von Schulbüchern als das materiell einträglichste gilt, die strengwissenschaftlichen Werke dagegen gar keinen Absatz finden. Unter diesen Lehrbüchern aber begegnen wir ebenfalls vielen, die ihren deutschen Ursprung nicht verleugnen können, theilweise sogar Uebersetzungen von deutschen Arbeiten sind.

Wenn wir darnach nun aber schließen wollten, daß die Spanier den Deutschen für die zahllosen Anregungen, die sie von ihnen erhalten haben, dankbar sind, so ist dies nur ganz ausnahmsweise der Fall, und es gilt hier so ziemlich dasselbe, was wir oben über die Sympathieen Spaniens für Deutschland sagten. Ja, jener berüchtigte Toast von Menendez Pelayo, in dem er Deutschland als Herd der Ketzereien, des Unglaubens, der Barbarei und Unwissenheit bezeichnete, hat den allgemeinsten Wiederhall gefunden. Allerdings ist der Spanier zu konventionell, als daß er nicht im Allgemeinen den Schein der Sympathie wahrt, man hat aber jeden Augenblick Gelegenheit, die wahre Gesinnung, die auch in Gelehrtenkreisen herrscht, zu erkennen. Der Druck der Dankbarkeit ist ihnen überdies lästig, wie das so alltäglich ist. Um aber einige Beweise für die thatsächliche Gesinnung zu geben, seien einige Citate herangezogen.

„Diese deutschen Professoren," sagt der sonst durchaus freisinnige in unserer Literatur bewanderte Universitätslehrer Carreras y Gonzalez in der „Revista de España" vom 28. Oktober 1881, p. 455, „diese deutschen Professoren, die mit der Fabrikation ihres Goldes bisher so wenig Glück hatten und sich nun gegen den „Kosmopolitismus“, „Individualismus“ und „Materialismus“ der natürlichen Gesetze Adam Smith's wenden — diese Moral= und Nationalitäts=Professoren richten, im Grunde genommen, ihre Angriffe lediglich gegen die Prin= zipien der Freiheit und des Christenthums. Sie sind, ohne selbst eine Ahnung davon zu haben, brutale Materialisten.... Diese Herren Professoren fürchten die Konkurrenz! Sie wollen das Kapital mit der Arbeit versöhnen: sie sind Sozialisten. Sie wollen weder Franzosen noch Engländer sein: sie sind Chinesen. Sie wollen Deutsche vor allem sein: sie sind keine Katholiken“.

Hierzu sei bemerkt, daß der Ausdruck: „sie sind Chinesen“ im Spanischen so viel bedeutet, wie im Deutschen: „sie sind Kaffern“; und ferner: „sie sind keine Katholiken“ so viel wie: „sie sind keine Christen“.

Es spricht aus dem ganzen Ton, in dem dieser Passus abgefaßt ist, eine unangenehme Gehässigkeit.

Dagegen schreibt Herr Sanchez, einer der geachtetsten Gelehrten und rührigsten Mitglieder des Madrider Ateneo in der „Revista hispano=americana“ vom 1. Dezember 1881: „Gar viele sind überzeugt, daß die Deutschen nur Protestanten oder Rationalisten seien; aber die so denken, kennen von Deutschland nur das, was man „deutsche Philosophie“ nennt und nur insofern deutsch ist, als es Deutsche zu Urhebern hatte. Die deutsche Philosophie, die wir kennen und die durch Frankreich verbreitet wurde, hat mit Deutschland durchaus nichts zu schaffen.... Jenseits des Rheins wie diesseits des Ebro giebt es nur sehr wenige, die über Kant's Kritizismus, Fichte's absurdes Ich, Schelling's Identität, Hegel's Ent= wicklungslehre, Häckel's Monismus, Büchner's Stoff, Schopen= hauer's allmächtigen Willen, Hartmann's Unbewußtsein, das weder sieht, noch hört, noch fühlt, und dennoch Alles vermag, sich nicht lustig machen..... Während der letztverflossenen fünfzig Jahre ist in Deutschland mehr als anderswo der Supernaturalismus im Allgemeinen und die katholische Religion insbesondere in Wort und Schrift vertheidigt worden; ja sogar die scholastische Philosophie fand im Lande Luthers zahlreiche gelehrte und hochgeachtete Vertreter..... In Deutschland giebt es im Ganzen kaum 5000 Rationalisten....." Dies darf als Beispiel für die Gründlichkeit und Sorgfalt gelten, mit der spanische Gelehrte ersten Ranges das Ausland beurtheilen, das sie selbst bereist, in dem sie zum Theil ihre Studien gemacht haben. Den Statistiker dürfte es interessiren, aus dem hier herangezogenen Artikel einer Revue, die sich rühmt, nur wissenschaftliche Autoritäten und literarische Größen ersten Ranges zu Mitarbeitern zu haben, zu erfahren, daß „die Protestanten keineswegs die Mehrheit im Volke bilden"; daß „ganz Deutschland 50 Millionen Einwohner hat, von denen einige 20 Millionen Protestanten, dagegen fast 30 Millionen Katholiken sind" und dergleichen mehr!

Die Zahl Derjenigen, die augenblicklich in Spanien als wirkliche Kenner, überzeugungstreue Verehrer und konsequente Vertreter der deutschen Wissenschaft und Kunst zu erachten sind, ist überraschend gering, aber man darf dagegen auch konstatiren, daß diese Wenigen, die Herren Urbano Gonzalez Serrano, José del Perojo, Juan Valera, Nemesio Uranga, José de Fuentes, Pablo Sarasate und Antonio Monasterio den eigentlichen Kern und glanzvollen Mittelpunkt der heutigen spanischen Gelehrten-, Dichter-, Schriftsteller- und Virtuosenwelt bilden.

Auffällig ist dagegen nun aber, daß auch von solchen Spaniern, die die deutschen Verhältnisse aus eigener Anschauung kennen, die gewissermaßen in deutscher Schule gebildet sind, doch Deutschland weit hinter Frankreich gestellt wird, von dem man alles Bedeutende einzig und allein erwartet. Daß ferner gerade diejenigen Spanier, welche Deutschland besser kennen und daher auch besser beurtheilen sollten, am wenigsten dafür thun, ihre unwissenden Landsleute über unsere Heimath aufzuklären, hat bereits Herr Lauser in seinem Buche „Aus Spaniens Gegenwart" bei Besprechung einer im Jahre 1871 von Herrn Cánovas del Castillo gehaltenen Rede über den Verfall der lateinischen und das Wiederaufblühen der germanischen Rasse hervorgehoben: „Nicht wenigen Mitgliedern des Ateneo schien diese Ausführung Cánovas' eine harte Rede, und fast den ganzen Winter hindurch wurde die von ihm angeregte Frage mit großer Lebhaftigkeit von allen möglichen Standpunkten beleuchtet. Hierbei ist uns einigermaßen aufgefallen, daß Männer wie Canalejas, die einen guten Theil dessen, was sie sind, den Deutschen verdanken, am schärfsten mit den Cánovas'schen Anschauungen zu Gericht gingen." —

Die rein philosophischen Schriften behandeln meist die verschiedenen philosophischen Systeme dieses Jahrhunderts und bestehen überdies zum großen Theil aus Uebersetzungen und Bearbeitungen deutscher Werke. Und zwar ist es nächst Krause Hegel, der, nachdem Castelar für ihn in Spanien Boden geschaffen, viele literarische Bearbeitungen seiner Lehren erfahren hat. Ferner sind manche Werke über Pädagogik und Theologie geschaffen worden, in denen diese mit der Philosophie verbunden sind. Dazu gehören die Arbeiten von F. de Castro, der auch das Fröbel'sche System in Spanien eingeführt und literarisch behandelt hat und Ruiz de Quevedo u. A. Hervorzuheben sind außerdem die Arbeiten von Balmes, von Donojo Cortes, dann von A. Lopez Muñoz: Elementos de psicología; filosofía moral und Elementos de lógica; von Mariano Perez Olmedo: Elementos de psicología, lógica y ética. Von diesem eben genannten Schriftsteller ist auch ein Apparat für den Unterricht in der Experimental= psychologie konstruirt worden, den er Psicóscopo nennt. Die philosophischen Schriften von Eduardo A. de Besson: la lógica

en cuadros sinópticos u. a. zeichnen sich durch eine gewisse
Originalität der Auffassung aus. Gegen den Spiritismus
richtet sich das Werk von dem als Mathematiker und sonst
als Gelehrten und Schriftsteller bekannten und geschätzten
Vicente Rubio y Diaz: Estudios sobre la evocacion de los
espiritus. Sehr thätig als philosophischer Schriftsteller ist
auch der Sekretär der Institucion libre de Enseñanza in
Madrid, Hermenegildo Giner de los Rios.

Zu der Klasse der philosophischen Werke müssen auch die
juristischen von Ed. A. de Besson gerechnet werden, unter
denen die synoptischen Tafeln des Prozeßverfahrens besondere
Beachtung verdienen. Werke, die nicht verfehlen werden, auch
das Interesse des Auslandes auf sich zu lenken, sind besonders
die zum Theil höchst genialen und im Allgemeinen ganz
originalen von Meliton Martin, die sich hauptsächlich mit der
„Arbeit" des Menschengeschlechts beschäftigen; es befinden sich
darunter manche preisgekrönte Schriften. Seine bedeutendsten
Arbeiten sind: La filosofía del sentido comun; Conato de
clasificacion de los conocimientos humanos en el siglo XIX.;
La imaginacion; Las huelgas; Le travail humain; El tra-
bajo en España.

Bei dem Schwinden der Religiosität in Spanien dürfen
wir eine rege Thätigkeit auf dem Gebiete der Theologie vor-
aussetzen, und die war denn auch besonders unter dem Régime
Cánovas' sehr groß und wird jetzt nicht minder eifrig betrieben.
Natürlich finden wir in ihnen denselben Geist, der aus dem
gesammten Auftreten des Klerus gegenüber den Bestrebungen
der Wissenschaft und Kultur im Allgemeinen mit so großer
Deutlichkeit spricht. Meist in der Schule der Jesuiten gebildet, sind diese Schriftsteller gewöhnlich scharfe und überaus
geschickte Dialektiker, besonders in ihren Streitschriften gegen
die moderne Aufklärung und in allen denjenigen, durch die
sie auf die großen Massen wirken wollen.

Abgesehen von den langathmigen hochgelehrten Werken über Kirchengeschichte, die Kirchenväter, einzelne Dogmen oder das ganze Dogmengerüst, in denen allen selbstverständlich der strengste katholisch = orthodoxe Geist herrscht, wollen wir nur einige von denen erwähnen, deren Einfluß über die Grenzen der theologischen Gelehrtenkreise weit hinausragt. Da ist denn unter anderen das Werk von dem Professor der Metaphysik an der Universität Madrid, Orti y Lara, über die Inquisition hervorzuheben. Dasselbe dient begreiflicherweise dem Zweck, den Spaniern in Erinnerung zu bringen, daß es nie eine größere glorreichere Institution gegeben hat, als die Inqui= sition, daß sie das sicherste einzige Mittel ist, die christliche Gesellschaft zusammenzuhalten und zu bessern, die Einheit der religiösen Grundlage herzustellen und Spanien im besonderen wieder zu seinem früheren Ansehen aus seinem gegenwärtigen Verfall zu erheben.

Nachdem der Verfasser nun über das Sublime der In= quisition sich des weiteren ausgelassen hat, geht er zu einer historischen Entwicklung derselben über und fängt beispiels= weise das Kapitel XIV. über die Autos de Fé mit folgenden Worten an: „Vor dem erhabenen Schauspiel, das sich den Augen des christlichen Geistes in den Autos darbietet, oder um in verständlichen Ausdrücken zu sprechen, in jenen Hand= lungen des Glaubens und der Frömmigkeit, in denen die Wahrheit triumphirte über den Irrthum in der religiösen Ordnung, können die Feinde die Wuth nicht unterdrücken, von der sie gegenüber dieser das Heil der Seele rettenden Institution erfüllt sind" rc. Man sollte dergleichen kaum mehr in unserer Zeit für möglich halten und doch bieten sich der= artige Anschauungen in Spanien überall und jeden Augenblick. So spricht auch dieser selbe orthodoxe Geist aus den Werken des früher bereits erwähnten Geistlichen Eduardo Maesso Campos, hauptsächlich natürlich aber aus den Katechismen

und anderen Lehrbüchern für die Jugend, aus den Flug=
schriften, Traktätchen, Gedichten, Legendenbüchern für das
Volk. Vor allem dürfen wir aber den Helden des Banfets
vom 31. Mai 1881, den von ren Liberalen selbst als Natur=
wunder, als Ungeheuer von Gelehrsamkeit bezeichneten Jüng=
ling Menendez Pelayo nicht vergessen, der schon seit mehreren
Jahren Universitätsprofessor ist, an Stelle des verstorbenen
so verdienstvollen Dichters und Kritikers Hartzenbusch mit
allen Stimmen gegen eine in die Akademie der Wissenschaften
gewählt wurde. Die Kortes mußten eine besondere Vorlage
berathen, durch die diesem jetzt erst ungefähr 26 Jahre zählenden
Wunderjüngling die Professur an der Madrider Universität
verliehen werden durfte. Was die Spanier hinsichtlich des
Menschenkultus leisten können, das zeigte sich bei Menendez
Pelayo, dessen starkes Gedächtniß und erstaunliche Arbeitskraft
allerdings während einiger Jahre alle Spanier über seine
wahren Fähigkeiten zu täuschen vermochten. So schnell aber
sein Ruhm stieg, so schnell ist er seit vorigem Jahr im
Schwinden, obgleich er noch im Mai 1883 auch in die Aka=
demie der Geschichte aufgenommen wurde. Feierte man ihn
bis dahin als den sorgfältigsten Kenner des Griechischen und
Lateinischen, der römischen Literatur, so zeigen nun bei ge=
nauerer Untersuchung seine Uebersetzungen aus dem Horaz
und anderen Schriftstellern große Lücken in seinem Wissen;
feierte man ihn als einen der ersten Dichter, so würdigt man
nun diese Reimereien und Uebersetzungen des Horaz, wie sie
es verdienen; galt er als genialer Kritiker und Literar=
historiker wegen seiner in diese Fächer schlagenden Schriften,
so ist auch da die Verblendung und Bewunderung rasch ge=
wichen. Vor allem aber bezeichnete ihn das gelehrte und ge=
bildete Spanien vor 2 Jahren als erste Autorität auf dem
Gebiete der Kirchengeschichte, weil er bis dahin zwei unförm=
lich dicke Bände seiner Historia de los Heterodoxos en España

(Geſchichte der Proteſtanten Spaniens) herausgegeben hatte.
Man bezeichnete ſie wol als Meiſterwerke, weil es nur wenige
gab, die aus Reſpekt vor den zwei dicken Bänden dieſelben laſen
und von denen, die dies wirklich thaten, wagte wol Niemand
ſeine wahre Meinung auszuſprechen, weil dieſelbe von der
allgemeinen begeiſterten Stimmung zu ſehr abgewichen wäre,
als daß ſie irgend welche Beachtung gefunden hätte. Im
vorigen Jahre erſchien denn nun aber der dritte Band, der
bis in die heutigen Tage hineinreicht und dadurch das Inter=
eſſe weiter Kreiſe in Anſpruch nahm. Hatte Menendez Pe=
layo nun zwar von vornherein erklärt, daß er wol im Prinzip
parteiiſch (d. h. vom ultramontanen mittelalterlich orthodoxen
und jeſuitiſchen Standpunkt aus) ſeinen Gegenſtand behandeln,
die Thatſachen aber unparteiiſch berichten werde, ſo war ja
von einem orthodoxen ſpaniſchen Theologen ſelbſtverſtändlich
nichts anderes als das erſtere zu erwarten. Man wagte aber
doch nicht zu denken, daß ein Profeſſor der Univerſität Madrid,
ein Mitglied der höchſten gelehrten Körperſchaften Spaniens,
der Akademie der Wiſſenſchaften und anderer Akademieen ſich
erdreiſten würde, ſeinen Gegenſtand ſo überaus willkürlich, ſo
ganz tendenziös zu behandeln, die Thatſachen ſo ſehr zu ver=
drehen, umzudeuten und falſch darzuſtellen, wie dies von
Menendez Pelayo geſchehen iſt. Am bezeichnendſten iſt es
wol, daß ſelbſt die ſchwärzeſte ultramontane Preſſe in ihren
orthodoxeſten und berufenſten Vertretern ſofort nach Erſcheinen
dieſes dritten Bandes eine furchtbar ſcharfe, ja zum Theil
vernichtende Kritik über denſelben ergehen ließ. So hat denn
glücklicherweiſe der Kultus mit dieſem Tagesgötzen ein ſchnelles
Ende erlitten, aber die Ehre der Gelehrtenwelt kann es natürlich
nicht dulden, dieſes ihr gefeierte und vergötterte Mitglied
ihrer höchſten Körperſchaften nunmehr ganz fallen zu laſſen.

Von ganz ungleich bedeutenderem Werth, obgleich ja
natürlich auch in dem ſtrengſten orthodoxeſten Geiſte geſchrieben,

sind die Werke des Erzbischofs von Valencia, Antolin Mones=
cillo. Neben den rein theologischen Schriften desselben seien
die theils philosophischen, theils politischen erwähnt: Cuadros
morales y politicos, Rafael y Tobias, Pensamientos del
Obispo de Jaen, über die Freiheit der Kulte, über die
Autorität der Kirche ꝛc.

Wieder noch wesentlich höher müssen wir die Werke des
jüngst in die Akademie der Geschichte aufgenommenen Bischofs
von Córdova, P. Ceferino Gonzalez, stellen. Sie sind meist
philosophischen Charakters, bekunden einen hochbegabten selbst=
thätigen Geist, der sich über das Dogma zu streng wissen=
schaftlicher Behandlung seiner Gegenstände erhebt. Die haupt=
sächlichsten seiner Schriften sind: Estudios sobre la filosofía
de Santo Tomas (3 Bände); Filosofía elemental (2 Bände);
Historia de filosofía (3 Bände); Estudios religiosos ꝛc. Nicht
vergessen dürfen wir das Werk von Francisco Rodrigo über
die Inquisition, das höher als das Llorente's geschätzt wird.

Das religiöse Freidenkerthum verfügt über einige tüch=
tige Kräfte, die auch unbeirrt um alle Verfolgungen und
Hindernisse ihren Weg gehen, und hier wollen wir besonders
Leon Ramon Mainez mit seinem Werke über das Leben der
heiligen Theresa und die hochbedeutenden geistreichen Schriften
von Nemesio Uranga nennen: Jesus y la religion de la razon
(Jesus und die Vernunftreligion) und „die christliche Frage und
die augenblickliche religiöse Krisis“. Lehnt das erste dieser Werke
sich an Renan, Strauß, Br. Bauer ꝛc. an, so behandelt das
letztere in selbständigerer Weise die die gegenwärtigen sozialen
Verhältnisse erschütternden Fragen religiösen und moralischen
Charakters.

Das regste Leben zeigt sich entschieden immer auf dem
historischen Gebiete. Die Geschichte des Landes wird besonders
auf das eifrigste gepflegt und es bekundet sich in diesem Um=
stande wieder ein Stück spanischen Charakters. Wenn der

Spanier auch lange im Auslande gelebt hat, wenn seine Interessen auch seinen Blick von dem Vaterlande ablenken, so ver-
gißt er dieses doch nie und wendet sich, zurückkehrend, den
Verhältnissen desselben wieder ganz ausschließlich zu. Das
Ausland und dessen Geschichte interessiren daher den Spanier
so gut wie gar nicht, und nur ganz ausnahmsweise begegnen
wir daher dann und wann Geschichtswerken, die sich mit dem
Auslande und der allgemeinen Weltgeschichte befassen. Die
bezüglichen Lehrbücher der letzteren sind meist nach deutschen
Quellen gearbeitet, wie ja überhaupt die Lehrbücher der
Universitäten selbst für viele Disziplinen auf deutschen Ursprung
zurückweisen. Die Geschichte ist in Spanien die populärste
Wissenschaft und dringt am tiefsten in die Volksmassen ein.
Die Zahl der Historiker ist daher auch sehr groß und die
Masse der erscheinenden Werke sehr bedeutend. Die Provinzen
wetteifern mit einander in der Erforschung ihrer Gebiete; so
wird vornehmlich die Provinzial= und Stadtgeschichte kultivirt.

Allerdings zeigt dieses belebte Bild auch seine tiefen
Schatten.

Da die Geschichtsforschung eng mit der Politik verknüpft
ist, da die hervorragendsten Staatsmänner von Profession
Historiker sind, so liegt die Gefahr nahe, daß die Geschichte
tendenziös, den Parteizwecken entsprechend behandelt werde,
daß die Wissenschaft in den Dienst der Politik tritt und so an
Charakter verliert und stark geschädigt wird.

Leider ist diese Furcht durch die Thatsachen gerechtfertigt,
und manche der anziehendsten Schriften, so zum Beispiel die
Castelars, leiden an diesen eben bezeichneten Gebrechen. Der
Fehler der Flüchtigkeit und Oberflächlichkeit ist ebenfalls viel
verbreitet.

Besonders eingehend sind in den letzten Jahren die ehemaligen spanischen Provinzen Südamerikas, die seit dem Anfang dieses Jahrhunderts zu selbständigen Reichen geworden

sind, und ferner die Kolonieen Spaniens behandelt worden. Außerdem zeigt sich auf allen Gebieten der wissenschaftlichen und literarischen Thätigkeit die überaus starke Neigung, un= veröffentlichte Aktenstücke und Dokumente, die in den Biblio= theken und Archiven seit Jahrhunderten ruhten, an das Tages= licht zu ziehen und alte Werke von hervorragender Bedeutung neu aufzulegen resp. zu kommentiren und zu bearbeiten.

Zu diesen letzteren Publikationen gehören besonders: die Coleccion de documentos inéditos para la historia de España, wovon bis 1882 77 Bände erschienen waren; die Coleccion de Documentos inéditos para la Historia de America y Oceanía, 35 Bände bis jetzt; Bibliotéca hispano-americana bis 1882 7 Bände; Blätter aus den Archiven von Simancas und Sevilla bis 1881 34 Bände; Muñoz: Paleografía Visi-goda V. bis XII. Jahrhundert und Paleografía diplomática española XII. bis XVII. Jahrhundert; Cieza: Crónica del Perú; Las cartas de Indias, auf Kosten des Unterrichts= ministeriums herausgegeben.

Von anderen historischen Werken der letzten Jahre wollen wir hervorheben: Gomez Arteche: Historia de la guerra civil; Castro: Historia general; Corolin y Pella: Historia civil y ecclesiastica de Cataluña; Rios y Rios: Noticia de los Behetrias; das für die gegenwärtigen sozialen Zu= stände höchst wichtige Werk von Zugasti: Historia del Ban-dolerismo (Geschichte des Banditenwesens); Henao y Muñoz: Los Borbones ante la Revolucion; C. Massa Sanguineti: Historia política de Sagasta; Amador de los Rios: Historia social, politica y religiosa de los Judíos de España y Portugal; Vicente Barrantes: Guerras piráticas de Filipinas; Victor Balaguer: La libertad constitucional; Historia de Cataluña y de la corona de Aragon; Estudios históricos y políticos; Mig. Rodrigo Ferrer: Naturaleza y civilisacion de la grandiosa Isla de Cuba; Andrés Borrego:

Datos para la historia de la revolucion de la interinidad y del advenimiento de la restauracion; im Verlage von Dorregaray: Historia de la villa y corte de Madrid; Zamorra y Caballero: Historia general de España; Serrano y Pardo: Anales de la guerra civil; La Fuente y Valera: Historia general de .España; Alf. Espinosa Historia de España; Calatrava: Estudios históricos; Ramon de Mesonero Romanos: Memorias de un Setenton; Angel Fern. de los Rios: Guia histórica ilustrada de Madrid; Vida y Escritos de las Casas von Fabré herausgegeben; Fern. de Quiros: Hist. del descubrimiento de las regiones australes; Juan de Betanzos: Suma y narracion de los Incas del Cuzco; Arbue: Campañas del Duque de Alba; Llana y Rodriguez: Imperio de Marruecos. Das Werk von Montaña, einem Geistlichen, über Philipp II.: Nueva luz y juicio etc. sobre Felipe II., das 1882 erschien, darf kaum Anspruch auf Wissenschaftlichkeit machen, da es nur eine orthodoxe Vertheidigung des Despoten gegen die allgemein über ihn herrschenden Ansichten ist. Ueber Doña Ana de Silva y Mendoza erschien 1881 auch wieder ein neues Werk von Jul. Saenz de Tejada; Men. Valdés: hist. crit. filos. de la monarquía asturiana.

Als Werke über Numismatik sind zu nennen: Zobel: Estudio histórico de la moneda española; Codera: Numismatica arábigo-española etc.

Die Literaturgeschichte hat nur wenig Bedeutendes an abgeschlossenen Werken aufzuweisen. Außer der „Historia crítica de la literatura española" von Amador de los Rios, einem leider in Folge des Todes des Verfassers unvollendet gebliebenen Werke, das in seinen sieben Bänden ein unendlich großes, zum Theil vollkommen neues Material zusammenstellt, aber wenig kritisch ist, sind hauptsächlich zu nennen: Valera: Historia de la literatura española und seine Disertaciones

y juicios literarios, und Victor Balaguer's schönes Werk
über die spanischen Troubadours in sieben Bänden; Rom.
Alvarez Espino: Ensayo critico historico del teatro español;
Valdés y Alas: La literatura en 1881; Torres Naharro:
Propaladia.

Die Kulturgeschichte nährt sich in der Hauptsache von
den Produktionen des Auslandes und weist fast nur Ueber=
setzungen auf. Das bedeutendste spanische Werk ist immer noch
das um die Mitte dieses Jahrhunderts erschienene von Tapia;
ferner: Castelar: La civilicacion en los cinco primeros
siglos del Cristianismo; viel Phrase, die Gedankenblitze,
kühne Thesen, poetische Ergüsse sollen entschädigen für den
Mangel an Objektivität und Gründlichkeit. Sales: Pre-
histórica y Origen de la civilicacion; Ad. de Castro's
preisgekröntes Werk über die Kultur Spaniens im siebzehnten
Jahrhundert. Wichtig für diesen Zweig der Wissenschaft,
für die mittelalterliche spanische Kultur sind ferner die 1880
von Vic. de la Fuente herausgegebenen Werke von Gonzalo
Fernandez de Oviedo: las Quinquagenas de la Nobleza
und Batallas. Für die spanische Kultur dieses Jahrhunderts
sind Mesonero Romanos und Trueba besonders zu Rathe
zu ziehen.

Vieles Bedeutende zeigt sich begreiflicherweise auf den
der Politik nahestehenden Gebieten. So findet sich in der
Gruppe der staatswissenschaftlichen Werke viel der Beachtung
Würdiges. Hervorheben wollen wir: Ensayo sobre la historia
de la propiedad en España; Macanaz: Principios del arte
de civilicacion; Azcárate: Estudios económicos y sociales;
Saco: Emigracion y Colonisacion; Costa: El comercio
español y la cuestion de Africa. Auch die Erkenntniß,
daß Spanien ohne Hebung der Landwirthschaft und Vieh=
zucht nicht existiren kann, hat eine große Reihe von Werken
nationalökonomischen Charakters hervorgerufen, unter andern:

Puerta: Tratado de plantos de uso medicinal, alimenticio é industrial, Otor: Agricultura moderna; Vilanova y Piera: Teoría y práctica de pozos artesianos; Manual de geología agrícola. Unter den rechtsphilosophischen Werken nehmen die des vielseitigen und hochgeschätzten Staatsmannes Man. Alonso Martinez: Los derechos individuales y el estado; La familia, eine Philosophie des Familienrechts und Geschichte der Familie, einen hohen Rang ein. Sehr hervorragende Leistungen verwandten und staatswissenschaftlichen Charakters finden wir in großer Zahl in den großen Zeitschriften, in den Annalen und Bulletins der fachwissenschaftlichen Vereine und Akademien, in den akademischen und Vereins= reden, so z. B. in den Vorträgen die im Ateneo und in der Institucion libre enseñanza gehalten und einzeln publizirt werden.

Sehr groß ist die Zahl der Veröffentlichungen, die poli= tische, Zeit= und Tagesfragen behandeln, und die meist in den Reihen der Opposition ihre Autoren haben.

Als politische Tendenzschriften der letzten Jahre können wir bezeichnen: Marqués de Riscal: Feudalismo y Demo- cracia; Blin y Granados: La crísis de 1881; Saurin: Cánovas; Alcubilla: Sagasta; Carreras: Los duques de la Torre, das ungeheures Aufsehn bei seinem Erscheinen im Januar 1883 machte und sofort verboten wurde. Seine Wirkung war, daß dem Marschall Serrano vorläufig die Möglichkeit, in die Politik einzugreifen, benommen wurde; Pavía: Reflexiones y apuntes politicos; Whig: La demo- cracia dinástica; Marocco und Gibraltar geben auch vielen Stoff zu literarischer Thätigkeit her. Auf die Administration beziehen sich: Fernandez Duro: Disquisiciones; El porvenir de la marínae spañola; Chacon: España gran potencia por su organizacion militar; Opinion de la prensa resp. de la marina militar de España; eine politische Novelle:

Una autoridad modelo; M. T. Campos: Cómo se administra justicia; Vincenti: Estudios sobre la reforma penitenciaria; L. G. H.: Las elecciones de Mérida; Conrado y Asprer: Cartas sobre emigracion y colonias; Saco: Emigracion de Galicia y Asturias, Diaz: Dictamen sobre las causas y orígen de la emigracion de Baleares y Canarias; Vallés: Organizacion militar de España; Opando: Coleccion de Artículos sobre instruccion pública.

Unter den Tagesfragen tritt die der Erziehung und Emanzipation des weiblichen Geschlechts sehr in den Vordergrund; Concepcion be Arenal ist die Führerin und Vertreterin ihres Geschlechts auf diesem Felde; im Uebrigen sind die liberalen Staatsmänner auf demselben eifrig thätig. Ferner ist es der Bandolerismo, das Räuberunwesen, der alle Klassen der Bevölkerung in Anspruch nimmt und in jüngster Zeit die Internationale; Tanzin: la mano negra y la mano blanca; beiläufig auch die Judenfrage, die jedoch durchaus keinen ernsten Charakter hat; dann der moralische Bankerott; Todo el mundo von Santiago de Liniers sei hier erwähnt; die Hebung der Bodenkultur beschäftigt alle gebildeten und staatsmännischen Kreise und seitdem die Herzogin von Medina-Celi 1878 eine Gesellschaft gründete, die unter ihrem Präsidium das Ziel anstrebt, die materielle Wohlfahrt des Landes zu fördern, sind überall derartige Vereine entstanden und manche Schriften werden über diese Frage verfaßt. Endlich ist das Nationalinteresse stets auf die Stierfechterei gerichtet, und es vergeht kein Jahr, in dem nicht mehrere darauf bezügliche Werke geschrieben werden.

Sehr stark ist die Bewegung auf dem Felde der Naturwissenschaften; man hat jedoch da noch gar zu viel nachzuholen und zu studiren, so sind es denn überwiegend Uebersetzungen und Bearbeitungen fremder, englischer und deutscher

Werke, die wir da vorfinden; außerdem genügen die Fachzeit=
schriften, die Annalen und Bulletins der betreffenden Aka=
demieen völlig zur Aufnahme von kleinen Originalarbeiten.
Dasselbe gilt für alle andren Zweige der Wissenschaft. Juris=
prudenz, Medizin, Geographie 2c. verfügen alle über ihre
eigenen Zeitschriften, Akademieen und Vereine, in denen tüchtig
gearbeitet und dahin gestrebt wird, den Anforderungen des
modernen Zeitgeistes zu entsprechen, Spanien auf die Höhe
der andern Kulturländer zu erheben. Ueberall aber zeigt sich
Anschluß an das Ausland und die Summe der Original=
arbeiten ist vorläufig noch sehr gering. Unter den juristischen
Arbeiten der letzten Jahre sei Silvela: El derecho penal
erwähnt.

Was die altklassische Philologie anbetrifft, so wird die=
selbe noch nach der alten scholastischen Manier betrieben.
Neues wird wenig geschaffen, dagegen die griechischen und
römischen Klassiker neuerdings für Studienzwecke neu und mit
Kommentaren versehen herausgegeben. Im Uebrigen ist ein
allgemeines Interesse für Sprachstudien nicht bemerkbar. Zwar
erkennt man die Nothwendigkeit, Französisch, Englisch, haupt=
sächlich auch Deutsch zu treiben. Diese Studien haben aber
überwiegend privaten und praktischen, nicht höheren wissen=
schaftlichen Charakter. Die vergleichende Sprachforschung basirt
vorläufig ganz ausschließlich auf der deutschen und findet ebenso
wie die orientalische einen überaus beschränkten Kreis von
Interessenten. Anders verhält es sich mit der spanischen
Sprache und dem Studium der Dialekte. Eine Reihe von
Werken über das Baskische, auch ein baskisch=spanisches Wör=
terbuch ist in den letzten Jahren entstanden; das Katalonische
und das Galizische behaupten sich aber dem Baskischen gegen=
über im Vorgrunde. Auf allen diesen Spezialfeldern ist man
ferner, wie auch auf allen Gebieten der Wissenschaft bemüht,
alte Werke aus den Bibliotheken hervorzusuchen und neu auf=

zulegen und alte Manuskripte zu veröffentlichen. Mit Eifer forscht man in allen Provinzen nach alten Volksliedern, nach alten Dialektwerken, wie ja die Dialektliteratur zum Schaden der allgemeinen spanischen seit den letzten fünfzehn Jahren sehr in Aufnahme gekommen ist.

In Hinsicht auf die Sprachstudien überwiegen besonders die arabischen, und das ist bei den zahllosen Ueberresten maurischer Kultur und Literatur in Spanien nur natürlich. Aber es treten gerade auf diesem Gebiete wieder sehr wunderbare, für Spanien höchst charakteristische Eigenschaften zu Tage.

So muthet es eigenthümlich an und erregt einigen Verdacht gegen die wissenschaftliche Unparteilichkeit des Individuums, wenn wir einen Orientalisten, einen Andalusier, der die Einflüsse der maurischen Kultur, der die maurische Baukunst, der zahllose Ueberreste der großen Zeit Spaniens auf Schritt und Tritt vor sich sieht, z. B. folgenden Satz aussprechen hören: „Die Mauren konnten schon deshalb keinen günstigen Einfluß auf Spanien und auf Europa ausüben, nichts Bedeutendes leisten, weil sie nicht von dem Lichte des Christenthums erleuchtet, weil sie Heiden waren."

Es berührt uns eigenartig, wenn wir, bekannt mit den Resultaten deutscher und holländischer sorgfältigster Studien, spanische Orientalisten, Universitätsprofessoren und wissenschaftliche Kapazitäten ersten Ranges kühn die ganze Bedeutung der maurischen Kultur leugnen und sie sprechen hören: „Die maurische Kultur ist ja nur der Reflex der westgothischen gewesen", wenn wir dann Werke, die von solchem Geist beseelt sind, auf Kosten des Staats und der Akademieen als Meisterwerke tiefer Gelehrsamkeit gedruckt sehen, wenn wir bemerken, daß die minutiösesten Studien gemacht, alle kleinlichsten Momente benutzt werden, um im Interesse des „spanischen Glaubens" andre Religionen, die Kulturen Andersgläubiger zu erniedrigen. Es scheint allerdings, als wenn die Madrider

Orientalisten Gayangos, Riaño, Franc. Codera, Ayuso sich
zu einer höheren Wissenschaftlichkeit erheben, als ihre Kollegen
in den Provinzen, z. B. Simonet in Granada. In Madrid
hat man endlich auch begonnen, die arabisch-spanischen Werke
im Urtext zu veröffentlichen und so den Grund zu einer ara=
bischen Bibliothek durch die Herausgabe des Textes der ara=
bischen Geschichtswerke von Ibn-Baschenwal, einem Historiker
des dreizehnten Jahrhunderts, zu legen.

Werke überwiegend kritischen Charakters sind selten und
meist so subjektiv, daß sie kaum Anspruch auf Wissenschaftlich=
keit machen können. Die literarische und Kunstkritik sind über=
dies fast die einzigen eifriger bebauten Gebiete. Valera, Re=
villa, Canalejas, Cueto, Cañete, Valdés dürfen als die ersten
Arbeiter auf diesem Felde betrachtet werden.

Die vielen Gesellschaften der Bibliophilen, die sich seit
einigen Jahren in allen Großstädten gebildet haben, sorgen
hauptsächlich für Herausgabe alter Werke und für Sammlung
von Volkssagen und Liedern.

Daß die Statistik noch in ihren Kinderschuhen steckt, be=
merkten wir früher schon. Die Organisation des Buchhandels,
die ungenügende Ausbildung der Biographie schädigen sehr
stark die Verallgemeinerung der wissenschaftlichen Interessen
und die Studien, weil sie keinen Ueberblick über das vorhan=
dene Material gestatten.

Die Männer des Fortschritts sind dagegen mit uner=
müdlichem Eifer und in stetem Kampf gegen die Orthodoxen
bestrebt, durch populäre Bearbeitung der einzelnen Zweige der
Wissenschaft, durch Herstellung billiger Volksausgaben Bildungs=
elemente in der Masse zu verbreiten — unter den jetzigen Ver=
hältnissen allerdings noch mit geringerem Erfolg, als ihn
die billigen Ausgaben der Uebersetzungen französischer Romane
aufweisen. Es werden ferner fortdauernd erscheinende Samm=
lungen veröffentlicht; so ist z. B. zu verzeichnen die „Moderna

Ciencia", die „Bibliotheca de obras cientificas contem-
poraneas", deren Bände von circa 320 Seiten je 10 Realen
(2 Mark) koften und die z. B. Darwin's Urfprung des Men=
fchen, Friedländer's Privatleben der Römer, Tyndall's Neue
Phyfik und dergl. enthält. Vereine haben fich gebildet, um
Aufklärung im Lande zu verbreiten; Schulen und Akademieen,
in denen den niederen Ständen Gelegenheit geboten wird, fich
zu bilden. Allerdings — meist nur in Madrid.

Was nun endlich die offiziellen Akademieen der Wiffen=
fchaften, der Sprache, der Gefchichte 2c. anbetrifft, fo find
diefe leider nur zum kleinsten Theile als Träger und Förderer
der fortfchreitenden Geistesbildung zu betrachten. Sie find
meist von konfervativem, orthodoxem Geist erfüllt; im Be=
wußtfein ihrer fouveränen Macht und Bedeutung verhalten fie
fich der außerhalb ihrer Sphäre ftehenden Welt gegenüber
exkluftv und hochmüthig. Was in ihnen gefchieht, das gefchieht
mit fchneckenhafter Langfamkeit, was die Redaktion einer neuen
Auflage des Wörterbuches der Akademie beweist, und die gegen=
feitige Beräucherung mit Weihrauch, der Menfchenkultus, fcheinen
die charakteriftifchsten Merkmale diefer höchsten gelehrten Körper=
fchaften zu fein. Ganz anders verhält es fich dagegen mit
den privaten Inftitutionen. Das Ateneo und die erft feit
1876 beftehende Institucion libre de Enseñanza und neben
ihnen noch viele andere wiffenfchaftliche Gefellfchaften dürfen
mit allem Recht als unermüdliche Förderer, als Herde der
allgemeinen Bildung betrachtet werden.

Läßt nach Allem das wiffenfchaftliche Leben Spaniens
noch fehr, fehr viel zu wünfchen übrig, find dort noch zahl=
lofe klaffende Lücken auszufüllen, ehe an einen wahren Fort=
fchritt, an frifche Selbftthätigkeit zu denken ift, fo dürfen wir
doch auch nicht vergeffen, daß Spanien erft feit wenigen
Jahrzehnten wieder zu diefem Leben erweckt worden ift und
unter diefem Gefichtspunkt müffen wir geftehen, daß im Laufe

dieser kurzen Zeit sehr viel geleistet worden, daß die fort=
schreitende Bewegung eine sehr erfreuliche und rasche ist.

Möge Spanien sich nur vor dem Rückfall in reaktionäre
Bahnen, in den Schooß des starren abgestorbenen Glaubens
hüten, wenn es auf dem eingeschlagenen Wege fortschreiten
will.

12.

Die schöne Literatur bietet ein der wissenschaftlichen ähnliches Bild; die Zahl der wahrhaft bedeutenden Leistungen ist sehr klein und wie sollte das auch anders sein. Man braucht sich nur zu erinnern, was Spanien in den Jahren 1868 bis 1881 für Krisen durchzumachen und was es zu leiden hatte, was für Versuche angestellt wurden, die Regierungsfrage zu lösen und man wird sich sagen, daß es unter solchen Umständen keinen dauernden Aufschwung nehmen konnte. Im Jahre 1868 erfolgte der Sturz der Bourbonen; daran schlossen sich konstituirende Kortes, Regentschaft, Königssuche, Hohenzollern'sche Thronkandidatur, Amadeo, Republik, die Kämpfe der einheitlichen und bündlerischen Republikaner, der Sozialisten, der Karlisten, der Konstitutionellen und andrer Parteigänger gegen einander und für ihre Sonderinteressen, aus denen dann zwar endlich die Monarchie Alfonso's XII. hervorging und nun wol dem unruhigen politischen Treiben in gewissem Sinne ein Ende machte, dafür aber auch wieder die Klerikalen, die Reaktionären und Konservativen zur Herrschaft brachte, denen 1881 erst die Liberalen in der Regierung folgten und sich nun bemühen, das spanische Staatsschiff in ein den heutigen Weltverhältnissen entsprechendes Fahrwasser zu bringen. Wo sollte da die Lust und Muße herkommen, sich mit voller Hingabe der dichterischen Thätigkeit zuzuwenden, die schöngeistigen Interessen zu verfolgen?

Denn die Zahl derer, die sich, unbekümmert um die Vorgänge im politischen Leben, nur dem Dienst der Musen weihten, war während dieses ganzen Jahrhunderts sehr gering, da die meisten zugleich oder vielmehr in erster Linie Politiker und Gelehrte waren und sind.

Hier bietet sich uns nun ferner auch im Völkerleben wieder eine Erscheinung, die in dem des einzelnen Menschen oft zu Tage tritt: daß wir oft gerade durch das beherrscht werden, was wir hassen.

Wir haben früher bemerkt, daß die Spanier von andern Völkern nichts wissen mögen, daß sie sich im Allgemeinen selbst genügen; wir haben dann aber ferner gesehen, daß, wenn überhaupt von Anschluß an irgend ein Volk die Rede ist, nur die Franzosen in's Auge gefaßt werden. Trotzdem die Spanier und im besondern die großen Massen des Volks die Barbareien nie vergessen konnten und heute noch nicht können, deren sich die Franzosen bei ihren Feldzügen zu Anfang dieses Jahrhunderts auf der Halbinsel schuldig machten, trotzdem sie sie daher im Grunde ihres Herzens mit der ganzen Glut ihrer südländischen Seelen hassen, — gaben sie sich ihnen in kultureller Beziehung doch ganz gefangen, nahmen ihre Sitten, Gewohnheiten und Kleidung an, übersetzten ihre Bücher und öffneten dem verdorbenen französischen Geschmack alle Thore angelweit. Der französische Roman, das französische Drama, die gewissermaßen Spanien als Geburtsstätte haben, wurden und werden nun sklavisch nachgeahmt und der stolze Spanier, der mit einer so beneidenswerthen Fülle von Geist durch die Natur ausgestattet ist, ließ sich herab, und thut es noch, seine Fähigkeiten zu verleugnen, nur das Fremde zum Muster zu nehmen, es zu kopiren, nach der Schablone zu arbeiten, die das verhaßte Ausland ihm gegeben.

Es erging den Spaniern eben neuerdings wie es ihnen vor einer Reihe von Jahrhunderten schon einmal ergangen

ift. Das christliche Spanien suchte sich damals hermetisch
gegen das verhaßte maurische Element und seine unendlich
höhere Kultur zu verschließen. Da jedoch im Kampfe der
Kulturen immer die höhern und weiter entwickelten Elemente
endlich den Sieg davontragen, so war es auch in Spanien
der Fall. Durch zahllose unscheinbare Kanäle auf vielen und
weiten Umwegen drang das Fremde ein und verschaffte sich
Geltung, ohne daß die Spanier erkannten, woher es kam.

Die Vergnügungssucht, die Sinne wurden durch die fran=
zösischen literarischen Produkte befriedigt, und diese daher
nachgeahmt. So erhielt denn die Literatur dieses Jahrhun=
derts den Stempel des gründlichen Verfalls; die Originalität
schwand, ohne Ideale fristete die Dichtung ein kümmerliches
Dasein. In solcher Verfassung fand sie die Revolution noch
vor, denn, wenn es einzelne Ausnahmen unter der großen
Masse von Schriftstellern gab, so waren diese doch nicht im
Stande, gegen den herrschenden Geschmack anzukämpfen, ihm
die Herrschaft zu entreißen, und nicht nach ihnen, diesen
wenigen Ausnahmen, dürfen wir den Charakter der Zeit be=
urtheilen.

Die letzten Jahre verflossen nun aber doch ruhiger, das
Land und die Geister wurden unter dem Restaurations= und
dem nunmehrigen liberalen Ministerium im Allgemeinen von
den politischen Ereignissen nicht dermaßen in Anspruch ge=
nommen, wie es in den ersten Jahren des vorigen Jahrzehnts
der Fall war. Darüber waren aber in der That auch ganz
andere Verhältnisse in der literarischen Welt zur Herrschaft
gelangt. Die Tagespresse hatte sich zu vollster Blüte ent=
wickelt, hatte sich verdoppelt gegen die letzten, verdreifacht
gegen die ersten Jahre des vorletzten Jahrzehnts. Die Belle=
tristik war darüber vernachlässigt worden und die Bedürfnisse
des Publikums wurden außer durch französische Romane und
die Uebersetzungen derselben vollkommen durch die Feuilletons

der politischen und anderer Journale befriedigt. Die Verleger hatten sich für die Tagespresse hinlänglich engagirt und mußten sehr bald die Erfahrung machen, daß selbstständige Produktionen wenig Absatz fanden, theils aus den angegebenen Gründen, theils weil die wirklich brauchbaren literarischen Kräfte nach wie vor im Dienste der Politik thätig waren. Oftmals dienten die neuen Werke unter dem Einfluß der Zeitereignisse politischen Zwecken, waren tendenziös abgefaßt, und derartige Werke tragen meist in sich selbst den Keim der Vergänglichkeit, der sie bald zum Opfer fallen, da die Parteiideale nur höchst selten allgemein gültige werden und ein langes Leben haben. Kurz, derartig politisch tendenziös oder parteiisch gehaltene Erzeugnisse der Belletristik sind gewöhnlich ephemer und sichern nur dann ihren Autoren und Verlegern materielle Vortheile, wenn sie, was selten der Fall ist, im nationalen, im Weltgeist, in einer welterschütternden Bewegung und Idee wurzeln, die weit über die Tagesinteressen der Entstehungszeit hinausgehen, wenn sie mit solchem Geist abgefaßt sind, daß sie, die kleinliche Polemik des Augenblicks überlebend, sich zu der dominirenden Stellung von Dokumenten der Weltgeschichte erheben, indem sie zugleich allgemein gültige Prinzipien der Menschheit aufstellen und vertreten.

Endlich standen viele dieser neuen Werke noch zu sehr im Dienste fremder Geister, hatten zu wenig Originelles, als daß sie durch ihren eigenen innern hohen Werth die Augen der lesenden Massen hätten auf sich lenken können. Ist die Versmacherei und die Vielschreiberei Mode geworden, wie dieß in Spanien der Fall war und ist, so verliert ferner die eigentliche Dichtung und Schriftstellerei überhaupt an Ansehn und in Folge dessen auch an Werth, weil der Geschmack durch die Masse des Schlechten in andere Bahnen gelenkt wird, in Bahnen, in die dann selbst die erlauchteren Geister oft genug aus materiellen praktischen Rücksichten eingehen müssen, um sich nicht von der Bühne des geistigen Schaffens verdrängen zu lassen. Das Resultat ist also auch jetzt noch ein wenig günstiges, denn die Zahl der wahrhaft guten Erzeugnisse der spanischen Belletristik ist verschwindend klein, aber diese wenigen zeigen einen Fortschritt, der gegenüber dem Verfall der Literatur dieses ganzen Jahrhunderts nicht hoch genug angeschlagen werden kann. Die schon im vorigen Kapitel erwähnte Naturanlage, ungemein hohe Begabung und schnelle Auffassungskraft des Spaniers erweisen sich auch auf dem Felde der Belletristik oft genug in gewissem Sinne als Hemm= niß für die volle Entfaltung aller seiner Geisteskräfte. Weil er in jedem Genre mühelos arbeiten kann, so schwankt er be= ständig, bald diesem bald jenem Impulse nachgebend, hin und her, versucht sich auf allen Gebieten literarischer Thätig= keit, und denkt nicht daran, eines besonders zu kultiviren. Unter den zahllosen neuen Eindrücken der modernen Kultur sind ihm die alten Vorstellungen früherer Zeiten abhanden gekommen. In den eigentlich schöngeistigen Kreisen ist die Skepsis und eine wenig verstandene Philosophie an die Stelle der Religion getreten und mit dieser ist eines der gewich= tigsten, der Grundideale der spanischen Literatur geschwunden, ohne daß der gebotene Ersatz doch hinreichend wäre. Das nationale Element, der nationale Geist sind unter dem Ein= fluß des französischen ebenfalls geschwunden und sie waren es, aus denen die Meisterwerke der klassischen Literaturperiode erblühten.

Man hat sich gewundert, daß gerade die Poesie, die doch der Spiegel des Empfindens des Menschen und der Völker ist, daß die spanische Dichtung dieses Jahrhunderts die furchtbaren Zeitverhältnisse beinahe unberücksichtigt ließ, sich höchstens in einer verzweifelten Sentimentalität aussprach; nun wol, darin zeigt sich eben einer der großen Mängel der Dichtung dieses Jahrhunderts; sie ist nicht das natürliche

Spiegelbild desselben, nicht eine mit ihren Keimen im nationalen Boden wurzelnde kräftige Pflanze, sondern ein krankes Treibhausgewächs, dem es an wahrem innerm Leben fehlt. Denn es braucht wol kaum gesagt zu werden, daß das patriotische Ideal nicht in jenen tendenziösen Parteidichtungen vertreten ist, die in Masse erscheinen; der Patriotismus, das Nationalbewußtsein ist dort nicht das Grundideal, das Prinzip, sondern es ist sekundär, steht weit zurück hinter dem Zweck, dem Erfolg, den individuellen und Parteiinteressen. Die Lyrik ist dort nur der Ausdruck des krassesten Subjektivismus und Individualismus — und wären die Empfindungen derselben nur wenigstens noch natürlich!

Ausnahmen, wie z. B. Zorrilla, Nuñez de Arce giebt es ja, aber nach ihnen dürfen wir nicht den Charakter der in's Auge gefaßten Zeit bestimmen.

Auch noch manches andre, was wir vorher bei der wissenschaftlichen Literatur bemerkten, muß auf die Belletristik ausgedehnt werden. Der philosophische Schein dient selbst den Lyrikern zum Ausputz ihrer oft unglaublich schwachen Produktionen. Die Natur ist diesen Dichterlingen, von denen sich jeder in seiner lyrischen Periode für einen Stern erster Größe erachtet und sich verpflichtet glaubt, seine Erzeugnisse der Welt mitzutheilen, gänzlich abhanden gekommen und ersetzt durch konventionelle abgebrauchte Phrase und durch Nachahmung oder Nachbildung der Schöpfungen wahrer Dichter. Wie viel ungefühltes Gefühl, wie viel Gemachtes, wie viel gehaltlose Phrase, äußert sich in dieser modernen spanischen Lyrik, die in unglaublicher Menge den Büchermarkt und die Journalistik überschwemmt und die die wahren Dichter und die Kritiker Spaniens zur größten Verzweiflung bringt. Man kann sich aber in Deutschland auch wirklich gar keine Vorstellung machen, was Alles mit dem Namen Dichtung belegt und dem Publikum als solche zugemuthet wird. Ist es bei

uns in dieser Hinsicht auch traurig genug, finden wir auch
hier zahllose Gedichtsammlungen von jungen Männern und
Mädchen, die ihrer Eitelkeit große materielle Opfer bringen,
ihre Gefühlsäußerungen für Dichtungen halten und diese zum
Entsetzen der Kritiker der Oeffentlichkeit übergeben, so be=
gegnen wir in diesen Leistungen, wenn auch nur äußerst selten
originellen Ideen, so doch wenigstens im Allgemeinen einem
hohen edlen Idealismus; in den lyrischen Expektorationen der
Spanier dagegen, im Allgemeinen, den größten Plattheiten
und Trivialitäten, den alltäglichsten Gedanken, der versifizirten
Prosa, so daß man sich bei 90 von 100 Gedichten als
Deutscher immer fragt: wie ist es möglich, daß Derartiges
überhaupt nur gedruckt wird? Die Ursache dieser Erscheinung
liegt aber auf der Hand und ist sehr natürlich. Der Spanier
ist nicht nur oratorisch, sondern auch poetisch ganz außer=
ordentlich begabt; seine klangvolle Sprache, die Eigenthüm=
lichkeiten der spanischen Poetik, kommen dieser Befähigung
entgegen und erzeugen das für den Ausländer zuerst erstaun=
liche und unbegreifliche Improvisationstalent, das dem ersten
wie dem letzten Individuum in gleicher Weise eigen ist, das
Mädchen aus dem Volke befähigt, im Augenblick improvisirte
Lieder zu singen, dem Salonhelden erlaubt, die vornehme Zu=
hörerschaft durch witzige Dichtereien stundenlang zu ergötzen.
Die Romanzenform ist vollends eine so leichte, daß bei einiger
Uebung ein Ausländer selbst sie leicht benutzen kann. So
gestalten sich die Poesien von selbst, so nimmt der Ausdruck
der allereinfachsten alltäglichsten alles andre nur nicht hoch=
fliegenden Ideen und Empfindungen naturgemäß poetische
Form an, aber es gehört allerdings das volle Selbstbewußt=
sein des Spaniers dazu, dergleichen als Poesie drucken zu lassen.

Anstatt sich ferner auf einem Felde erst gründlich aus=
zubilden, besonders wenn sie darauf Erfolge erzielt haben,
streben die Dichter meist nur darnach, sich so schnell als

möglich in allen Formen als Meister zu zeigen, um als Universalgenies glänzen zu können, und manche gehen darüber zu Grunde. Andre lassen sich nicht Zeit, der erste Erfolg blendet sie so, daß sie sich schon durch die Flüchtigkeit ihrer nächsten Produktionen selbst stürzen, um ihren Ruhm und ihr Ansehn bringen.

Fehlt es denn also der spanischen schönen Literatur der Gegenwart an jedem tiefern Gehalt und Werth?

Keineswegs. Denn wenn auch im Allgemeinen die spanischen Schriftsteller noch den drei Idealen der modernen Welt: dem Erfolgs-, dem Genuß- und dem Geldideal nachjagen, so zeigen doch manche Produktionen seit 1868 auf allen Gebieten der Belletristik einen neuen Aufschwung. Und dieser bekundet sich hauptsächlich in dem Streben nach Selbständigkeit, d. h. nach Befreiung von dem geisttödtenden Schematismus der französischen Klassicität, in der Rückkehr zur Natur und in der Bearbeitung nationaler Stoffe. Diese Umstände, verbunden mit moderner Weltanschauung, werden manchen Werken neuesten Datums vielleicht sogar eine dauernde Stelle unter den bessern Erzeugnissen der nationalen und der Weltliteratur sichern.

Werfen wir nun einen Blick auf die hervorragendsten belletristischen Produktionen seit 1868.

Die lyrische Poesie verfügt, absehend natürlich von den Hunderten von Dichterlingen, die mit jedem neuen Jahre erstehen, über einige sehr bedeutende Kräfte. Die meisten unter diesen zeichnen sich jedoch auch auf andern Gebieten belletristischen Schaffens aus und sind vielmehr danach zu rubriziren. Selbst José Zorrilla, der erste Lyriker des modernen Spanien hat sich in allen Formen versucht und besonders auf dramatischem Felde Lorberen errungen. Nächst ihm ragt im lyrischen Genre Ramon de Campoamor, als einer der ersten hervor, dessen Doloras y Cantares schon viele

Auflagen erlebt haben und viel Schönes aufweisen. Auch Los pequeños poemas; los buenos y los sabios sind geschätzt. Nicht minder geachtet ist Nuñez de Arce als Lyriker, der vor einigen Jahren gestorbene hochbegabte Gust. Ad. Becquer, und Eusebio Blasco: Soledades; poesías festivas; epigramas etc. Aus der Masse der Uebrigen wollen wir als die bedeutendsten erwähnen: J. Alcalá Galiano; Ventura Ruiz Aguilera; M. del Palacio; Ant. Grilo; J. P. Velarde: nuevas poesías; J. San=Martin y Aguirre: Cantos; Carlos Vieyra de Abreu; Fr. Sanchez Arjona: Poesías líricas; Fern. de Castro: penas y sueños; A. R. Carrion: Recuerdos y Aspiraciones, poesías; Acacio Cáceres Prat: recuerdos y Sombras; Guz= man de Celis: Impresiones, poesías íntimas; Collabo: Poesías; Curros Enriquez: Aires d'a minha terra, gali= zische Gedichte, die zuerst unter dem Regime Cánovas er= schienen und damals vom Bischof von Orense unterdrückt und verboten wurden und nun 1881 in zweiter Auflage der Oeffentlichkeit übergeben worden sind.

Von Sammelwerken sind zu nennen das Album poético español und der novísimo romancero, die Gedichte der be= kanntesten Poeten der Gegenwart enthalten; das letztere Werk gehört zu der Biblioteca enciclopédica ilustrada, einem Unternehmen, das erst seit wenigen Jahren in's Leben gerufen und als höchst verdienstvoll zu bezeichnen ist. Die tüchtigsten Gelehrten und Literaten widmen diesem Werke, das den großen Massen die modernen Bildungsmittel zu= gänglich machen soll, ihre Kräfte.

In allen Journalen, die überhaupt Dichtungen aufnehmen, finden sich ferner die Namen zahlloser Unberufener, die die Vers= und Reimmühle in Bewegung setzen und glauben, es muß Poesie sein, was da herauskommt. In Erkenntniß des Umstandes, daß die Strömung der Zeit eine den lyrischen Ergüssen im Ganzen sehr wenig günstige ist, wenden sich auch viele Dichterlinge dem poetischen Virtuosenthum zu und suchen, was ihnen an Geist und Gemüth fehlt, zu ersetzen durch poetische Spielereien, durch Anwendung komplizirter Versmaße, deren Künstlichkeit man wol bewundern kann, denen aber doch das wahrhaft Künstlerische und Poetische abgeht. In Ermangelung anderer Stoffe dichten Leute, welche die literarische Laufbahn beginnen wollen, die Redakteure und großen Dichter an, um — nun, um sich an ihnen zu üben und sich durch sie vielleicht Bahn zu brechen. Ueberhaupt scheinen die spanischen Dichter es zu lieben, sich gegenseitig Weihrauch zu streuen. Besonders zahlreich sind ferner die tauromachischen Gedichte, d. h. die Poesien, die über die Stiergefechte abgefaßt werden, und deren Zahl unermeßlich ist.

Von frühesten Zeiten her war die Romanze die dem spanischen Charakter am meisten zusagende und beliebteste Dichtungsgattung. Da das Versmaß der Romanze höchst einfach ist, so versuchen sich denn auch in ihr alle Diejenigen, die sich überhaupt der Dichtkunst zuwenden, aber diese Gattung erscheint doch in geringerer Masse auf dem Büchermarkt und in der Zeitungspresse als die rein lyrische, und das mag seinen Grund darin haben, daß die Romanze überwiegend epischen Charakter hat, meist für epische Stoffe angewandt wird, die Zahl der Epiker aber in unserer Zeit ebenso wie das Interesse für solche Dichtungen sehr gering ist. Der unerschöpfliche Born der Sagen und das Romantische der frühern Geschichtsperioden müssen gewöhnlich den Stoff für diese Art von Dichtungen hergeben, und wir wollen hier außer den großen Dichtern Zorrilla, Campoamor, Nuñez de Arce nur noch heranziehen: Pedro Ibañez Pacheco: Cuentos gaditanos; R. Garcia Sanchez: Los dose Alfonsos, ein Werk, das um seines Titels willen, die zwölf Alfonse, einen gewissen Erfolg haben mußte; Gonzalez de Tejada: Romances; Lamarque de Novoa: Recuerdos de las montañas; Barrantes: Cuentos y leyendas; Ant. Lop. Muñoz: Aliatar; César Maraver: Azzahra; Narciso Serra, 1878 gestorben: leyendas, cuentos y poesías; Eusebio Martinez Velasco: Ecos de gloria.

Moralisirende und religiöse Dichtungen, hauptsächlich für die Jugend bestimmt, sind in großer Menge geschaffen, besonders von Dichterinnen.

Daß jede festliche Gelegenheit, jeder Gedenktag eine Sturmfluth von Dichtungen aller Art hervorruft, bedarf kaum der Erwähnung, und dazu boten in den letzten Jahren besonders die Calderonfeier und die 300jährige Wiederkehr des Todestages der heiligen Teresa (1. Oktober 1582) Veranlassung. Biographische, kritische Essays, Neudrucke der Werke der Betreffenden, wissenschaftliche Abhandlungen über sie genügten nicht, alle Zeitungen waren und sind bei solchen Festen immer von Erzeugnissen dichterischer — zuweilen auch novellistischer — Natur erfüllt.

Wie auf historischem und andern Gebieten geistigen Schaffens ist man auch auf dem der Dichtung thätig, Vergessenes aus dem Schooße der Bibliotheken hervorzuziehen und neue Ausgaben alter Dichter zu veranstalten. So erschien 1876 ein Werk, das ganz besonderes Aufsehen in Spanien erregte, weil es neue Lichter auf das Leben und Wirken eines der größten Dichter Spaniens, Lope de Vega's wirft: Ultimos amores de Lope de Vega Carpio, enthüllt von ihm selbst in achtundvierzig Briefen und verschiedenen Poesieen. Der anonyme Herausgeber — man vermuthet in ihm den großen Musiker Barbieri — begleitet diese an und für sich schon werthvollen und interessanten Schätze, die in den Archiven des Hauses Sessa gefunden sein sollen, mit zahlreichen Anmerkungen, die für das Verständniß der Lope'schen Werke von großer Wichtigkeit sind, und zeigt andrerseits die hohe Bedeutung Barbieri's in einem neuen Lichte. Die zahlreichen Gesellschaften der Bibliophilen und die Akademieen sind ferner beeifert, neue Auflagen alter Dichterwerfe zu veranstalten, unter denen die von Cueto herausgegebenen „Cantigas" wol die wichtigsten sind. Die Werfe unlängst verstorbener Dichter hohen Ranges werden ebenfalls in Gesammtausgaben veröffent= licht, so z. B. die Werfe des Duque de Rivas, die von Becquer.

Die Volksdichtung findet auch eifrige Bearbeiter und Sammler, unter denen Trueba mit seinen cantos populares und nuevos cantos die erste Stelle einnimmt; ferner Rodri= guez Marin, der die cantos populares Españoles heraus= giebt, die auf fünf Bände berechnet sind, wovon bis jetzt zwei erschienen; Alegre: Cantos vivos; ferner die Sammlungen andalusischer und zigeunerischer Lieder: Cantos flamencos und viele ähnliche Arbeiten, die die Volkslieder der verschie= denen Provinzen zusammenstellen.

Auch an Uebersetzungen fehlt es auf diesem Felde nicht. Abgesehen von den leichten französischen hat man sich seit 1868 auch den englischen und deutschen Dichtungen zugewandt. Shakespeare, Byron und Göthe werden mit Vorliebe bear= beitet. Aber auch die deutschen Lyrifer Heine, Uhland ꝛc. werden übersetzt. 1881 starb der Uebersetzer von Heines Buch der Lieder: Eulogio Florentin Sanz. Von Francisco Sellen wurde ein Band Uebersetzungen vieler deutscher Dichter unter dem Namen Ecos del Rin herausgegeben (1882). Ein besonderes Verdienst hat sich in dieser Hinsicht Fastenrath durch seine Uebersetzungen deutscher Poesieen in's Spanische erworben: Pasionarias, La Walhalla, las glorias de Ale= mania sind die Titel dieser in Spanien aber nur sehr wenig verbreiteten Uebersetzungen.

Das Drama hat in Breton de los Herreros und in Hartzenbusch seine tüchtigsten Vertreter verloren; immerhin aber sind einige Kräfte vorhanden, die ihre hohe Begabung schon hinlänglich befundet haben, um uns zu berechtigen, von ihnen noch manches Schöne zu erwarten. Wenn wir aller=

dings an die gegenwärtigen Leistungen den höchsten Maßstab anlegen, so ist das Resultat ein trauriges, denn die höchsten Gattungen werden fast gar nicht gepflegt, es überwiegt das allerleichteste Genre, die Komödie, hauptsächlich aber die Farce, die Posse und andrerseits die Oper, die italienisch. ist und nur wenige spanische Erzeugnisse aufweist. Nur von diesem sehr niedrigen Gesichtspunkt aus betrachtet, dürfen wir von einigen dramatischen Dichtungen der ersten Dichter sagen, daß sie sich über das mittlere Niveau erheben, ohne Anspruch machen zu können, neben den höchsten Leistungen der dramatischen Muse zu figuriren, und hielten sich nicht viele ältere Sachen auf dem Repertoir, so würden die gegenwärtigen Dramatiker den Anforderungen, die allein Madrid mit seinen dreizehn großen Theatern an sie stellt, nicht entfernt genügen können. Camprodon, 1863 gestorben, Ventura de la Vega, 1867 gestorben, Ayala, 1879 gestorben, ringen noch mit den Tamayo, den Brüdern Echegarray, Echevarria, Cavestany, Flórez, Catalina ꝛc. um den Vorrang. Und diese genannten dürfen mit Ceferino: El guardian de la casa; Cano: la mariposa; Vital: Llovido del Cielo; Sellés: la Torre de Talavera; Marcos Zapata: El solitario de Yuste; Velilla; Alarcon; Zorrilla; Campoamor; Navarrete; Herrero; Herranz und Fern. Bremon als die besten Dramatiker gelten. José Echegarray, der Mathematiker und Staatsmann, muß aber ohne Zweifel als der erste unter ihnen bezeichnet werden, obgleich auch seine berühmtesten Dramen: La muerte en los labios; El gran Galeoto; Conflicto entre dos deberes an Unwahrscheinlichkeiten, an Theatercoups reich sind und den Mathematiker in der Unterordnung aller Handlungen unter den Zwang des konstruirten Problems und seiner Lösung verrathen.

Auf den Volkstheatern blüht ausschließlich die Posse, und es ist erfreulich zu sehen, daß auch in diesem Genre das leichte französische Element allmälig beseitigt und durch spanische Sai-

netes, dramatische, dem sozialen Leben abgesehene Szenen ersetzt
wird. Gerühmt wird unter den neuesten Erscheinungen auf die=
sem Gebiet: La banda del Rey, eine Posse von Emilio Alvarez.

An Neudrucken, Bearbeitungen älterer Sachen fehlt es
nicht; auch die bedeutendsten Werke der zeitgenössischen Dichter
werden in der Sammlung: Dramáticos contemporáneos zu=
sammengestellt. Ebenso werden Uebersetzungen englischer und
deutscher Dramen seit einigen Jahren und zwar nach den
Originalen von dazu Berufenen angefertigt. Zu erwähnen
ist ferner das „Teatro de Salon", eine Bibliothek guter
Dramen zur Aufführung für Dilettanten und Kinder bear=
beitet. Das Interesse für das Drama ist in allen Kreisen
ein gleich großes, wird es doch in den Kinderseelen schon
geweckt. Es kommt vor, daß selbst in den ersten Rang die
kleinen Kinder mitsammt ihren Ammen mitgenommen werden
und dabei dann ihr Interesse an den Vorgängen auf der
Bühne auf ihre eigene Weise bekunden.

Besonders hervorzuheben ist aber noch ein Werk von
Balaguer. Seine „Tragedias" sind aus zwei Gesichtspunkten
interessant, einmal weil sie im katalonischen Dialekt geschrieben
und erst vor einigen Jahren von andern Dichtern in's Kasti=
lische übertragen worden sind und andrerseits, weil sie aus
einzelnen Szenen bestehen. So enthält der Band z. B. den
Tod Hannibals, den Tod der Sappho, des Columbus, des
Nero und dergleichen mehr; und diese Tragödien, auf histo=
rischer Grundlage basirend, zeigen durch ihren Inhalt wie
durch ihre Sprache, die auch durch seine andern Dichtungen
bekundete hohe poetische Begabung des als Historiker und
Politiker bekannten Mannes. Ob sich diese Tragedias zur
Aufführung eignen, ist freilich eine andre Frage, da sie nur
kleine dramatische Bilder sind und mit fertigen Gestalten und
Charakteren rechnen.

Ziehen wir nun die Summe über die Leistungen auf

dramatischem Felde, so ist vor allem ein Fortschritt gegen früher nicht zu verkennen und derselbe besteht hauptsächlich darin, daß man mit der französischen Schablone gebrochen, die Nachahmung aufgegeben hat, wieder zu nationaler Selbständigkeit zurückgekehrt ist, daß man dem leichtfertigen französischen Geschmack kräftig entgegenzutreten und den spanischen wieder zu heben sucht. Der Fortschritt der Leistungen der letzten Jahre ist daher gegenüber den im allgemeinen trostlosen der letzten anderthalb Jahrhunderte ein sehr energischer, wenn er auch zunächst erst in wenigen Werken zu Tage tritt, und das Drama nähert sich somit den Zielen, die während der langen Zeit der Décadence von wenigen erleuchteten Geistern vergebens verfolgt worden waren und erst durch die größeren Dramatiker der mittleren Jahrzehnte dieses Jahrhunderts, durch Männer wie Hartzenbusch und Breton de los Herreros zu allgemeinerer Geltung gebracht wurden. Vielleicht wird auch von dieser Seite eine Regenerirung der Belletristik erfolgen. Denn es will überhaupt scheinen, als ob der Spanier gleichsam von Natur zum Dramatiker geschaffen ist. Zu ernst, um sich an der Lyrik zu verbrauchen, zu sanguinisch, zu subjektiv, um sich auf das Epos zu konzentriren — ist doch auch das Nationalepos des Cid in halber Entwicklung, in der Romanzenform stehn geblieben — vereint er in seinem Wesen beides in glücklicher Weise zu harmonischem Ganzen. Selbst im äußern Verkehr ist er in gewissem Sinne Dramatiker. So sind die spanischen Redner nicht trockene Dogmatiker; wodurch sie wirken, das ist das lebensfrische poetische Element, das ist die blumenreiche Sprache, die dramatische Verwerthung historischer Momente, das sprühende Feuer der Beredsamkeit, das jenen Reden dramatisches Leben verleiht, das sie nicht nur für den Augenblick interessant macht, sondern manchen von ihnen einen dauernden Ruhm sichert.

Die Geschichte des spanischen Theaters hat neuerdings in

Romualdo Alvarez Espino einen tüchtigen kritischen Bearbeiter gefunden.

Der Roman und die Novelle wurden lange Jahre hindurch fast allein und am würdigsten von Fernan Caballero getragen. Bis zum letzten Augenblicke war sie auf dem Felde thätig, auf dem sie ihren Ruhm begründete, und gerade über der Herausgabe ihrer kleinen Schriften, Märchen, Räthsel, Volks- und Kindergedichte ereilte sie der Tod.

Dem Geschmack der Neuzeit entsprechend wurde auch auf diesem Gebiete eine große Thätigkeit entfaltet und eben auf ihm tritt der Fortschritt der letzten Jahre am deutlichsten zu Tage. Auch hier können wir aus der ungeheuren Masse nur das Bedeutendste herausgreifen.

Da muß denn zunächst Fernandez y Gonzalez erwähnt werden, der fruchtbarste Novellist, der über seiner unermüdlichen schriftstellerischen Thätigkeit beinahe erblindet ist. Sein verdienter Ruf ist freilich nicht durch seine letzten Schriften, sondern vielmehr durch diejenigen früherer Jahre begründet worden, in denen seine Romane den Büchermarkt beherrschten. Jetzt hat seine Kraft wesentlich abgenommen, das empfindet man bei dem Vergleich der letzten mit den frühern Produktionen und gerade die ältern Werke halten sich noch neben den Novellen der jüngern Schriftsteller. Unter seinen letzten Werken sind Busconas; Monedas falsas; La sobrina del Cura; la leyenda de Madrid; El arcediano de Santiago die besten.

Die letzten Romane von Ortega y Frias, San-Martin, Vizconde de San-Javier Dominguez, Santoval erheben sich nicht zu hoher Bedeutung. Geschätzt sind J. Ortega Munilla: La cigarra; Arm. Pal. Valdés: Señorito Octavio; Cespedes: la hermosa malagueña; in Danvila's Leyendas del Tiempo de los Faraones und Melida's El sortilegio de Karnak erkennen wir den Einfluß von Ebers ägyptischen Romanen; in Coello's Cuentos inverosímiles den Alf. von Karr; Rodr.

Solis: Las estraviadas; Escamilla: El capitan Satanas; los Baños de Manzanares; El Cristo del Perdon; Flóres: Ayer, hoy y mañana erſchien in mehreren Auflagen; Caſtelar's Fra Filippi Lippi fand wegen des Namens des Verfaſſers einen gewiſſen Erfolg. Sehr leichten Charakters ſind die Novellen von Sepúlveda, Pereda und Godina; mit Geiſt und Witz abgefaßt die Schriften von Caſtro y Serrano: La capitana Cook beſonders; hochgeſchätzt ſind auch ſeine Paises bajos, cuadros contemporáneas, Cartas trascendentales und la Novela de Egipto. Antonio de Trueba liefert beſtändig Neues auf den Büchermarkt; beſonders beachtenswerth ſind ſeine: historia de dos almas, Mari-Santa, El gaban y la Chaqueta, Cuentos de color de rosa, cuentos de mi tierra, cuentos de madres é hijas, und die Sammlung kleiner Arbeiten: de Flor en Flor.

Joſé Selgas hat ſich ſchnell einen bedeutenden Ruf durch ſeine geiſtvollen Fisonomias contemporáneas, eine ſcharfe Kritik der modernen Zeit und Geſellſchaft, erworben; auch ſeine histor. contemporáneas, Escenas fantásticas, la manzana de oro, delicias del nuevo paraiso, und die Fortſetzung des letztern cosas de dia ſind allgemein beliebt.

Feodoro Guerrero iſt vornehmlich Jugendſchriftſteller und wird als ſolcher ſehr gefeiert.

Perez Galdos, ein überaus fruchtbarer Novelliſt, hat ſich Erkmann=Chatrian zum Vorbild genommen, vorzugsweiſe den hiſtoriſchen Roman kultivirt und in den zwanzig Bänden der Episodios nationales mit meiſterhaftem Geſchick die Geſchichte Spaniens in dieſem Jahrhundert novelliſtiſch behandelt. Unter ſeinen philoſophiſchen Romanen ſind la Fontana de oro, hauptſächlich aber Gloria bedeutend.

Alarcons Ruhm iſt im Schwinden ſeit er die realiſtiſchen Bahnen verlaſſen hat. Seine beliebteſten allerdings etwas ſtark gewürzten Novellen waren: El sombrero de tres

picos (der Dreispitz); Escandalo; amores y amorios; la pro-
diga; el niño de la bola und seine humoristischen Gedichte.

Ueberaus thätig auf novellistischem Gebiete sind beson=
ders auch die vielen Schriftstellerinnen des modernen Spanien,
von denen wir nennen wollen: María del Pilar Sinués de
Marco, deren fromme und moralisirende Werke meist für die
Jugend bestimmt sind; Concepcion Arenal; Patrocinio de
Biedma, Redactrice des Journals „Cadiz" und Verfasserin
des Heroe de la santa Engrazia und mancher andren Ro=
mane, in denen sie in ihrer südlichen Lebhaftigkeit allerdings
zuweilen etwas paradoxe Anschauungen entwickelt; Angela
Grassi, die Redactrice des „Correo de la moda" und Ver=
fasserin mehrerer prämiirter Werke; Enriqueta Lozano de
Vilches, Redactrice des ultramontanen Journals: „la Madre
de Familia"; Faustina Saez de Melgar, Redactrice des
„Mensajero de la moda" und der „Biblioteca de Señoras",
Verfasserin von Inés und manchen andren beliebten Romanen;
Concepcion Gimeno; Rosa Martinez de Lacosta; Teresa
Aroniz; Ros. Castro de Murguía u. A.

Sie alle aber werden doch bei weitem überragt von
Juan Valera, dessen Schriften sich durch Tiefe der Gedanken,
durch wahrhaft philosophischen Geist auszeichnen. Man merkt
es ihnen sogleich an, daß sie aus echtem literarischem Interesse,
nicht aus eigennützigen Gründen, nicht um des Gelderwerbs
halber geschaffen, daß sie nicht Mittel, sondern in sich selbst
Zweck sind. Es ist vorauszusehen, daß die Romane Va=
lera's nicht in die großen Massen des Volks eindringen,
aber es ist wol möglich, daß sie die ephemere Erfolgs=
und Sensationsliteratur lange überleben werden. Schon
seine ersten novellistischen Arbeiten ließen Bedeutendes er=
warten und haben nicht getäuscht. Fast alle Romane Va=
lera's haben Anklang in den Kreisen der Höhergebildeten
gefunden, so Las ilusiones del Doctor Faustino, Lola,

Pepita Jimenez, El comendador Mendoza, Pasarse de listo, Doña Luz.

Doch Valera ist nicht allein bei den deutschen Philo=
sophen in die Schule gegangen, er zeigt auch genaue Be=
kanntschaft mit der deutschen Belletristik und hat manches
daraus in das Spanische übersetzt. Von ihm ist auch das
Werk von Schack: „Poesie und Kunst der Araber" den
Spaniern zugänglich gemacht worden.

Trueba, Galdos, Selgas, Alarcon, besonders aber Valera
bezeichnen, wenn wir die Summe ziehen, den Fortschritt auf
novellistischem Gebiete. Sie haben sich befreit von dem fran=
zösischen Einfluß und zum Theil von dem französischen Ge=
schmack, der bis vor Kurzem noch der einzig gültige und
herrschende war, und sie machen mit ihren Werken schon den
Uebersetzungen eines Paul de Kock, Dumas, Sue rc. empfind=
liche Konkurrenz. Ihre Stoffe nehmen sie fast nur aus Spanien
selbst, das ja in der That auch für den Romancier ein un=
erschöpflicher Quell ist; sie erwecken das Nationalbewußtsein
in der schönen Literatur und wirken so auch auf ihrem Felde
in wohlthätiger Weise für die nationale Unabhängigkeit.

Wenn auch der französische Roman in Spanien nie den
Boden verlieren wird, so schwindet er ihm doch in nicht zu
unterschätzendem Maße unter den Füßen und auch auf novelli=
stischem Gebiete fängt man an, die Literaturen andrer Länder
zu berücksichtigen; Dickens, Bulwer, Byron, Edgar Poe,
Hoffmann, Ebers rc. werden übersetzt und in Bänden von
200 Seiten zu 2 Realen (40 Pfennig) verkauft, während
die Volksausgaben der französischen Novellisten doch meistens
4 Realen pro Band kosten.

Für die parte recreativa, die Erholungsliteratur, bleiben
nun noch Reisebeschreibungen, populärwissenschaftliche und
biographische Werke übrig und auch auf diese wollen wir nun
einen Blick werfen.

Die Spanier waren bisher nicht reiselustig, seitdem aber
die spanischen Eisenbahngesellschaften ihnen das Reisen durch
Rundreisebillets bis zum Rhein, bis nach dem Süden von
Italien hin bequem und verlockend gemacht haben, kommt
ihnen allmälig auch der Geschmack, wenn sie sich auch einstweilen
noch meist auf den Quell aller Civilisation: Paris, beschränken.
Wenn sie nicht ihrer Studien halber das Ausland besuchten
— so ist die Bergakademie in Freiberg in Sachsen viel von
ihnen frequentirt worden —, wenn sie nicht aus politischen Ur=
sachen gezwungen waren, das geliebte Vaterland zu verlassen, so
blieben sie früher lieber innerhalb seiner Grenzen, die ja aller=
dings bis Cuba und zu den Philippinen reichen, und vernach=
lässigten denn auch bisher die Pflege der Reiseliteratur. Die
Verbannten, die Politiker sind es daher, die zuerst das Interesse
dafür geweckt haben, und an ihrer Spitze steht Castelar. Sein
Año en Paris ist weniger bedeutend, seine Erinnerungen an
Italien aber gehören zu dem Schönsten, was über dieses
Land geschrieben ist. Gleichzeitig mit dem ersten Bande seiner
„Recuerdos" erschien ein Werk desselben Inhalts von Catalina,
das den denkbar größten Gegensatz zu dem geistvollen Buche
Castelars bildet. Denn während der Republikaner überall
das Volksthümliche hervorhebt, überall die Menschenrechte, die
Freiheit vertritt, den Spuren der geistigen und staatlichen
Emanzipation folgt, die Geschichte in seine Beschreibungen
verwebt, den Kampf des Staats gegen den Druck des Papst=
thums zu schildern sich bemüht, ist der papistische, konserva=
tive Catalina, der ehemalige Minister Isabella's, nur darauf
bedacht, die Kirche und ihr Wirken in allen nur erdenklichen
Lichtern erglänzen zu lassen. So ergänzen sich diese beiden
Werke gewissermaßen und erregen durch die so entgegengesetzte
Behandlung des gleichen Gegenstandes ein hohes Interesse.
Nächst diesen sind vornehmlich Beschreibungen von Reisen im
Orient, in Spanien und seinen Kolonien zu verzeichnen, die

theils wenig selbständig, theils inhaltlich unbedeutend sind. So
Ibo Alfaro's: Los santos lugares; Ayuso's: Afganistan;
Descubrimientos geograf. en Africa; Marcos Jimenez de
Espada: España en Berberia. Höher steht Castro y Serrano:
los paises bajos vistos por alto. Von Montaner ist ferner
El mundo en la mano; von Vidal eine geschätzte Reise=
bibliothek herausgegeben.

Auf biographischem Felde standen bis 1879 die Werke,
die das Leben des Cervantes behandelten, in erster Linie.
Die Cervantisten waren unermüdlich im Aufsuchen und Publi=
ziren der kleinlichsten Umstände, die auf das Leben des Dichters
Bezug haben. Das beste biographische Werk war das von
Mainez, der auch eine neue und korrekte Ausgabe des Don
Quijote veranstaltet hat. Von Diaz de Benjumea erschien
1878 „die Wahrheit über Don Quijote"; von Ab. de Castro:
Obras inéditas de Cervantes sacadas de códices de la
Bibl. Colombina.

Auf Cervantes folgte dann Calderon, dessen Feier eine
ganze Literatur hervorrief, dann die heilige Teresa und Murillo,
die die Biographen beschäftigten. Castelar schrieb eine poetisch
aufgefaßte Biographie Byrons; Fermin Caballero: Conquenses
ilustres. An biographischen Werken ist ferner die Bibliothek
von Joaq. Martin de Olías zu nennen, die aus kleinen Bro=
schüren besteht, deren jede einem der zeitgenössischen Staats=
männer gewidmet ist, die jedoch der Unparteilichkeit entbehren.
Aehnlich verhält es sich mit einem andern und größern Werke:
Figuras y Figurones von Segovia.

Wir können dieses Kapitel jedoch nicht abschließen, ohne
noch auf eine höchst gewichtige Erscheinung im Literaturleben
der Gegenwart einzugehen.

Die Dialekte Spaniens haben sich nicht allein der herr=
schenden kastilischen Sprache nicht unterworfen, sondern immer
ihre Sonderrechte ihr gegenüber in eben dem Maße gewahrt,

wie die Provinzen es überhaupt in allen Dingen Kastilien
gegenüber dauernd thaten. Als Schriftsprache für ganz Spanien
verschaffte sich aber das Kastilische allmälig doch Ansehn und
Geltung, wie lange und hartnäckig auch hie und da, besonders
in Katalonien in der Literatur der Sprachenkampf fortgesetzt
wurde. Die Dialekte sahen sich danach auf die Volkspoesie
beschränkt und haben diese auch in eifrigster Weise gepflegt;
seit der Zeit der Blumenspiele und des Raths des heitern
Wissens in Barcelona, ist es aber nicht wieder vorgekommen,
daß ein Dialekt sich so kühn neben die Schriftsprache stellte,
wie es neuerdings der katalonische, gestützt auf sein Recht der
Erstgeburt und des höhern Alters, thut, indem er verlangt,
ebenso wie der kastilische geachtet zu werden. In der That
weicht ja das Katalonische verhältnißmäßig wenig von der pro-
venzalischen Muttersprache ab und es ist ihm auch Kraft und
Schönheit nicht abzusprechen.

Diese seit 1843 begonnenen Bestrebungen würden wahrscheinlich verfehlt gewesen sein, wenn sie von unbedeutenden
Kräften ausgegangen wären, nun sie aber durch einen der
angesehensten Dichter, einen namhaften Journalisten, Historiker
und Staatsmann, durch Victor Balaguer gestützt werden, nun
dieser selbst in seinen Tragödien und andren Gedichten, nun
er bei der Berufung auf den Lehrstuhl der Geschichte an der
Universität von Madrid selbst vom Katheder herab, in der
Hauptstadt bei seiner Antrittsrede die katalonische Sprache
angewandt und ihr damit Weihe und Ansehen verliehen hat
— nun ist die Dialektdichtung als eine selbständige und sehr
gewichtige literarische Erscheinung zu betrachten. Balaguer
selbst macht zu seiner Rechtfertigung geltend, daß gerade durch
die Dialektdichtung die Monotonie und die etwaige Erstarrung,
die Uniformalität einer Literatur aufgehoben und verhindert
wird. In Anerkennung des Bestrebens der einzelnen Theile
eines Volkes, sich zu einer großen Gesammtheit, zu einer ein-

zigen kräftigen Nation zu vereinen, meint er weiter, muß doch, sobald dieses Ziel wie in Spanien erreicht ist, das Augenmerk vor allem auch auf die Ausbildung der Individualitäten, der einzelnen Theile des großen Ganzen gerichtet werden. Dadurch würde die Vaterlandsliebe nur verdoppelt und die Verschiedenheit der einzelnen Glieder sei in keiner Weise der aufrichtigsten und tiefgreifendsten Einheit hinderlich. Wie eine Familie reicher sei, die über mehr als ein Erbgut verfüge, so sei auch eine Nation reicher, die mehr als eine Literatur habe, darum müsse man sich der Entwicklung der galizischen, katalonischen und andrer Provinzialliteraturen nicht widersetzen, sie seien alle echt national, alle spanisch. Wie man die Verschiedenheit der individuellen Anschauungen als von der Natur schon existenzberechtigt und bedingt gelten lassen und achten müsse, den Geist nicht durch den Uniformalismus in seiner freien Entwicklung ersticken dürfe, wie gerade aus dieser Verschiedenheit der geistige Fortschritt, die geistige Bewegung hervorgehe, so müsse man auch die Verschiedenheit der Glieder einer nationalen Familie anerkennen.

Diese und ähnliche Worte haben denn auch im ganzen Lande Wiederhall gefunden, und so sehen wir überall Dialekt- und Provinzialliteraturen, literarische Klubs und Vereine entstehen, die das geistige Dezentralisationssystem zur Ausführung bringen. Unter den katalonischen Schriftstellern, deren Zahl mit jedem Jahre beträchtlich wächst, müssen wir neben Balaguer besonders noch Serafí Pitarra, unter den andalusischen den Dramatiker Sanz Perez, unter den galizischen die Dichterin Rosalia Castro de Murguía nennen.

Die Verlagsthätigkeit beschränkte sich bis vor wenigen Jahren fast ganz auf Madrid, wo sich die größten Verlagsbuchhandlungen und Druckereien befanden. Aber auch in dieser Hinsicht suchen die Provinzialhauptstädte seit einigen Jahren mit Madrid zu konkurriren, so ist eines der ersten Verlagshäuser Spaniens jetzt das von Montaner y Simon in Barcelona.

Bis vor wenigen Jahren war unter denen von Madrid eines der angesehensten das von Astort Hermanos, das inzwischen fallirt hat und eingegangen ist. Dort erschien das von Nicolás María Serrano redigirte erste große Konversationslexikon; eine allgemeine Geschichte Spaniens in sechs Bänden von Zamora y Caballero; die Annalen des Bürgerkriegs von 1869 bis 1876, das große biographische Werk: Figuras y Figurones; ein großer Atlas, nach dem Muster der amerikanischen angelegt, und eine große Masse von Romanen und andern Werken.

Die Verlagswerke des Hauses Dorregaray, dessen Besitzer vor einigen Jahren gestorben ist, zeichnen sich durch ihre große Kostbarkeit aus. Das hauptsächlichste derselben, die Monumentos arquitectónicos de España wurde ursprünglich auf Staatskosten herausgegeben; als es dem Staate dann an Mitteln fehlte, die Publikationen fortzusetzen, übernahm es Gil Dorregaray. Die Größe der Kunst- und der Textblätter ist 0,74 Meter Höhe auf 0,60 Meter Breite und während einerseits die ersten Künstler und Lithographen unter Leitung einer dazu eingesetzten Kommission die kostbaren Kunstblätter herstellen, wird der Text in spanischer und französischer Sprache von den ersten Gelehrten Spaniens geschrieben und von einer besondern Kommission redigirt, so daß das Werk den Ansprüchen auf Genauigkeit so weit als möglich genügt.

Ebenso prachtvoll ausgestattet, nur nicht in der kolossalen Größe der Monumentos veröffentlicht ist das Museo español de Antigüedades, das zwölf Bände umfassen soll. Beide Werke sind von größter Wichtigkeit für denjenigen, der sich mit der Kunstgeschichte Spaniens beschäftigen will, und beide sind an sich selbst Kunstwerke von hohem Wert.

Mit außerordentlicher Pracht ist auch die „Geschichte

Madrids" ausgestattet, auch selbst die unbedeutendsten Ver=
lagsobjekte sind mit großer Eleganz hergestellt. Endlich ging
Dorregaray mit dem Gedanken um, die Kunstschätze des
Madrider Museums in Stichen und Lithographien zum Ge=
meingut der Welt zu machen und das Werk Las joyas de
la pintura en España (die Perlen spanischer Malerei) in
dem neuen „El real Museo de Madrid y las joyas de la
pintura en España" aufzunehmen und fortzusetzen.

Unter den andern Verlagsbuchhandlungen Madrids ist
die Druckerei des Journals Ilustracion española y americana, deren Besitzer Abelardo de Cárlos ist, eine der größten.
Dort erscheint auch die Biblioteca selecta de autores contemporáneos u. A. Nicht minder bedeutend ist das Verlags=
haus der Erben von Rivadeneyra, in dem die 1881 beendete
siebzig große Bände umfassende Biblioteca de autores españoles erschienen ist. Von andern großen Firmen wollen wir
Fravedra nennen, wo besonders philosophische und historische
Originalwerke und Uebersetzungen erscheinen; ferner Hernando
y Gongora, Murillo, Fortanet, Moreno y Rojas, Tello,
Aribau y Co. u. A.

Von großen Verlagsunternehmungen seien noch genannt,
die bis 1882 in neunundsiebzig kleinen Bändchen erschienene
Biblioteca universal; Biblioteca enciclopédica popular vier=
undfünfzig Bände; Biblioteca clásica einundfünfzig Bände. —

Die Künste liegen in Spanien noch fast ganz darnieder;
der Ausdruck des Geisteslebens ist auf diesem Kulturgebiete
vorläufig noch ein sehr matter. Zwar geschieht von Seiten
der gegenwärtigen Regierung alles, um wenigstens die Malerei
und die Musik zu fördern. Um dies aber nachdrücklich zu
thun, würden große Geldsummen erforderlich sein und diese sind
nicht vorhanden. Die Madrider Kunstschule, die Kunstakademie
in Rom entwickeln manche vielversprechende Kräfte, ent=
weder zersplittern sich diese aber, oder es fehlt ihnen an

Ausdauer, oder sie müssen im furchtbaren Ringen um die
Existenz für das tägliche Brod arbeiten und verbrauchen sich
dabei, oder sie müssen auf ausländischen Märkten Absatz für
ihre Kunsterzeugnisse suchen. Von den Produkten der vor=
nehmen Dilettanten, deren es im höchsten Adel viele und zwar
manche sehr tüchtige geben soll, sieht man in den Ausstel=
lungen nichts; die Maler von Profession setzen in spanischen
Kreisen nur verschwindend wenige ihrer Schöpfungen ab.
Was man auf den Ausstellungen der letzten Jahre in Wien,
im Pariser Salon und sonst von spanischen modernen Malereien
gesehen hat, ist thatsächlich auch das Bedeutendste gewesen,
was überhaupt nur geschaffen worden ist. Immerhin aber
ist in diesem Jahrzehnt, seitdem spanische Malereien überhaupt
im Auslande erscheinen, ein Streben zum Fortschritt, zu einem
neuen Aufschwung nicht zu verkennen, wenngleich die Gährung
noch lange nicht überwunden, eine Klärung, ein bewußtes
Verfolgen bestimmter Ideale noch nicht vorhanden ist. Es
kämpfen zwei Schulen mit einander. Die eine ist durch und
durch konventionell und nimmt die alten großen Meister zum
Vorbild, ihre Mitglieder verfallen auf diesem Wege aber
zum Theil in die allergrößten Irrthümer. Die Einen ver=
kennen den modernen Zeitgeist, der von dem orthodoxen
Enthusiasmus des Mittelalters nichts mehr wissen will; sie
vergessen, daß damals die Kunst im Dienste der Kirche und
Religion stand und für diese schuf, während die Kunst heute
profanen Zwecken und Bauwerken dient. Andere ahmen
sklavisch Ribera, Velasquez, Murillo 2c. nach, und glauben
ihnen gleich zu kommen, wenn ihre Erzeugnisse in ihren
äußeren Linien und in der Manier den Vorbildern ähneln.
Sie glauben durch grobe breite Pinselführung, die oft genug
kaum ein auf große Entfernung wirkendes, einigermaßen er=
trägliches Dekorationsbild, aber alles andre nur kein Kunst=
werk ergiebt, Velasquez zu erreichen. Ein buntes Durch=

einander von Farbenflecken soll da oft als Meisterwerk gelten und man sieht dergleichen auch unter den Novitäten des madrider Museums!

Die andre Schule können wir die realistische nennen, die mit dem Konventionalismus der alten Kunst gebrochen und nur die vorzüglichsten Erbtheile derselben, die Meister= schaft im Koloriren und das Streben nach kräftigem Effekt beibehalten hat. Die Anhänger dieser Richtung haben sich theils im Auslande, theils unter ausländischen Einflüssen gebildet. Man kennt das überaus wirkungsvolle, ergreifende Bild Pradillas: Doña Juana la Loca. Von der vorjährigen Wiener Kunstausstellung her sind die beiden durch ihren Realismus und ihre Furchtbarkeit zugleich erschreckenden und doch als Kunstwerke anziehenden Bilder von Casada: Die Glocke von Huesca und von Vera: der Untergang Numan= tias noch im Gedächtniß. Besonders aber begegnen wir in den letztjährigen Erzeugnissen der Malerei dem Einfluß des so plötzlich berühmt gewordenen, 1875 verstorbenen und sehr überschätzten Fortuny, dessen Meisterschaft in einem gesunden Naturalismus, in der Behandlung der Farben und der Licht= wirkungen liegt. Vielfach finden wir auch starken Anschluß an die alten Holländer. Damit sind die Grundrichtungen der heutigen Malerei bezeichnet, bemerken wir nun im All= gemeinen eine große Neigung zur Historienmalerei, besonders nachdem auf diesem Gebiete einige große Erfolge erzielt sind, so unterliegt es keinem Zweifel, daß ein dauernder Aufschwung nur von dem Genre ausgehen kann, dem die natürliche Be= gabung des Spaniers und sein Charakter entgegenkommen. Das spanische Volksleben bietet dazu ebenfalls den besten Anhalt und gewährt die prächtigsten Vorwürfe.

Auf dem Gebiete der Skulptur ist fast noch gar keine Regung zu verspüren und es ist die Frage, ob dafür über= haupt eine große Anlage vorhanden ist; im Detail leistete

die mittelalterliche Holz= und Steinskulptur Großartiges, so
auch im Relief, den Rundbildern höhern Stils wohnte da=
gegen stets etwas steifes, gezwungenes bei.

Die Architektur zeigt nichts Charaktervolles. Und das
kann kaum anders sein, denn die trostlose Finanzlage des
Landes, die Armuth der Nation gewähren diesem Kunstzweige
keine Unterstützung. Für öffentliche, für Regierungsbauten
bedient man sich in den Provinzen meist der in ungeheurer
Zahl vorhandenen Paläste, Klöster und Kirchen früherer Zeit,
die man für die modernen Zwecke wieder brauchbar macht.
Für die Madrider Neubauten nimmt man den Pariser Stil
zum Vorbilde. Die Privathäuser sind ebenfalls möglichst
ökonomisch, möglichst einfach und schmucklos nach den Pariser
Mustern ausgeführt: vielstöckige Miethskasernen, denen nur
durch Balkone ein spanischer südlicher Anstrich gegeben wird.
Wird einmal bei einem Neubau der Phantasie freier Spiel=
raum gelassen, so ergeben sich dann wunderbare Kombinationen
von maurischen, gothischen, Renaissancemotiven und =formen
als Resultat.

Das Kunstgewerbe findet nirgends Unterstützung. Es
kann mit dem ausländischen nicht konkurriren. Von spanischer
Kunstindustrie ist daher vorläufig kaum die Rede, obgleich
gerade auf diesem Gebiete der Hof durch zahlreiche Käufe
Unterstützung gewährt, während die hohe Kunst sich einer
solchen nicht erfreut. Der Grund dafür ist wiederum haupt=
sächlich in den „Finanzen“ zu suchen. Man spart — für
den Nothfall, der in Spanien leicht genug durch eine Revo=
lution eintreten kann.

Was aber die verschiedenen Volksklassen anbetrifft, so
unterstützt der hohe arme Adel die Künste nicht, weil es ihm
an Geld fehlt; was er braucht schafft er sich aus Paris herbei,
und der „Schein“ nicht der „Werth“ ist neben dem Prinzip
der „Billigkeit“ das Bestimmende. Der Klerus ist in be=

drängter Lage, der hohe Klerus spart — für den Nothfall;
der niedere darbt. Der Bürgerstand ist arm, er kann die
Kunst nicht unterstützen. Die Eigenthümlichkeit des spanischen
Lebens, das ein überwiegend äußerliches ist, macht den künst=
lerischen Ausputz des Hauses überdies überflüssig.

Eine durchaus volksthümliche Kunst ist dagegen die Musik.
Sehen wir hier indessen von der des Volkes ab, die im ganzen
Süden noch überwiegend arabisch, im Norden germanisch und
baskisch ist, so tritt in der eigentlichen Kunstmusik vorläufig
noch ganz entschieden die italienische und demnächst die fran=
zösische hervor. Charakteristisch dürfte es wol z. B. sein,
daß im Hoftheater von 1738 bis 1879 der Freischütz 3 Mal,
der Troubadour 219, der Barbier von Sevilla 146, die
Afrikanerin 139, Rigoletto 172, Gounod's Faust 108, Lu=
crezia Borgia 161, Lucia de Lamermoor 136 Mal 2c. auf=
geführt worden sind. Die deutsche Musik hat allerdings im
Hause und auf dem Klavier sehr viel Boden gefunden und
wird sorgfältig gepflegt; auch Wagner hat begeisterte An=
hänger gefunden, im Allgemeinen aber steht die deutsche Musik
doch im Interesse der Gesammtheit des spanischen Volkes noch
weit hinter der leichten italienischen und französischen zurück.

13.

Wie alle anderen Aeußerungen des Geisteslebens hängt auch die Entwicklung des spanischen Journalismus auf das engste mit den politischen Ereignissen zusammen, die gestaltend auf das Land eingewirkt haben. Die Beziehungen und Einflüsse der Politik und der Tagespresse sind gegenseitige und beide bedingen und beherrschen heute in hohem Grade das gesammte Leben der Nation.

Die Journalistik ist eine der bedeutendsten Schulen für die spanischen Politiker, hat viele von ihnen ausgebildet, um sie dann gleichsam wieder als Lehrer in sich aufzunehmen. Wie in anderen Ländern, ist die Presse eben auch in Spanien eine Macht geworden, die nach schweren Existenzkämpfen sich Achtung zu verschaffen gewußt hat; freilich datirt ihre großartige Entfaltung, ihre hohe Bedeutung, ihre souveräne Macht dort erst aus einer Zeit, die durch wenige Jahre von der des Augenblicks getrennt ist. Wir mußten ihr schon einen nicht geringen Einfluß auf die Gestaltung der literarischen Verhältnisse einräumen und werden Veranlassung haben, diesen noch weiter zu verfolgen. Um dies zu können, um überhaupt ein sicheres Bild der Einwirkungen dieser die ganze moderne Welt beherrschenden Macht zu gewinnen, ist es erforderlich, einen flüchtigen Blick auf die Entwicklung derselben in Spanien zu werfen. Leider ist aber die Zeitungsstatistik ein fast noch gar nicht kultivirtes Feld, und es lassen sich daher für die neueste Zeit nur wenige genaue Daten angeben, die wir als sichere Anhaltpunkte für unsere Beurtheilung benutzen können.

Die staatliche Entwicklung, der Konstitutionalismus, die freiheitlichen Bestrebungen der Völker sind überall die Fundamente gewesen, auf denen das Institut der Tagespresse begründet worden ist. In ihrer Entwicklung zeigt sich uns der Grad der Anerkennung, die die Oeffentlichkeit, die die Volksstimme, die die Ideale, Rechte und Freiheiten der Nationen genossen haben und genießen. So sehen wir denn auch überall, wo die entgegengesetzten Kräfte der Staatskörper in Konflikt gerathen, die Vertreter freiheitlicher Ideen mit aller Energie für die Freiheit der Presse in die Schranken treten und der bekannte Ausspruch Sheridan's ist schon oft anerkannt und wiederholt worden: „Lieber kein Parlament als keine Preßfreiheit; lieber auf die Verantwortlichkeit der Minister, auf die Habeas-Korpus-Akte, auf das Steuerbewilligungsrecht verzichten, als auf die Preßfreiheit, denn diese würde alle jene Güter doch wieder verschaffen." Die Kämpfe um dies unschätzbare Gut und um die darin begründete Anerkennung der Oeffentlichkeit bilden denn auch einen wichtigen Theil der modernen Kulturgeschichte.

In Spanien, sollte man annehmen, müßte die Presse sehr früh zu hoher Bedeutung gelangt sein, denn wenn man die Geschichte der Kortes und die Kämpfe um die Sonderrechte und Freiheiten der verschiedenen Provinzen und des Individuums verfolgt, wenn man bedenkt, wie diese und alle staatlichen Fragen die spanische Gesellschaft seit frühen Zeiten beschäftigten, so ergiebt sich die Nothwendigkeit einer weit verbreiteten Presse von selbst. Wenn wir nun aber das Gegentheil aus der Geschichte ersehen, so dürfen wir, von gerechtem Staunen erfüllt, wol nach den Ursachen fragen, die eine dem regen politischen Leben der Spanier entsprechende Entwicklung

der Preſſe verhinderten. Thron und Altar mußten in gleicher
Weiſe darauf bedacht ſein, eine Macht nicht auffommen zu
laſſen, die ihnen bei dem freiheitlichen demofratiſchen Geiſt der
Nation ſichtlich leicht gefährlich werden konnte, und immer
wieder gelang es den beiden genannten Faktoren, die errun=
genen Freiheiten, darunter auch die der Preſſe, zu vernichten,
bis der moderne Zeitgeiſt 1868 endlich triumphirte. Seit
jener Zeit iſt ein Theil der Preſſe dann bemüht geweſen,
die Aufgabe zu erfüllen, die ihr, im Verein mit der Eiſen=
bahn, in moderner Zeit zugefallen iſt: Träger und Vermittler
moderner Kultur zu ſein.

Ueber die Schwierigfeiten, mit denen die Preſſe bis da=
hin zu fämpfen hatte, ſagt Garrido 1862 unter anderem
Folgendes: „Um in Madrid und den übrigen Hauptſtädten
eine Zeitung zu gründen, muß man die Genehmigung der
Regierung haben und eine Kaution von 79,000 Franks leiſten
(in Städten zweiten Ranges ſind es nur 52,000 Franks) und
einen verantwortlichen Herausgeber ſtellen, der 525 Franks
direfter Abgaben zahlt." Nachdem er dann über die Cenſur
und viele andere Hinderniſſe geſprochen, fügt er hinzu: „Und
troß aller dieſer Schwierigfeiten hat dennoch die Preſſe in
Spanien tiefe Wurzeln geſchlagen und iſt dort eine öffentliche
Nothwendigfeit geworden."

Unter dem Reſtaurationsminiſterium Cánovas war die
Preßfreiheit eine ſehr bedingte und das Preßgeſeß von 1879
war ſo gefaßt, daß es in der That ſchwer zu ſagen war,
welche Preßerzeugniſſe ſtrafbar und welche es nicht waren,
ſo daß die Handhabung der Strafbeſtimmungen vollfommen
von der Willfür der betreffenden Behörden abhing. Das neue
Preßgeſeß vom 30. Dezember 1882 iſt, dem gegenwärtigen
Régime entſprechend, durchaus liberaler, aber daß es ebenfalls
ſeine Beſchränkungen hat und verſchiedener Interpretation
fähig iſt, das haben die Maßnahmen der Regierung gegen

verschiedene Blätter im Juni dieses Jahres bewiesen. Immerhin aber wäre es ungerecht, zu behaupten, die periodistische Presse erfreue sich nicht einer s e h r weitgehenden Freiheit der Meinungsäußerung.

Die ersten Spuren des Periodismus sind in Spanien bis 1599 zurückzuverfolgen und zwar scheint Sevilla die Wiege desselben gewesen zu sein; die erste regelmäßig erscheinende Madrider Zeitung datirt aber erst aus dem Jahre 1661. Das eigentliche Spiegelbild der gesammten Presse ist von da an die Madrider; dieser Zweig ist auch auf das gründlichste und wiederholentlich zum Gegenstand eingehender Studien gemacht worden und bietet für die Geschichte der spanischen Presse durch sichere Daten den besten Anhalt. Vergleichen wir nun die Fluktuationen in den Zahlen der erscheinenden Zeitungen mit den politischen Ereignissen, so sehen wir, wie alle freiheitlichen Bewegungen verbunden waren mit einem numerischen Wachsen der periodistischen Preßerzeugnisse, das will heißen, wie mit der staatlichen Freiheit auch die Anerkennung der öffentlichen Meinung stets auf das engste verknüpft war.

Lassen wir die Zahlen sprechen.

Von 1661—1738 ist die Zahl der Madrider Zeitungen 1—2; von 1738—61 : 3; 1763 : 9. Dann schwankt es zwischen 6 und 2 bis 1786, wo die Zahl wieder auf 8 steigt. 1787 : 10; bis 1804 Schwankungen zwischen 10 und 7. In den Jahren großer politischer Bewegungen wird die Kraft des Individuums meist so weit absorbirt, daß nur wenig für geistige Thätigkeit übrig bleibt, die gesammte wissenschaftliche und schöne Literatur geht daher gewöhnlich zurück, während die Presse sich ungleich mehr entfaltet. Wunderbarer Weise bestätigt sich dies für Spanien nicht in den Jahren 1808—10, sondern die Wirkungen des freiheitlichen Aufschwungs zeigen sich erst etwas später, um sofort wieder unter dem Druck der

Reaktion zu schwinden. Außerdem ist für Spanien zu be=
achten, daß in den Revolutionszeiten dieses Jahrhunderts die
periodische politische Presse in hohem Maßstabe durch die
Pronunciamientos und die Flugblätterliteratur ersetzt wurde.
Die Schwierigkeit der Verbindungen im Inneren des Landes
paralysirte überdies noch sehr bedeutend die schnelle Wirkungs=
fähigkeit der periodischen Presse.

Das Jahr 1808 weist 8 Zeitungen auf; die folgenden
der Reihe nach: 2, 2, 6; (1813) 18; 4, 3, 5, 6, 5; 1820:
61. Sofort zeigt sich aber nun der Einfluß der Reaktion:
31, 28, 13, 3, 4, 4, 4, 6, 5; 1830: 6, 6, 10, 12; mit
1834 regten sich neue Hoffnungen und wie auf allen Gebieten
geistiger Thätigkeit sich ein großer Aufschwung zeigt, wie
Männer wie Rodriguez, Latorre, Luna, Lombia, Julian Ro=
mea, García Gutierrez, Hartzenbusch, Gil y Zarate, Ochoa,
Ventura de la Vega, Breton de los Herreros, Martinez de
la Rosa die literarische Bühne wieder betraten und eine Re=
generation der Literatur anstrebten, wie die Männer von 1810
und 1820 aus der Verbannung zurück= und aus ihren Zu=
fluchtsstätten hervorkamen, so entfaltete sich. — unter dem
Einfluß dieses belebenden Hauches, der durch die spanische
Welt ging und unter dem direkten Einfluß aller jener Ge=
nannten — die Presse in stetigerer Weise als bisher.

Im Jahre 1834: 30; in den folgenden 23, 34, 36, 43,
48, 51, 63, 84, 81, 87, 85, 90, 82, 83, 93; 1850: 114,
144, 113, 132, 171, 143, 149, 130, 124, 198; 1860:
123, 140, 144, 149, 179, 193, 177; 1867: 209; 1868:
256; 1869: 285; 1870: 302.

Ueber 1870 hinaus ist es leider nicht möglich gewesen,
sichere Daten zu gewinnen, denn selbst die uns vorliegenden
amtlichen Mittheilungen des statistischen Bureau zeigen sehr
empfindliche Lücken, weil die Behörden der einzelnen Pro=
vinzen die nöthigen Angaben nicht haben einsenden können.

Aus diesen Materialien erhellt aber, daß bis 1870 die See=
provinzen und großen Hafenstädte nächst dem nationalen Cen=
trum Madrid die Presse und in der Folge die geistigen Be=
strebungen am würdigsten vertraten und am kräftigsten för=
derten, und sind die numerischen Verhältnisse auch nach 1870
ganz andere geworden, so ist doch die Thatsache, daß das
regste Leben in den Häfen pulsirt, unberührt geblieben.

Aus den statistischen Notizen erhellt ferner, daß die
Summen der politischen Blätter Spaniens in den drei Jahren
1868, 1869 und 1870 — mit Ausschluß der Provinz Bar=
celona, für die wir etwa je 20—30 dazu rechnen können —
folgende waren. 1868: 267; 1869: 296; 1870: 239,
wovon auf Madrid 76, 83, 75; auf Cadiz 18, 12, 9; Se=
villa 10, 10, 9; Gerona 10, 9, 5; Tarragona 11, 12, 3;
Zaragoza 4, 5, 4 kamen. In jenen Jahren überwogen die
monarchisch=demokratischen Blätter, nächst ihnen waren die
republikanischen am zahlreichsten. Jetzt sind die Parteiver=
hältnisse ganz andere geworden als damals, so viel geht aber
aus den statistischen Notizen der letzten Jahre hervor, daß die
Regierung vermöge ihrer vielen Amtsblätter stets und unter
jedem Régime immer über eine größere Zahl von Blättern
verfügt, als die einzelnen anderen Parteien.

Die Masse aller periodischen Erscheinungen Spaniens
wurde im Jahre 1862 auf 279 beziffert; 1868 läßt sie sich
schätzen auf ungefähr 540; 1869: 550; 1870 vielleicht etwas
niedriger, während sie 1877 von zuverlässigen Kennern der
spanischen Preßverhältnisse auf mindestens 800 beziffert wurde,
und man nahm damals an, daß der gesammte Periodismus
noch in der Weiterentwicklung begriffen sei. Die letzte amt=
liche Zusammenstellung ergiebt für den 1. März 1882 in
Madrid 63 politische, 178 nicht politische, zusammen 241;
für die Provinzen 188 politische, 381 nicht politische, zu=
sammen 569, also im Ganzen 251 politische, 559 nicht

politische, zusammen 810 Zeitungen, wobei die untergeordnet=
sten wahrscheinlich nicht gerechnet sind, weshalb von kompeten=
tester Seite die Zahl der gegenwärtig in Spanien erscheinen=
den Erzeugnisse der periodistischen Presse auf circa 900 be=
ziffert werden, was bei einer Bevölkerung von 16³/₄ Millionen
als sehr bedeutend bezeichnet werden muß.

Bietet die Ermittelung der Gesammtzahl der journalisti=
schen Erzeugnisse Spaniens schon Schwierigkeiten, so ist die
der Masse des Lesepublikums für diese Zeitungen vollends
unmöglich zu bestimmen; es fehlt eben überall an zuverlässigem
statistischem Material.

Das Bestreben der Neuzeit, Alles in Zeitungsartikeln zu
behandeln und so größeren Massen von Lesern zugänglich zu
machen, als es Bücher thun, die doch immer nur, wenn sie
nicht sensationell abgefaßt sind, einen kleinen Abnehmer= und
Leserkreis finden, hat die ganze Presse und die Gestaltung
des gesammten literarischen Lebens im höchsten Grade beein=
flußt. Jeder Zeitungsverleger und jeder Redakteur muß
natürlich diesem Streben Rechnung tragen und bemüht sein,
den Lesern möglichst Viel und Interessantes zu bieten, und
entweder durch die bedeutenden Namen der Mitarbeiter oder
durch die Verschiedenartigkeit des Inhalts dem Blatte größeren
Absatz zu verschaffen; daher ist es gekommen, daß selbst spe=
zifisch politische Blätter ein Feuilleton eingerichtet haben und
manche derselben nur des letzteren wegen von Vielen gelesen
werden.

Auf diese Gründe ist auch eine weitere Erscheinung des
geistigen und literarischen Lebens der Spanier zurückzuführen,
nämlich, daß alle bedeutenden Schriftsteller und Gelehrten,
alle Männer, die auf den Gebieten der Politik, der Wissen=
schaft und der Kunst Ruf erlangt haben, erst die Schule des
Journalismus durchmachten. Die Spalten der politischen
Zeitungen waren die Schranken, innerhalb deren Alle und auf

allen Feldern ihre Kräfte zunächst prüften und dann schulten und entfalteten. Kein Novellist, kein Dramatiker, kein Historiker, vor allem aber kein Staatsmann dieses Jahrhunderts ist nicht zuerst Journalist gewesen. Ehe sie selbst nur im Feuilleton thätig waren, aber besonders, ehe sie mit selbständigen Werken vor die Oeffentlichkeit traten, übten sie sich auf dem Turnierplatz des politischen Journalismus, um dort Ansehen und Ruf zu gewinnen, und dies war um so eher möglich, als wiederholentlich durch das Gesetz bestimmt wurde, daß alle größeren politischen und anderen Artikel mit vollem Namen unterzeichnet werden mußten. Die Geschichte des spanischen Periodismus wiederholt uns daher alle jene großen Namen, die die Geschichte des Landes, der Literatur, der Wissenschaften verzeichnet haben, wir finden sie da alle: Lope, Galiano, Caballero, Quintana, Martinez de la Rosa, Toreno, San-Luis, Gonzalez Bravo, Rivero, Martos, Castelar, Figueras, Zorrilla, Olózaga und wie sie alle heißen, denn wir dürfen nicht vergessen, daß Jeder, der auf gesellschaftliche Bildung Anspruch macht, zunächst auch Politiker sein muß.

Weil nun eben die ersten Geister, die bedeutendsten Männer ihre besten Kräfte stets dem politischen Leben und in der Folge mehr oder weniger lange der Journalistik widmeten, ist es dahin gekommen, daß diese die anderen Zweige der literarischen Thätigkeit überwuchert, zum Theil erstickt und jetzt die große Bedeutung gewonnen hat, die sie thatsächlich besitzt. Der Bücherdruck und der Buchhandel können sich daher nicht entfalten, sind vielmehr noch zurückgegangen. Das Publikum weiß, daß, wenn es eine große politische Zeitung in die Hand nimmt, es dort die Sprache nicht eines, sondern vieler seiner großen Geister vernimmt, und zwar in dem politischen wie in dem feuilletonistischen Theil. Es gilt dies jedoch nur von den größten Blättern und darf keineswegs auf die große Masse der Preßerzeugnisse bezogen werden. Denn

haften im Allgemeinen der ganzen spanischen Presse zahllose
Schäden an, so vollends der untergeordneten. Die Presse ist
der Ausdruck der spanischen Weltanschauung, der Spiegel des
Geisteslebens und Charakters, der Interessen und der sozialen
Zustände Spaniens. Die Parteiung, der Personalismus be=
herrschen sie; wir hören in jedem Blatte ganz ausschließlich
nur die leitenden Ansichten der betreffenden Parteiführer, die
dasselbe meist sogar selbst redigiren; wir erfahren nichts über
das, was außerhalb des beschränkten nationalen Horizonts
liegt; wir finden nur Personalnotizen, Parteigezänk, parteiische
Behandlung der politischen, parlamentarischen Ereignisse.
Ungeheurer Raum ist dem Stadtklatsch, den täglichen Vor=
kommnissen, den unzähligen Festlichkeiten, besonders aber den
Stiergefechten gewidmet. Handel, Industrie, Statistik sind,
weil sie überhaupt kaum existiren, auch fast gar nicht berück=
sichtigt. So kann denn die spanische periodistische Presse mit
nur sehr verschwindenden Ausnahmen überhaupt kaum mit der
englischen, französischen in Vergleich gebracht oder ihr gar
gleichgestellt werden. Die Witzblätter vollends sind überaus
schwach, ungeachtet der großen Menge, in der sie zeitweise
erscheinen. So wurden 1868 unter den 256 Zeitungen
Madrids 29 satirische; 1869 unter 285 34; 1870 unter 302
40 solche publizirt, denn jede Partei mußte ihre eignen
haben. In den letzten Jahren hat die Zahl der Witzblätter
wesentlich abgenommen.

Unterwerfen wir nun die hervorragendsten periodischen
Erzeugnisse Spaniens einer kurzen Prüfung auf ihren Charakter,
Werth und Gehalt hin.

Eins der beliebtesten Blätter ist die in allen Provinzen
erscheinende Correspondencia de España. In allen Provinzen?
Damit hat es folgende Bewandtniß. Die Hauptredaktion be=
findet sich in Madrid; dort wird außer der für die Haupt=
stadt bestimmten Auflage auch die für die Provinzialstädte

hergestellt und zwar der Art, daß drei Seiten dieses Blattes
in Madrid gedruckt werden, die vierte aber für die Lokal=
nachrichten der Städte offen bleibt, für die die Blätter be=
stimmt sind. An dem Bestimmungsorte wird die vierte Seite
unter dem Titel „Correspondencia de Córdova", „C. de Va=
lencia", „C. de Málaga" ꝛc. nachgedruckt. Auf diese Weise
erscheint die Correspondencia etwa in 20 Städten Spaniens,
wird da überall als angenehmes Nachrichtenblatt allgemein
gern gelesen und macht den Provinzialblättern große Kon=
kurrenz. Auch in Madrid greift man, um sich schnell über
das Neueste zu unterrichten, gern nach dieser politisch farb=
losen, den Stadtklatsch hauptsächlich kultivirenden Zeitung.
Der eigentliche Werth dieses Blattes ist allerdings ein über=
aus geringer, aber danach fragt ja die Masse nicht, die eben
an dem Klatsch, an allen Nachrichten, die die Neugier wecken,
ihren Gefallen findet. Obgleich schlecht geschrieben, auf
schlechtem Papier schlecht gedruckt, obgleich seine Nachrichten
eben auf das denkfaule, vergnügungssüchtige Publikum berechnet,
oft ungenau und ohne sorgfältige Prüfung zusammengestellt
sind, hat dieses Blatt seinen Besitzer zum Millionär und zum
Senator gemacht, denn es besteht schon seit 30 Jahren und
hat eine tägliche Auflage von circa 70,000 Exemplaren.

Die ihrer Auflage nach zweitgrößte Zeitung und unter
den politischen die am weitesten verbreitete, auch im Auslande
am meisten bekannte ist „El Imparcial". Seit ihrer Grün=
dung vor 16 Jahren hat sie stets die liberalen Grundsätze
auf das geschickteste und eifrigste vertheidigt. Obgleich die
heftigste Gegnerin des Absolutismus und Ultramontanismus,
läßt sie sich in ihrer Polemik doch nie durch eine blinde un=
überlegte Kampflust leiten, sondern enthüllt nur mit sicherer
ruhiger Objektivität und ohne irgendwelche Rücksicht alle
Schäden, die sie zu entdecken vermag. Ihre Mitarbeiter sucht
sie unter den ersten Männern, die Spanien besitzt. Ihre

Artikel über Politik, Wissenschaften, Literatur, Handel, Ge=
werbe, Ackerbau ꝛc. gehören zu dem Besten, was der spanische
Periodismus aufzuweisen hat. Die Notizen, die sie bringt,
sind stets nur aus den besten Quellen geschöpft und überhaupt
geht sie, wie die Spanier sagen, auf bleiernen Füßen, d. h.
mit äußerster Vorsicht bezüglich dessen, was sie in ihre Spalten
aufnimmt. Von jedem gebildeten Spanier gelesen, übt sie
großen Einfluß auf die öffentliche Meinung des ganzen Landes
aus — so weit von solcher überhaupt die Rede sein kann —
und Freund wie Feind erkennen ihre Bedeutung und ihren
Werth an. Ihre gewöhnliche Auflage ist 40,000 Exemplare
täglich, während der Kortes erscheint sie aber oft mit Extra=
blättern, sobald irgendwelche bedeutenden Reden gehalten wor=
den sind.

Seit 5 Jahren ist ihr in dem „Liberal“ ein gefährlicher
Konkurrent erstanden. Denn dieser hat beinahe dasselbe Pro=
gramm wie der Imparcial und wird von Vielen zur Zeit
höher geschätzt als dieser. Weniger reichhaltig als der Im=
parcial, ist der Liberal ungleich energischer und rücksichtsloser
im Aufdecken der Schäden, die den Staat gefährden, und darf
als aggressiv und überwiegend polemisch betrachtet werden.
Seine Auflage ist zur Zeit ungefähr 25—30,000 Exemplare.

Nächst diesem hat das Organ Castelar's: „El Globo“
die größte Verbreitung. Der Redakteur dieses Blattes ist der
bekannte und in allen Kreisen hochgeschätzte Demokrat Martin
de Olías und die Artikel, die der Globo enthält, sind ge=
wöhnlich sehr beachtenswerth. Die Illustrationen dagegen
halten an Güte nicht gleichen Schritt mit dem Text. Die
Tendenz dieser Zeitung ist republikanisch, die Polemik und
die Kritik meist durchaus objektiv; der Ultramontanismus
hatte früher in ihr seinen erbittertsten Gegner. Die tägliche
Auflage ist ungefähr 20,000 Exemplare.

Dies sind die Journale, die am meisten und zwar ohne

17*

Unterschied von allen Klassen der spanischen Gesellschaft ge=
lesen werden. Nächst ihnen ist die erste unter den eigentlich
politischen Zeitungen, „La Epoca", die sich durch ihre ernste
Haltung und gemäßigte Sprache auszeichnet. Der Eigenthümer
und Begründer derselben ist Coello und redigirt wird es von
D. Ignacio Escobar, der als Journalist und Politiker die
höchste Achtung genießt. In Folge ihrer direkten Beziehungen
zu den Regierungs= und parlamentarischen Kreisen gilt die
„Epoca" stets als ein sehr gut unterrichtetes und zuverlässiges
Blatt und übt einen ziemlich bedeutenden Einfluß auf die ge=
sammte politische Presse aus. Sie ist das Organ der konser=
vativen Kreise, obgleich sie sich der vollständigen Unabhängig=
keit rühmt, hat viele Abonnenten im Auslande und eine täg=
liche Auflage von etwa 10,000 Exemplaren. Ihr Format
ist sehr groß und ihre belletristischen und wissenschaftlichen
Artikel sind stets aus den Federn der geschätzesten Schrift=
steller. Sie besteht seit 1849.

Hinsichtlich ihrer Subskribentenzahl folgen die ultramon=
tanen oder neukatholischen Blätter „La Fé" (der Glaube) und
„El Siglo Futuro" (das zukünftige Jahrhundert) oder wie es
richtiger heißen sollte, das vorige Jahrhundert, denn die
Artikel, die dieses und überhaupt alle ultramontanen Blätter
bringen, wecken oft gerechte Zweifel, ob sie im neunzehnten
Jahrhundert entstanden sind oder nicht vielmehr aus dem
frühesten Mittelalter herrühren. Blinder Aberglaube, fana=
tischer Haß gegen alle Andersgläubigen, d. h. Ketzer, gegen
alle Neuerungen, Glaube an die unglaublichsten Kindermärchen
und Wundererscheinungen unserer daran so reichen Zeit, über=
schwengliche Liebe zu den Institutionen des Mittelalters, be=
sonders zu der beglückenden Inquisition, Verdammung aller
neuen Ideen und Erfindungen, unerbittliche Verfolgung aller
derer, die es wagen, ihre Stimmen gegen die Auswüchse des
Kultus zu erheben — das sind die Lebenselemente dieser

Blätter. Ihr Wirkungsfeld ist natürlich in der Hauptsache nur die Landbevölkerung und allerdings auch in nicht geringem Grade die Frauen aller, auch der höchsten, Stände. Vor einiger Zeit hatte ein Redaktionsbote des „Siglo futuro" in der „Loteria del niño Jesus" (Lotterie des Jesuskindes) den Hauptgewinn erlangt, natürlich verfehlte die Zeitung nicht, aus diesem Glücksfall Kapital zu schlagen und den Gläubigen mitzutheilen, daß der betreffende Bote sich durch seine Ergeben= heit für das Jesuskind die Liebe desselben in solchem Grade erworben habe, daß es ihn ohne Zweifel auf die angegebene Weise belohnen wollte.

„El Diario español" ist ein liberal=konservatives Blatt von ziemlich großem Ansehen, trotz beständiger Schwankungen in seiner Tendenz. Vor 1868 schrieb für dasselbe der be= kannte Staatsmann Lorenzana, der in Folge jener Revolution für kurze Zeit das Staatsministerium übernahm. Seitdem vertheidigte das Blatt blindlings die Revolution, bis Amadeo den neuerrichteten Thron bestieg; nun trat es für die fremde Dynastie ein, dann neigte es sich der Alfonsinischen Restau= ration zu und vergötterte Cánovas del Castillo. Seit dem Sturz der Konservativen gravitirt es wieder etwas mehr nach der liberalen Seite hin.

„La Politica" ist auch liberal=konservativ, galt unter Cánovas als sehr bedeutend, hat seit dem Sturz desselben aber viel von ihrem Ansehn verloren.

„La Iberia" wurde vor vielen Jahren noch von dem unglücklichen aber berühmten Journalisten Calvo Asensio be= gründet und war von jener Zeit an das Hauptorgan der Fortschrittspartei. Für sie schrieben Carlos Rubio, der be= kannte Dichter und Journalist und viele andere bedeutende Politiker. Sie ging dann zu den Konstitutionellen über und ist z. Z. unter dem Ministerium Sagasta als das hochoffiziöse Organ der Regierung zu betrachten.

„El Tiempo" ist seinem Format nach eine der größten
spanischen Zeitungen, an sich aber wenig werth. Sie gehört
der konservativen Partei an und ist das Organ des Grafen
de Toreno.

„La Patria" ist das Organ der Centrumsfraktion, also z. Z.
der Opposition. Das Blatt ist geschickt redigirt und zeichnet sich
besonders durch seine Artikel über die Verwaltung aus.

„La nueva Prensa", „La Union", der sehr angesehene
„Dia", „El pueblo Español", „Demócrata", „Popular" sind
die Vertreter der verschiedenen liberalen Parteien. Von den
bedeutenderen der gegenwärtigen Regierung gewogenen Blättern
seien noch „Correo", „España", „Independiente" und das
Organ Balaguers und der Konstitutionellen „La Mañana"
genannt, während „La Patria", „El Cronista" der Opposition
angehören. „El correo militar" ist, seinem Namen entsprechend,
vorwiegend militärischen Interessen gewidmet.

Unter den politischen Zeitungen der Provinzen ist die
angesehenste „El Diario de Barcelona", sie ist eine der ältesten
und verbreitetsten von ganz Spanien und erscheint in einer
Auflage von 20,000 Exemplaren. Der Redakteur ist aller=
dings orthodox. Aber unterstützt von tüchtigen Mitarbeitern
bringt das Blatt stets gute Abhandlungen über Künste, Wissen=
schaft, Politik, Handel und alle Interessen des Landes, sowie
auch über die Ereignisse des Auslandes und entschädigt dadurch
für das, was man bei Behandlung religiöser Fragen in den
Kauf nehmen muß.

In Barcelona erscheinen ferner „La Cronica de Cataluña",
eines der angesehensten liberalen Blätter; „La Gaceta de
Barcelona", „La Correspondencia de Cataluña" und andere
von geringerer Bedeutung.

Unter den anderen Provinzialblättern verdient zunächst
genannt zu werden „Las Provincias", das in Valencia erscheint
und dessen Subskribentenzahl nicht weit hinter der des „Diario

de Barcelona" zurückbleiben dürfte. Es behandelt mit Meister=
schaft die lokalen und provinziellen Interessen, prüft mit echtem
Patriotismus alle Ereignisse der Politik und des öffentlichen
Lebens und verfügt über ausgezeichnete Korrespondenten in
allen großen Städten Spaniens.

„El Comercio" ist ein sehr altes und angesehenes Blatt,
das in Cadiz erscheint und sich durch die Objektivität seiner
politischen Artikel auszeichnet. In religiösen Dingen neigt es
zur Orthodoxie.

Ebenfalls sehr alt und geschätzt ist „El Diario de Zara=
goza", ein liberales Blatt, dessen Artikel über Politik und
Verwaltung stets beachtenswerth sind.

„El Diario de Cadiz", wohl akkreditirt wegen der sorg=
fältigen Kritik und der gemäßigten Sprache, mit denen seine
Artikel abgefaßt sind, wurde bis 1871 von Mainez redigirt,
mit dem wir uns oben als Freidenker beschäftigt haben.

Es würde zu weit führen, die untergeordneteren Blätter
eingehender zu behandeln oder selbst nur eine Liste von ihnen zu
geben, wir beschränken uns daher darauf, die hervorragendsten
unter ihnen namhaft zu machen. Zu diesen gehören: „La
Andalucia" von Sevilla; „El Porvenir", „El Español", „El
Universal" aus derselben Stadt; „El Comercio" von Valencia;
„La Prensa" von Cadiz; „El Defensor de Cadiz", „El Guar=
dian de Gibraltar", die Tageblätter von Granada, Reus,
Tarragona, Bilbao, Ferrol u. v. a.

Die verschiedenen Wissenschaften verfügen natürlich über
ihre eigenen Revisten und fachmännischen Zeitschriften, denen
die französischen, englischen und italienischen zu Mustern ge=
dient haben und in denen ebenso wie in denen anderer Länder
Spezialstudien veröffentlicht werden, die früher in Büchern
niedergelegt wurden. Diese Fachzeitschriftenliteratur ist in
ihrer hohen Entwicklung und ihrer weiten Verbreitung über
das Land beinahe vollkommen ausreichend für die Veröffent=

lichung neuer Resultate der Forschung und hat, wie wir oben sahen, der wissenschaftlichen Buchliteratur sehr großen Abbruch gethan. Daher auch die geringe Zahl größerer wissenschaft= licher Werke.

Die eigentlichen belletristischen Journale sind ebenfalls in sehr großer Zahl vorhanden, ebenso die Revuen des litera= rischen und des Kunstlebens der Nation, und alle bieten durch ihre tüchtigen Mitarbeiter, durch die Verschiedenartigkeit der Materien, die sie den Lesern vorführen, viel Interessantes. Die Auflage dieser Blätter ist aber meist sehr klein, da sie verhältnißmäßig theuer sind und das Interesse der großen Volksmassen nicht zu gewinnen vermögen, die das wichtigste, was jene Revuen enthalten, auch in den billigen politischen Tagesblättern finden. Die letzteren sind auch einzeln in den Straßen feil, während die anderen gewöhnlich nicht einzeln abgegeben werden. Auch die großen illustrirten Zeitungen finden aus demselben Grunde geringen Absatz. Der Preis von 25—50 Centimos ($^1/_4$—$^1/_2$ Franc) pro Nummer ist für den Spanier schon zu viel und da man auch dort ebenso wenig wie in Italien gewöhnt ist, auf Zeitungen zu abonniren, so ergiebt sich von selbst, daß der Absatz ein nur geringer ist. Wenn derartige Blätter nun trotzdem große Geschäfte machen, wie die „Ilustracion Española y Americana", so liegt der Grund dafür darin, daß dieselben über die Kolonieen und über das ganze lateinische Amerika verbreitet sind, so weit dort nicht die portugiesische Sprache die spanische ersetzt hat.

So haben denn die meisten belletristischen und illustrirten Blätter einen beständigen Kampf um ihre Existenz zu bestehen und die Folge davon ist, daß die Mitarbeiter spanischer Zeit= schriften gewöhnlich sehr schlecht bezahlt werden. Ueberhaupt ist durch schriftstellerische Thätigkeit allein in Spanien nicht leicht eine gesicherte Existenz zu gewinnen, selbst wenn es gelungen ist, Ruf und Ansehen auf diesem Felde zu erwerben.

Viele bedeutende Schriftsteller haben sich in Frankreich oder England ausgebildet, sich dort vielleicht ein kleines Vermögen erworben, um sich dann in ihrem Vaterlande ihren Interessen zu widmen. Wer nicht auf diese Weise einen Rückhalt gewonnen hat, oder von Hause aus begütert oder in einer Redaktion angestellt ist, muß neben seiner literarischen Thätigkeit eine gesicherte Erwerbsquelle zu erstreben suchen.

Unter den Revisten und illustrirten Blättern zeichnen sich besonders aus die „Vida madrileña", eine wöchentliche Revue, die „Revista de España", „Revista Contemporanea", „Revista Hispano-Americana", „Revista Europea", „Revista de Andalucia", „Cadiz" u. A. Das einzige wirklich gute illustrirte Blatt ist die „Ilustracion Española y Americana". Seit einem halben Jahre erscheint in Madrid die von Mme. de Rute, Prinzessin Ratazzi, herausgegebene internationale Revue: „Les Matinées espagnoles", die zwar einen Succès d'estime hat, aber im Allgemeinen wegen ihres fremdartigen Charakters und ihrer fremden Sprache, wegen ihrer französirenden Tendenz, gerade in der aristokratischen Welt, für die sie berechnet ist, außerdem aber natürlich bei allen echten Patrioten auf entschiedenen Widerwillen stößt.

Bestrebungen, neue illustrirte Blätter in Spanien in's Leben zu rufen, sind einerseits an Geldmangel, andererseits an dem Mangel an tüchtigen Holzschneidern gescheitert, und die Illustrationen, die vielen untergeordneten Zeitschriften beigegeben werden, sind oft so schlecht, daß schon eine kräftige Phantasie dazu gehört, sich eine Vorstellung von dem zu machen, was dargestellt werden sollte. Die wenigen guten Xylographen Madrids sind vollauf von den großen Verlagshäusern in Anspruch genommen und lassen sich ihre Arbeit höher bezahlen, als es die kleinen Geldbeutel der meisten Redaktionen zulassen.

In der Kolonialpresse zeichnet sich besonders das in

Manila erscheinende illustrirte Blatt „El Oriente“ durch schönen Druck, gutes Papier und so weit sich aus wenigen Nummern schließen läßt, durch seinen Inhalt und seine Illustrationen vortheilhaft aus.

Die spanische Presse zeigt also ein sehr reges Leben, wenn ihr auch manche Schäden anhaften, zu denen z. B. auch die vielen Schnitzer gehören, denen man in ihr stets begegnet und die ihre Ursache in der geringen allgemeinen Bildung hauptsächlich aber in der geographischen Unkenntniß und in dem beschränkten Gesichtskreis der niederen Schichten der Journalisten haben. Da von dem größten Theile der Presse indessen auf das energischste gegen den kirchlichen und staatlichen Absolutismus, für die Befreiung des Volksgeistes von dem erdrückenden Joch priesterlicher Bevormundung gekämpft wird, da durch die Presse unaufhörlich neue civilisatorische Ideen verbreitet werden, so werden jene für den Ausländer oft genug recht ergötzlichen Dokumentirungen mangelhafter Bildung hierdurch reichlich aufgewogen und wir müssen die Presse als eine der kräftigsten Stützen der fortschreitenden Kultur in Spanien bezeichnen.

Dem spanischen Grundcharakter entsprechend ist die Sprache, die in den großen politischen Zeitungen geführt wird, im Allgemeinen gemessen und höflich, überschreitet selten die Grenzen des Anstandes. Eine Ausnahme von dieser Regel bilden nur die neukatholischen und überhaupt die ultramontanen Blätter, die unter dem Deckmantel christlicher Liebe und Heiligkeit nur schwer ihren Haß gegen die Ungläubigen zu verbergen vermögen und sich zuweilen so weit hinreißen lassen, sich höchst unziemlicher Kampfmittel zu bedienen. Da die meisten großen Zeitungen von Kortesdeputirten entweder redigirt oder wenigstens inspirirt werden, so werden natürlich in den Spalten der Parteiorgane die Tribünenkämpfe mit derselben Energie fortgesetzt, die ein Charakteristikum der letzteren

ift; die derben Grobheiten werden aber hier wie dort in die
konventionelle Form des Witzes, der Satire gekleidet. In der
Mehrzahl der untergeordneten und der Provinzialzeitungen
herrscht der krasseste politische Byzantinismus; die Wetterfahne
auf dem Regierungsgebäude lenkt das redaktionelle Getriebe
und läßt die geistige und kritische Selbstthätigkeit bis auf
minimale Spuren, wenn nicht ganz verschwinden. Ueberhaupt
macht sich, wenn man über die leitenden politischen und über
die höher gebildeten Kreise hinausgeht, auch in Spanien ein
sehr empfindlicher Mangel an kritischem Geist in den Massen
geltend. Das ist ja freilich keine vereinzelte Erscheinung,
andere Länder zeigen sie auch in gleicher Deutlichkeit, so daß
sie beinahe als ein Zeichen der Zeit betrachtet werden kann,
als der nothwendige Begleiter des Autoritätskultus, des
Schematismus und Uniformalismus.

Eine Eigenthümlichkeit, die der spanischen Presse ebenfalls
mit der anderer Länder gemein ist, bei ihr aber mehr zu Tage
tritt, ist die Kapitalisirung der verfügbaren Stoffe. Kleine
unbedeutende Notizen aus der politischen Welt werden zum
Kern großer Artikel gemacht, deren Werth oft gleich Null ist,
alle möglichen und unmöglichen Kombinationen werden er=
sonnen, um doch nur die Spalten zu füllen. Die Kraft, die
da unnütz verschwendet wird, ist ebenso verloren wie die Zeit,
die ungeübte Zeitungsleser auf derartige Lückenbüßer verwenden.
Und wie gut könnte diese Kraft und Zeit ausgenutzt werden,
wenn man das Augenmerk statt auf den politischen und sozialen
Klatsch, auf die Lebensinteressen des Landes richtete, die zahl=
losen Lücken in der allgemeinen Bildung auszufüllen suchte,
die Statistik förderte, allen jenen zahllosen kleinen Schäden
nachspürte, die am Staatskörper nagen und, obgleich offen
zu Tage liegend, doch unbeachtet gelassen werden. Wie schon
zu Anfang bemerkt, fehlt es an Arbeiten über die allergewöhn=
lichsten nächstliegenden Fragen und Themata. — Aber der=

artige Arbeiten erfordern allerdings meist großen Sammelfleiß, große Gründlichkeit und Ausdauer und — die sucht man bei dem spanischen Journalisten im Allgemeinen vergebens.

Die Flugblätterliteratur hat in dem politisch so sehr regen Lande eine große Rolle gespielt. Die zahllosen Pronunciamientos, die Wahlkämpfe, die Parteiung bedingten eine rege Thätigkeit auf diesem Felde. Heute sind es besonders zwei Veranlassungen, die Abfassung von Flugblättern hervorrufen: Die Kortesverhandlungen und die Stiergefechte. Haben Castelar, Echegaray oder andere große Rhetoren in den Kortes gesprochen, so werden diese Reden von der betreffenden Parteipresse sofort in ungeheurer Masse gesondert gedruckt und von dem Publikum binnen kurzem aufgekauft. Ist in der Arena ein Lagartijo oder ein anderer berühmter Espada aufgetreten, so verlangt das Volk sofort Bericht darüber und wenn auch manche Zeitungen an den betreffenden Sonntagen, den Tagen der Stiergefechte, ihr Erscheinen so einrichten, daß wenige Stunden nach dem Ende der Kämpfe in ihren Spalten der Verlauf derselben mitgetheilt werden kann, wenn auch eine ganze Reihe von Journalen lediglich den Stiergefechten gewidmet ist, so werden doch außerdem an den Tagen derselben oder spätestens an den folgenden Montagen Extrablätter ausgegeben, die in Prosa oder in Versen und mit Illustrationen versehen, die Vorgänge der betreffenden Corrida schildern.

Ist ein Mord begangen, hat sich irgend ein Unglück ereignet, oder wird an einem Verbrecher die Todesstrafe vollzogen, ist irgend ein berüchtigter Räuber erschossen worden — so sind das alles kostbare Motive für die improvisatorische Begabung der blinden Bettler und für Verleger sensationeller Flugblätter, die für Augenblicke das Interesse der Massen fesseln und dem spekulativen Volksdichter und seinem Verleger respektable Sümmchen eintragen.

So bietet denn die gesammte Journalistik Spaniens ein buntes und belebtes Bild, und wir müssen gestehen, daß wenn ihr auch manche bedeutende zum Theil im Nationalcharakter wurzelnde Schwächen und Schäden eigen sind, sie doch dagegen auch viele vortheilhafte Eigenschaften aufweist, die der Presse andrer Länder abgehn, und daß sie in ihren hervorragendsten Organen ihre heutige Kulturaufgabe im Allgemeinen würdig erfüllt.

14.

Das Bild des modernen Geisteslebens Spaniens würde unvollständig sein, wollten wir nicht auch noch einen Blick auf die markirendsten Züge des sozialen Lebens der Spanier werfen, denn es bedarf wol kaum einer Erwähnung, daß gerade darin und oft genug in den unauffälligsten Erscheinungen desselben die Denkweise des Menschen ganz unmittelbar zu Tage tritt.

Da fragt es sich zunächst, wie ist die soziale Stellung der Frau, des weiblichen Geschlechts in Spanien, gilt doch diese Frage mit Recht als eine der fundamentalen und wichtigsten bei der Beurtheilung des Kulturstandes eines Volkes. Die Antwort darauf läßt sich aber wieder nicht mit wenigen Worten geben, denn, wie in allen andern Beziehungen, wie auf allen Gebieten der Kultur treten uns in dieser Hinsicht wieder die gegensätzlichsten Erscheinungen entgegen. Das Weib wird zugleich als Göttin und als Sklavin behandelt, es wird ein überschwenglicher Kultus mit ihm getrieben, der oft an den der romantischen Minnezeit des frühen Mittelalters erinnert, und — es wird doch andrerseits völlig unterdrückt. Das Weib erscheint in Spanien bald als durchaus selbständig und bald als ganz abhängig; es scheint frei in seiner Denk- und Handlungsweise und doch auch wieder ganz unfrei und in seinen Bewegungen durch tausend Beschränkungen des Konventionalismus gehemmt. Jedenfalls ist die Spanierin im Allgemeinen in ihrem Wesen ganz anders, als die Nordländer sie sich vorstellen.

Sehen wir von den höhern Ständen ab, in denen die Frau gerade dieselbe Stellung einnimmt wie die der höheren Gesellschaftsschichten von Paris und der übrigen zivilisirten Welt, so müssen wir im Uebrigen, allgemein sprechend, die soziale Stellung der Spanierin als eine ihrer ganz unwürdige, der modernen Weltanschauung noch keineswegs entsprechende und niedrige betrachten. Die natürliche Glut der Leidenschaftlichkeit erzeugt im Spanier allerdings jenen Frauenkult, der dem heutigen Nordländer zum Theil ganz unbegreiflich ist, aber der Spanier erblickte zu allen Zeiten in dem weiblichen Wesen doch immer nur das Weib, die Erzieherin seiner Kinder, die Haushälterin, die für ihn sorgt, und es fiel ihm nie ein, sie zur ebenbürtigen Genossin, zu seiner Berätherin und Freundin zu erheben, mit der er seine Sorgen, seine Interessen theilte; er dachte nie daran, sie zu bilden. Die Spanierin erblickte ihrerseits ihren Lebenszweck auch in nichts Anderem, als in der Erfüllung häuslicher Pflichten. Das einzige Gefühl, dem sie folgte, das sie kannte, war das der Liebe, deren Intensität der natürlichen Leidenschaftlichkeit entsprach. In völliger Unwissenheit erzogen, — und anders wollte es ja die Kirche nicht, — dachte sie nicht daran, nach Höherem zu streben; neben der Liebe und der Eifersucht, denn es ist ein Irrthum zu glauben, daß die echte Spanierin von altem Schlage flüchtig in ihren Neigungen sei, kannte sie nur die von Kindesbeinen an eingelernten Glaubenslehren und rituellen Vorschriften, lernte sie nur die hiemit verbundenen Manipulationen. Diese spanische Religiösität war und ist aber eine rein äußerliche, hatte und hat keine Einwirkung auf Geistes- und Seelenbildung. Die Idee ihrer Gleichberechtigung mit dem Manne kam der Spanierin nie in den Sinn. So ist es erklärlich, daß wir heute unter den Männern viele Atheisten finden, deren Frauen davon zunächst überhaupt keine Ahnung haben und selbst noch ganz tief im orthodoxesten Mittelalter stecken; daher denn auch dieser Eifer der Kleriker gegen eine zeitgemäße Erziehung des weiblichen Geschlechts, ihr Bemühen, die mittelalterliche Geistesnacht, diese Vorbedingung für ihre Existenz, wenigstens noch in den Frauen und Mädchen zu erhalten; daher diese Erscheinung, daß sie der Hemmschuh für die fortschreitende nationale Bildung und Kultur sind, und daher denn auch die unermüdlichen Bemühungen der Liberalen, die Mädchen= erziehung den Händen der Geistlichkeit zu entziehen, sie in Uebereinstimmung mit der modernen Weltanschauung und den Forderungen derselben zu bringen.

In Gemäßheit mit den oben charakterisirten Auffassungen von den Pflichten der Frau, die eben nur das Eigenthum ihres Mannes war, in absoluter Abhängigkeit von demselben stand und keinen freien Willen hatte, war auch die Ab= schließung der Geschlechter von einander eine um so strengere, als die natürliche Erregbarkeit des spanischen Bluts dieselbe erforderte. Die Frau gehörte einzig und allein dem Manne und der Familie und wurde wie die Mohammedanerin behan= delt; betraten Männer, Freunde ihres Gatten, das Haus, so verstand es sich von selbst, daß die Frau sich nie zeigte. Hat nun in dieser Hinsicht die moderne Kultur schon in Madrid und hier und da in den Großstädten diese althergebrachte Sitte wesentlich erschüttert, so begegnen wir ihr doch und selbst bis in die höchsten Schichten hinauf immer noch als der Regel. Ein Fremder kann z. B. auf das intimste mit einem Spanier verkehren und wird doch dessen Frau und Töchter im Hause nie sehen. Auf Haus und Kirche beschränkt sich also zunächst der Aufenthalt der Frauen. Die allgemeine Vergnügungssucht der Spanier hat ihnen nebenbei aber auch die Promenade eröffnet, und bei allen Festlichkeiten, vollends bei Stiergefechten, früher bei den Autos de Fé, heute bei den Hinrichtungen ist das weibliche Geschlecht stets in über= wiegender Mehrheit vertreten. Die sehr strengen konven=

tionellen Gesetze über den Verkehr der Geschlechter in der Oeffentlichkeit bestehn ebenfalls auch heute noch und selbst im Mittelstande von Madrid zu Recht. Aber da doch die Liebe einmal nicht zu vernichten ist, so hat sie in der überaus fein ausgebildeten Fächer=, Blumen= und Farbensprache ein sicheres Ausdrucksmittel geschaffen, das den konventionellen Gesetzen entgegenwirkt und die detaillirtesten Mittheilungen der Lieb= haber unter einander ermöglicht. Ein freier ungezwungener Ton herrscht dann aber wiederum zwischen nahen Bekannten verschiedenen Geschlechts.

Konnte bei der ungleichen Stellung der Geschlechter von einem innigen Familienleben kaum die Rede sein, so wurde dasselbe noch dadurch untergraben, daß Kirche, Promenade und Feste die Frauen, öffentliche Interessen, Café und Spiel= tische die Männer für den größten Theil des Tages vom Hause entfernten, so daß dieses eigentlich nur zur Unterkunft für die Nacht diente. Diese Eigenart des spanischen Lebens, daß es fast gar nicht häuslich, sondern fast ausschließlich öffentlich ist, erklärt wol auch die Aermlichkeit der Haus= einrichtungen. Selbst in großen reichen Häusern, ganz zu schweigen von denen des Mittelstandes, vermissen wir alles und jedes was die Wohnräume behaglich machen kann. Ueberall starrt uns die Oede und Leere entgegen und daneben ein großer Mangel an Geschmack verbunden mit kalter Steif= heit. Die südliche Natur macht den Aufenthalt im Freien allerdings stets verlockend und angenehmer als den im Hause, die Vergnügungssucht treibt ebenfalls Alle hinaus — so ist denn von häuslichem Leben im germanischen Sinne des Worts, — im Allgemeinen — nicht die Rede.

Die durchschnittliche Armuth der Spanier, ihre große Mäßigkeit und die Einfachheit in ihrer Nahrung und in ihrer Kleidung — wenn sie zu Hause sind — veranlassen die den Ausländern meist befremdliche, oft genug verletzende Er=

scheinung, daß der Spanier ungern einen Fremden in sein Haus kommen läßt, oder ihn gar dort aufnimmt. Das konventionelle Gesetz veranlaßt ihn freilich, jedem Bekannten sein Haus zur Verfügung zu stellen; aber diese Versicherung wörtlich zu nehmen, wäre ebenso unbesonnen, wie die warmen Freundschaftsbezeigungen für wahr zu halten, auf die mit größter Zuvorkommenheit gegebenen Versprechen nur im geringsten zu bauen. Dem Scheinleben, das er überhaupt führt, entspricht es auch vollkommen, daß er immer und überall hin den Schein wahrt, ja dem Schein auch enorme Opfer bringt; er wird sich im gesellschaftlichen Verkehr immer gastfrei und nobel zeigen und es sein, wenn er auch dafür zu Hause darben muß.

Der Schwerpunkt des spanischen Lebens liegt also überhaupt außerhalb des Hauses, und die modernen Kultureinflüsse tragen nicht nur nichts dazu bei, dies zu ändern, sondern die Vergnügungs= und Genußsucht, zwei Flüche, die auf der heutigen Menschheit lasten, sie auf das Empfindlichste materiell und moralisch schädigen und enorme Summen verschlingen, untergraben im Gegentheil das häusliche und Familienleben in den höhern Schichten der spanischen Gesellschaft, besonders Madrids vollkommen, und damit, wie wir früher bemerkten, auch die Heiligkeit der Ehe und die Moralität. Wenn man zur Winterszeit Abends um die achte Stunde durch die Straßen von Madrid geht, kann man sich durch den Augenschein von dem „Häuslichen Leben" der Spanier überzeugen: alle Wohnungen sind finster, nur in den höchsten Stockwerken, wo die Sorge in irgend einem empfindsameren weiblichen Herzen wacht, wo eine arme Mutter in furchtbarem Ringen und unter schwerer Arbeit auf ehrliche Weise den Unterhalt für ihre Kinder erwirbt, erblickt man ein einsames Licht. Licht sieht man hier und da in den Gesindestuben der unteren Stockwerke, Licht in den Höhlen des Lasters — sonst sind die

Wohnhäuser in ganzen Straßen leer — ihre Einwohner gehen dem
Vergnügen nach, und dafür ist zwar überreichlich aber doch noch
nicht genug gesorgt, denn meist sind alle Vergnügungsorte jeden
Charakters bis auf den letzten Platz besetzt und überfüllt.

Wie stimmt dies aber mit der Behauptung überein, daß
die Spanier arm sind? Ja, das ist allerdings wiederum eine
schwierige Frage, die sich nur dahin beantworten läßt, daß
viele dieser Vergnügungen sehr billig sind, und zwar um so
billiger, als der Spanier überaus mäßig ist. Er mag sich
unter keinen Umständen anstrengen und beeilen, verschiebt
gern jede Arbeit so weit als irgend möglich und daher sind
denn auch die Spanier Europa's wie Amerika's sehr treffend
als ein Mañanavolk bezeichnet worden; mañana aber bedeutet morgen; sie verschieben alles auf „morgen". Ein
Spanier der Eile hat, ist in Wirklichkeit eine überraschende
Erscheinung und man darf dann jedesmal mit ziemlicher
Sicherheit annehmen, daß der Betreffende zum Vergnügen
eilt. Das wenige, was nun bei der langsamen Arbeit erzielt
wird, das dient meist der Pflege des Scheinkultus, wird in
Schmuck- oder Modesachen angelegt oder zum Vergnügen
verwandt. Worin besteht aber dieses?

Beginnen wir mit dem allen Klassen gemeinsamen, scheinbar billigsten, mit der Promenade. Selbst in der größten
Handelsstadt Spaniens, in Barcelona, ist die Promenade immer
von Tausenden von Menschen besucht und zwar von 9 Uhr
Morgens, da das Leben beginnt, bis lange nach Mitternacht.
Freilich bemerken wir dort Ebbe und Fluth, zu gewissen
Tageszeiten ist die Masse größer, zu anderen geringer; aber
man wird versucht zu glauben, daß die Menschen da nichts
andres zu thun haben, als zu promeniren. In Madrid ist
es die Puerta del Sol, das Herz der Stadt, das zu allen
Tageszeiten, von 10 Uhr morgens ab, die öffentliche allgemeine Promenade ist und mit Fug und Recht als der

städtische Salon bezeichnet werden darf. Jeder Stand ist dort vertreten, alle für Spanien bedeutungsvollen Ereignisse werden dort zuerst bekannt und besprochen, und spiegeln ihre Bedeutung in dem Grade der Bewegung, den sie in den Massen der Puerta del Sol hervorrufen. Es giebt viele Individuen, die sich dort und in den angrenzenden Café's und Friseurläden von Morgens bis Abends aufhalten. Dort wird Politik getrieben, dort werden Finanzoperationen abgeschlossen, der Bauernfang energisch gepflegt, und dazwischen die Fächer= und Blumensprache geübt. Zu gewissen Tageszeiten, je nach der Jahreszeit, am frühen oder am späten Nachmittag beginnt dann das Leben auf den fashionablen Promenaden, wo die vornehme Welt zu Wagen Korso abhält und wo alles sich zeigen muß, was Anspruch erhebt, zur „Gesellschaft" gerechnet zu werden. Fuente Castellana, Recoletos und Buen Retiro sind diese Sammelplätze der vornehmsten Gesellschaft. In zweiter Linie steht dann der Prado, und zwar besonders der mit dem Salon del Prado bezeichnete Theil, wo viele Reihen von Stühlen zur Erholung einladen, wo Tertulia gebildet wird, wo die einzelnen Familien ihre Bekannten empfangen und wo sich ebenso, wie auf jenen andren Promenaden die glänzendsten Gesellschaftsbilder entfalten, die man überhaupt nur in der Welt sehen kann. In den späteren Abend= und Nachtstunden üben wieder die Puerta und einige der dahinführenden Straßen den Hauptreiz aus. Doch nicht allein die höheren Stände gewähren sich das zeitraubende kostbare Vergnügen des Promenirens, sondern auch die niederen. Auf der Puerta ist es die nächste Umgebung des großen Springbrunnens und Wasserbassins der Mitte des Platzes wo sich die Bauern, die Soldaten, die Volksmädchen versammeln; im Retiro und Prado sind es die abgelegeneren Theile und Alleen, wo das Volk promenirt, das überdies noch manche andre Plätze hat, wo es nach Herzenslust die Zeit todtschlägt.

Daß auch der Kirchenbesuch zum großen Theil als Ver=
gnügen zu bezeichnen ist, wurde früher schon gesagt. Dient
doch die Kirche oft genug zur Prüfung der Fortschritte in
der praktischen Anwendung der Zeichen= und Fächersprache,
zu dem durch diese verabredeten Stelldichein.

Nächst der Promende und der Kirche ist es das Café,
welches das häusliche und Familienleben untergräbt, die Genuß=
und Vergnügungssucht fördert und die Freude am Nichts=
thun steigert. Zwar giebt der Spanier dort nicht viel aus,
man sieht ihn oft stundenlang an einer Tasse Café oder
Chocolade nippen; zwar befördert es nicht die Trunksucht,
wie die deutsche und englische Kneipe — das ist eine beliebte
Entschuldigung des Spaniers für die ungeheure Frequenz der
Cafés — aber der Nutzen der „geistreichen" Unterhaltungen
wiegt doch nicht den Schaden auf, der durch Verschwendung
der Zeit erzeugt wird. In wie weit übrigens die „Tropfen"
Cognac und Rum rc., die man zum Café nimmt, auf die Ent=
zündlichkeit des spanischen Blutes, in wie weit der Aguardiente
(Branntwein), den die niederen Klassen in ihren Bodegas und
Kneipen nehmen, mit der in zahllosen Verbrechen Ausdruck
findendenden Leidenschaftlichkeit in causalem Zusammenhang
steht, danach wollen wir nicht weiter fragen.

An das Café schließen sich ferner die Klubs und Vereine,
deren Zahl unermeßlich ist, und deren Vergnügen nicht zum
kleinsten Theil in dem Hazardspiel besteht, dem sie zuweilen
nur zum Deckmantel dienen. Die Leidenschaft für das Spiel
ist ja überhaupt allen Spaniern und zwar in noch viel höherm
Grade als den Italienern eigen. Die Lotterien, die in Spanien
veranstaltet werden, sind daher unzählig und es werden für
sie in allen Schichten der Bevölkerung ganz enorme Summen
verschwendet. Soll für irgend einen Zweck Geld gesammelt
werden, so ist die Lotterie auch das unfehlbare und gewöhn=
lich das einzige Mittel, durch das die Börsen der Spanier

für andre als persönliche Zwecke erschlossen werden. Gegen das Hazardspiel, das in den aus dem höchsten Adel gebildeten Klubs besonders gepflegt wird und das überhaupt durch ganz Spanien beliebt ist, haben gelegentlich die höchsten Behörden strenge Maßnahmen ergriffen. Natürlich immer vergebens, denn diese Leidenschaft ist zu tief eingewurzelt und zu national geworden, als daß sie ohne weiteres durch Gesetze vertilgt werden könnte; ihr wird ferner von den angesehensten Männern aller Parteien gefröhnt, von Personen, „mit denen die Regierung rechnen muß", von den höchsten Beamten, von gewesenen und zukünftigen Ministern, wenn auch nicht von denen des Augenblicks. Eine strenge Handhabung der bezüglichen Gesetze würde also in den maßgebenden leitenden Kreisen sehr unangenehm berühren und politische Folgen haben. Daher muß man sich damit begnügen, wol dann und wann dem Wortlaut des Gesetzes gerecht zu werden, gelegentlich eine Spielhölle niederen Ranges zu schließen, auch wol einmal einen Klub aufzuheben; doch spricht man bezüglich dieser Verhältnisse von — manchen „Irregularidades". Als daher einmal der Gouverneur von Madrid wirklich ernstlich mit dem Hazardspiel aufräumen wollte, da ereignete es sich, daß an allen Ecken und Enden Petarden abgebrannt wurden, deren Bedeutung sehr bald bemerklich gemacht wurde und in Folge deren der gestrenge Herr „Nachsicht" anordnen mußte. Wie die Großen, so die Kleinen, wie die Herren, so das Volk, das neben den beständigen Stimulantien der Lotterie auch noch seine besondern Spielhöllen hat, wo oft genug das Messer eine entscheidende Rolle spielt.

Bieten Promenade, Café, Klub, Verein nicht mehr die nöthige Abwechslung, so begiebt man sich des Abends „nach des Tages Mühn und Lasten" zur Erholung und Erheiterung in das Theater, das, weit entfernt ästhetische Bildungsanstalt zu sein, eben nur die Vergnügungssucht befriedigt. Die lange

Dauer der Vorstellungen, meist von 8 bis 12 Uhr, verleiht dem spanischen Theater überdies einen andren Charakter, als ihn das des Nordens hat. Wer zur Gesellschaft gehört muß nothwendiger Weise einen festen Platz im ersten Theater der Stadt, in Madrid also in der Oper haben; die verschiedenen hohen Familien haben ihre Logen, die neben ihrem eigentlichen Zwecke auch als Empfangssalons dienen. Es herrscht in ihnen meist ein sehr reges Leben und die Vorgänge auf der Bühne sind vollends Nebensache, wenn etwa eine politische Krisis im Anzuge ist. Die Zahl der größeren Theater ist in Madrid dreizehn, und entsprechend ist die Masse der in den Provinzialhauptstädten befindlichen. Daneben bestehen aber noch Volkstheater, Cafés Chantants ꝛc. in großer Zahl, so daß für alle Stände gesorgt ist. Der Besuch aller dieser Vergnügungslokale ist stets ein sehr reger und man wird dadurch wiederum völlig irre an dem eigentlichen Wohlstand der Spanier, und zweifelt an ihrer Armuth. Aber, wie oben bemerkt, der tägliche Verdienst, und in den höheren Ständen mehr als das tägliche Einkommen, wird für Luxus und Vergnügen aufgewandt. Verdient ein Handwerker heute einen und morgen acht Francs, so wird er heute den einen, morgen die acht Francs verbrauchen, um sich, wenn er nicht mehr hat, den folgenden Tag vielleicht mit einem halben Francs zu begnügen ꝛc. In den Volkstheatern sind je nach der Einrichtung derselben die Preise verschieden. Man darf aber annehmen, daß im Durchschnitt der Besuch derselben und die nöthigen Erfrischungen pro Person nicht unter einem Francs kosten und doch sind gerade die theuersten und besten Plätze meist sehr stark besetzt. In den Volkscafé's, den einzigen Plätzen, an denen man noch die alten spanischen Nationaltänze sehen und die Volkslieder hören kann, zahlt man meist kein Eintrittsgeld, jeder Gast muß aber natürlich etwas konsumiren und da mag der Arbeiter auch nicht hinter dem

Vornehmen zurückbleiben; er „läßt etwas draufgehen". Er traktirt seine Freunde und deren Familien, wenn sie an seinen Tisch kommen. Es ist dies noch ein Ueberrest der früher den Spaniern stets nachgerühmten Gastfreiheit, die allerdings in Wahrheit auf arabisch=maurischen Ursprung zurückweist und jetzt überall da, wo französische Kultur eindringt, schnell weicht. Der Kleinstädter, der Bauer, der Arbeiter, wird in der Eisen= bahn oder wo sich sonst Gelegenheit bietet, von allem was er selbst genießt, seinen Mitreisenden, den in seiner Nähe Befind= lichen, einen Theil offeriren und sich verletzt fühlen, wenn man seiner mehrfachen Aufforderung nicht Folge giebt.

Das Nationalvergnügen ist nach wie vor noch das Stier= gefecht, an dem der Spanier mit wahrem Fanatismus hängt, und dessen Beseitigung sich das Volk vorläufig unter keinen Umständen gefallen lassen wird.

In den gebildeteren Kreisen ist man zwar vielfach gegen diese furchtbar rohe blutige und aufregende Belustigung ein= genommen und theilt die Ansicht, daß die Gewöhnung an derartige Anblicke, wie sie sich dem Spanier von Kindesbeinen an in der Arena bieten, die seelische Rohheit im Volkscharakter und die Leidenschaftlichkeit nähren, den Schrecken vor dem Blutvergießen auf ein Minimum reduziren und so die massen= haften Verbrechen erklären, im Allgemeinen aber finden wir doch selbst in den Kreisen der Höchstgebildeten und nament= lich in denen der Ausländer eine große Begeisterung für diese den Nationalcharakter brandmarkenden, eines ganz niedern Kul= turstandes würdigen Belustigungen.

In der „Revista cristiana" vom 31. Mai 1883 finde ich folgende nicht uninteressante Statistik.

„Es existiren in Spanien 137 Arenen. Von diesen sind 107 Privateigenthum; 14 städtisch; 5 Eigenthum der Pro= vinzialdeputationen und 11 Eigenthum anderer Körperschaften. Außerdem befinden sich 10 im Bau und 50 öffentliche Plätze

sind vorhanden, die sich unter Umständen zur Abhaltung von
Stiergefechten eignen.

Durchschnittlich finden jährlich in Spanien 210 förm=
liche Stiergefechte (corridas genannt) und 375 corridas de
novillos (d. h. von jungen oder nicht den höchsten Anfor=
derungen genügenden Stieren) statt und die Zahl der ge=
tödteten Stiere beläuft sich auf 2081".

Als Ergänzung hiezu möge dienen, daß viele dieser
Arenen über 20,000, eine sehr beträchtliche Zahl 12,000 bis
20,000 Zuschauer fassen und bei großen Corridas (bei denen
gewöhnlich 6 bis 8 Stiere vorgeführt werden, auf die un=
gefähr 10 bis 20 Pferde kommen) ausverkauft sind; ferner
sollen die großen Corridas bis 60,000 und 80,000 Francs
kosten. Diese Ziffern geben einen Maßstab für die Bethei=
ligung an diesen „Spielen", für die Geldsummen die da geopfert
werden und für den Einfluß, den diese rohen Belustigungen
auf den Geist und die Sinne der Spanier ausüben müssen;
und es ist nicht nur keine Abnahme des Interesses für sie,
sondern hie und da vielmehr noch eine Steigerung desselben
zu bemerken. Viele liberale Staatsmänner und Regierungen
haben die Stiergefechte beseitigen wollen — vergebens; ein
solcher Versuch würde, wenn energisch durchgeführt, eine Re=
volution verursachen und vom Klerus, wie von allen revolu=
tionären Elementen zum Umsturz der bestehenden Verhältnisse
benutzt werden.

Minder populär sind die in den Kreisen des hohen Adels
sehr beliebten Hahnenkämpfe, die wie in England auch zum
Gegenstande hoher Wetten gemacht werden.

Einer der markirendsten, durch diese blutigen Vergnü=
gungen ohne Zweifel gekräftigten Charakterzüge der Spanier
ist ihre Leidenschaftlichkeit. Wie sehr sie diese auch unter
dem Deckmantel der vollkommensten Ruhe und der Grandezza
zu verbergen wissen, bricht sie doch in einer oder der andern

Form alle Augenblicke hervor, hauptsächlich natürlich in den niedern Ständen. Die laxe Moral, die leichten Corrective, die die Kirche gegen das Verbrechen gewährt, haben im Verein mit den klimatischen Einflüssen, mit der Verrohung und der Unbildung, in der die Kirche das Volk gehalten hat, diesem Charakterzug eine bedenkliche Stärke verliehen. Moralisch und geistig zu wenig gebildet, um seinen lebhaften Empfindungen Zügel anzulegen, folgt der Spanier, besonders aber die Spanierin der niederen Klassen jedem Impulse, jedem momentanen Sinneneindruck, und die Folge davon ist, daß Liebe, Eifersucht, Neid, Mißgunst und Rache täglich in Spanien ihre Opfer verlangen. Man kann keine Madrider Zeitung in die Hand nehmen, ohne nicht täglich Berichte von Mordthaten, von schweren Verletzungen zu lesen. Die einfachste Meinungsdifferenz, die bei uns vielleicht zu einer heftigen Diskussion führen würde, wird den feurigen leicht entzündlichen Andalusiern oft genug Veranlassung zum Zweikampf, der bei dem Geschick, mit dem sie ihre Messer zu führen verstehen und bei der Uebung, die sie darin haben, gewöhnlich ein tragisches Ende nimmt. Stehend ist auch in den Zeitungen die Rubrik, in der von Verwundung und Todtschlag berichtet wird, die Frauen begangen haben.

Den höhern Ständen bietet neben dem Theater das Salonleben stets angenehme Zerstreuung. Die literarischen und ästhetischen Interessen sind es, auf denen in den Salons der vornehmen Welt jetzt der Schwerpunkt liegt, während die Politik zum Theil völlig aus ihnen verbannt ist. Da ist es denn Sitte geworden, öfters Veladas zu veranstalten, die wir etwa mit ästhetischen Thee's bezeichnen könnten, in denen Novitäten der schriftstellerischen Größen zu Gehör gebracht werden. Diesen Veladas indessen einen hohen Werth beizumessen, sie wie die französischen Salons als Förderungsmittel für die Hebung und Belebung des Geisteslebens zu betrachten, wäre verfehlt. Wol mag der Ehrgeiz diesen und jenen jungen Marquis, Grafen, Herzog, oder andre Aspiranten auf den Salonruhm oder die Gunst einer schönen Dame veranlassen, den Pegasus zu besteigen, der ja so viele Unberufene tragen muß, aber da es bei diesen literarischen und ästhetischen Thee's in der Hauptsache nur darauf hinauskommt, einen Kultus mit den Celebritäten des Landes zu treiben, und sich gegenseitig Weihrauch zu streuen, so ist der praktische Werth dieser Salonvergnügungen für das Land ein sehr geringer. Ist doch z. B. in den letzten zwei Jahren auf allen Feldern der Belletristik eine völlige Ebbe in der Produktion eingetreten, kaum irgend etwas wirklich Bedeutendes geschaffen worden.

Etwas anders als mit den Salons verhält es sich mit den literarischen Gesellschaften und Akademien, die in allen Provinzen sich die Pflege der Belletristik und zum Theil der Wissenschaften angelegen sein lassen, jährlich ihre großen Wett= kämpfe veranstalten, für die werthvolle Preise ausgesetzt wer= den und an denen sich große Massen von Schriftstellern be= theiligen. Seitdem in Barcelona die Dialektdichtung wieder Boden gewonnen, hat man dort auch in Erinnerung an die einstige literarische Bedeutung der Stadt und an den Rath des heiteren Wissens die alte hübsche Sitte der Blumenspiele seit 1859 wieder eingeführt. Natürliche und künstliche Blumen werden als Preise für die besten Dichtungen bei den jährlich stattfindenden großen Wettkämpfen vergeben und von allen Seiten Kataloniens strömen dazu die modernen Troubadoure, aus ganz Spanien die Vergnügungslustigen in der sich zur Musenstadt umgestaltenden Handelsstadt zusammen. Diese Blumenspiele fanden so großen Beifall im ganzen Lande, daß sie binnen weniger Jahre in vielen großen und kleinen Städten eingeführt sind. Bei dem öffentlichen Charakter der= selben, bei der Popularität, deren sich alle diese literarischen Feste erfreuen, ist der Einfluß, den sie ausüben, ein nicht unbedeutender, denn einmal werden die befähigten Geister dadurch zur Thätigkeit angespornt, andrerseits wird im Volke das Interesse doch allmälig angebahnt.

Der Ständegeist weist im modernen Spanien manche eigenthümliche von dem andrer Kulturländer vortheilhaft ab= weichende Erscheinungen auf; freilich finden wir in ihnen auch wieder — wie ja das dort nicht anders sein kann — große Gegensätze. Der Spanier ist stolz, selbstbewußt, egoistisch, unduldsam, und daher im Grunde sehr exklusiv, zur Kasten= abtheilung der Gesellschaft sehr geneigt, und doch herrscht in Spanien ein gewisser wohlthuender Liberalismus im öffent= lichen Verkehr der Kasten unter einander. Nichts von jener ängstlichen Abschließung, wie wir sie in Deutschland finden; Nichts von jenem unausstehlichen Philisterthum, von jenem Beamtendünkel und Titelkult, der den Deutschen so eigen ist. Beginnt bei uns der Mensch in gelehrten Kreisen erst mit dem Professor, in Beamtenkreisen erst mit dem Geheimrath, erkundigt man sich erst sorgfältig nach allen Personalien, ob man sich auch nichts von seiner Ehre vergiebt, wenn man mit diesem oder jenem spricht oder in Beziehung tritt, forscht man genau nach dem Studiengang und Bildungsgrad des Einzelnen — so ist von allen dergleichen Kleinlichkeiten in Spanien keine Rede. Allerdings gilt dies in der Hauptsache und hinsichtlich der Beamten nur für den öffentlichen Ver= kehr. Und da wir wissen, wie der Spanier nach äußern Ehren, nach Titeln und Würden geizt, so können wir die be= zeichneten Erscheinungen nur als ein Erzeugniß der gesell= schaftlichen Bildung, des sozialen Konventionalismus betrachten. Nie redet man sich im gesellschaftlichen Verkehr in Spanien, auch in den ministeriellen Kreisen selbst, mit Nennung der Titel an, sondern unter allen Umständen nur mit Señor und Caballero (Herr) und Señora (Dame). Bekannte nennen sich fast ausschließlich bei dem Vornamen, wobei im vertrau=

licheren Verkehr selbst die Bezeichnungen Don, Señora, Señorita wegfallen. Beliebt sind treffende Spitznamen, durch deren Anwendung sich verletzt zu fühlen einfach für lächerlich gelten würde. Schließt der Vornehme, der Adlige sich bei uns gewöhnlich noch sorgfältig von dem Bauern, dem Hand= werker, dem Arbeiter, ja oft genug selbst von allen übrigen Klassen der Gesellschaft ab, als fürchtete er, sich durch den Verkehr mit ihnen zu besudeln, wie dies besonders im Offi= ziersstande der Fall ist, scheut der Reiche den Verkehr mit dem Armen, der Höhergestellte innerhalb jeder Kaste den mit dem niedriger Rangirenden, so ist auch davon in Spanien im öffentlichen Verkehr keine Spur zu bemerken. Dort sehen wir den Granden freundlich mit dem Proletarier verkehren, wir sehen ihn an dem Tische des letztern im Café ruhig Platz nehmen, und er wird keine Miene verziehen, keine Bemerkung machen, wenn der Arbeiter sich an seinen Tisch setzt, sondern eine bezügliche Frage in liebenswürdigster Weise bejahen. Ein hübscher patriarchalisch angehauchter Verkehr besteht ferner zwischen Herrschaft und Dienerschaft und dies Verhältniß kann ja bekanntlich als ein wichtiges Kriterium für den Kul= turstand und den Volkscharakter dienen.

Die allgemeine Vergnügungssucht zeugt mit der geringen Arbeitslust den Müssiggang und dieser wiederum die Bettelei, die vielleicht nirgends so groß ist wie in Spanien, nirgends so von den Behörden unterstützt wird. Man ist eben in Spanien durch den unausgesetzten Bettel, den der Klerus übt, so sehr daran gewöhnt, daß die Spanier ihn als ein noth= wendiges Uebel betrachten, dem man sich einmal unterziehen muß. Die gerühmte Mildthätigkeit der Frauen ist danach auch nichts weiter als eine durch den Klerus theils gebotene, theils empfohlene Gewohnheit, die durch die Religion geheiligt ist, ja geradezu als Zeichen von Religiosität betrachtet wird. Bei den Männern aber entspringt sie theils praktischen Rück=

fichten, theils der Eitelkeit und andern rein persönlichen Mo=
tiven. So wird die Bettelei zunächst also vom Publikum
auf das kräftigste unterstützt. Aus den vielen früher ange=
gebenen Gründen, in Folge des gänzlichen Mangels an in=
dustrieller Thätigkeit und Handel, in Folge der Mißwirth=
schaft im Lande, in Folge der hohen Steuern ist die Armuth
in den niedern Klassen ferner ohne Zweifel sehr groß und
eine Unterstützung derselben durch die Kommunen und die
Regierungsbehörden vielfach geboten. Da es aber überall
an Geld fehlt, so werden die ganz Armen zum Theil auf
den Bettel hingewiesen und der öffentlichen Mildthätigkeit
empfohlen, indem man ihnen äußere Abzeichen verleiht, durch
die sie als „privilegirte Bettler" kenntlich werden. Die Zahl
dieser letteren ist sehr groß und sie stehen sich begreif=
licherweise materiell recht gut, und dies veranlaßt unaufhör=
lich immer größere Schaaren, die Bettelei als einträgliches
Gewerbe zu betreiben. Damit nicht genug, wird die Bettelei
auch sonst noch durch die Behörden unterstützt, indem man
bei besonderen festlichen Gelegenheiten die Organisation von
Bettlerbanden offiziell gestattet und nur von ihnen eine un=
bedeutende Steuer erhebt. Man sollte es bei dem sprich=
wörtlichen spanischen Stolz kaum für möglich halten, daß
Hunderttausende von Spaniern beiderlei Geschlechts sich so
weit erniedrigen, um Almosen zu bitten und davon zu leben.
Nun ja, der spanische Bettler sieht die Sache allerdings ganz
anders an und giebt seinen Stolz keineswegs auf; er hält
auf seine Menschenwürde, will als Mensch, als Caballero
betrachtet sein, der dieselben individuellen Rechte besitzt, wie
der hohe Herr, die vornehme Dame, die er um ein Almosen
bittet, und er rächt sich unter Umständen schwer an dem=
jenigen, der sein Selbstbewußtsein nur im geringsten verletzt.
Das Almosen, das der spanische Bettler verlangt, betrachtet
er nicht als eine milde, sondern gewissermaßen als eine pflicht=

schuldige Gabe, zu der Begüterte dem Armen und Hülfs-
bedürftigen gegenüber gezwungen sind, um dadurch das Un-
recht, das ein mißgünstiges blindes Geschick begangen hat,
indem es die Güter ungleich vertheilte, ein wenig zu sühnen
und gut zu machen. Er ist daher im Stande die Gabe
zurückzuweisen, die ihm nicht in gebührender Weise gegeben,
die ihm etwa unwillig hingeworfen wird. Es giebt viele
Bettler, die mit der Cigarette im Munde um eine Gabe
bitten, oder wenigstens, wenn sie sich unbemerkt glauben,
dieser Leidenschaft der Spanier fröhnen. Es giebt viele, die
keine Bitte an die Vorübergehenden richten, sondern einfach
die Hand ausstrecken, um das Almosen in Empfang zu nehmen.
Mancher läßt die Gabe in den Teller legen, den sein Hund
im Maul hat, oder der neben ihm auf dem Erdboden steht und
pflegt selbst der Ruhe. Dankt er für die Gabe, so darf der
Geber gewärtig sein, gelegentlich eine spitze witzige Bemerkung
obendrein zu hören, die sich auf seine Person bezieht.

Bei allen großen Kirchenfesten werden in den Kirchen
„Betteltische“ aufgestellt, an denen Damen des allerhöchsten
Adels, unterstützt von dienstbeflissenen Herren gleichen Ranges
im Interesse der Kirchen, Klöster ꝛc. ꝛc. mit einer Virtuosität
um Almosen bitten, die des routinirtesten Bettlers würdig
ist. Bei irgend einem größern Unglück, bei Ueberschwemmungen und andern verheerenden Naturerscheinungen werden
von Amtswegen Kollekten eröffnet, weil die Regierung ja meist
außer Stande ist, aus eignen Mitteln etwas für die Beschä-
digten zu thun. Die betreffenden Kommissionen nehmen dann
„vorläufig“ die Gelder in Verwahrung und — nach Jahr und
Tag richtet dann wol die Presse die bescheidene Anfrage an
diese Kommissionen, wann denn eigentlich die Erträge der
Sammlungen zur Vertheilung gelangen sollen. So war der
Madrider „Imparcial“ erst am 6. Dezember 1881 in der
Lage zu berichten, daß „binnen kurzem“ mit der Vertheilung

von 3 Millionen Realen an die im Jahre 1879 von Ueber=
schwemmungen betroffenen Murcianer begonnen werden würde.
Dagegen brachten die „Cronica meridional" von Almería und
„La Paz" von Murcia bereits im Oktober 1881 die Nachricht,
daß aus dem durch Sammlungen gebildeten Unterstützungsfonds
für die Ueberschwemmten „stillschweigend" 150,000 Pesetas
(600,000 Realen) dem Bischof von Almería zur „Reparation
von Kirchen", sowie 7500 Pesetas (30,000 Realen) dem „durch
die Ueberschwemmungen in keiner Weise geschädigten" Städtchen
Cieza überwiesen worden seien! — Inzwischen sind hierauf
bezüglich auch noch andre „Irregularidades" bekannt ge=
worden.

Findet irgendwo Aushebung statt, so durchziehen die
Rekruten in lichten Schaaren die Stadt mit reich geschmückten
Guitarren und Bandurrias und betteln unter entsetzlicher
Musikbegleitung.

Ist ein Todesurtheil ergangen und an allerhöchster Stelle
bestätigt, so durchwandern während der letzten vierundzwanzig
Stunden vor der Vollstreckung desselben, die zum großen Theil
dem höchsten Adel angehörenden Mitglieder der Hermandad
de la paz y caridad die Stadt und betteln um Almosen zu
Seelenmessen für den Todeskandidaten — mit dem überhaupt
geradezu während dieser Zeit ein Kult getrieben wird.

So bieten zahllose Gelegenheiten Veranlassung zur Bettelei,
ganz abgesehen von der allgemein und auf das empörendste be=
triebenen Bettelei des Klerus; und damit wird diese ent=
würdigende Unsitte auf jede nur denkbare Weise unterstützt, der
Müßiggang gefördert und die Zahl der Bettler unaufhörlich
vermehrt.

Wie ungünstig nun auch das allgemeine Charakterbild
des Spaniers sein mag, so muß doch entschieden bestätigt wer=
den, daß im Volke, und zwar in den niedersten Schichten des=
selben, hauptsächlich in den Kreisen der Landbevölkerung noch

manche der alten guten Eigenschaften früherer Zeit bewahrt
werden, und daß andrerseits in diesen Sphären noch ein guter
bildungsfähiger Keim vorhanden ist, der nur unter geeigneter
Bildung und Erziehung zur Entwicklung gebracht werden müßte.
Das niedere Volk, dessen zauberhafte Musik, dessen zum Theil
so schöne Tänze, dessen einfache naive Dichtungen jeden Un=
befangenen nothwendiger Weise anziehen müssen, das niedere
Volk Spaniens ist es, von dem früher oder später auch eine
Regeneration des Landes und der ganzen Nation ausgehen wird.

15.

Das moderne Geistesleben Spaniens zeigt also, wenn wir die Summe ziehen, zwar bis jetzt kein so sehr vortheil= haftes Bild, sondern im Gegentheil noch sehr viele und sehr dunkle Schatten. Die Ursachen dieser letzteren sind jedoch nur zum Theil in der Gegenwart zu suchen, liegen vielmehr meist um Jahrhunderte zurück und wir müssen, um gerecht zu sein, gestehen, daß der geistige Aufschwung, daß die bisher erzielten Resultate in Anbetracht dessen, daß Spanien eigentlich erst seit 1868 wiederum in die Reihe der fortschreitenden Kultur= völker eingetreten ist, relativ recht respektable sind. Noch ist Spanien aber lange nicht aus der Zeit der Gährung heraus, in die es durch das Eindringen der modernen Weltanschauung, der modernen Kulturfaktoren, der modernen Bildungselemente seit dem Anfang dieses Jahrhunderts versetzt worden ist; noch hat der Geist der Neuzeit in Spanien den des Mittelalters nicht nur nicht überwunden, sondern muß noch sehr schwer um seine Existenz ringen; noch überwiegen dort die ortho= doxen, reaktionären, konservativen Elemente so sehr, daß nur ein sehr kluges Operiren der Gegner, der Träger der modernen Staats= und Lebensprinzipien diesen allmälig den Sieg ver= leihen kann, weil eben die Massen, mit Ausnahme kleiner, in utopistische Schwärmereien verfallener Schaaren, noch voll= ständig von dem Klerus und den Absolutisten beherrscht werden.

Daß Spanien diesen Gährungsprozeß noch nicht über=
wunden hat, die Bahn des Kulturfortschritts noch nicht konse=
quent verfolgt, ja vielmehr erst ganz allmälig darauf zu gehen
anfängt, das verdankt es allerdings zum Theil gerade den
Liberalen, Demokraten, Republikanern und wie sie sich nennen,
insofern nämlich — und ich will ausdrücklich diese nachfolgende
Erklärung nicht von dem Vordersatze getrennt wissen — als
diese in ihrer Begeisterung für das blendende Licht moderner
Civilisation wünschten, dasselbe auch mit einem Schlage über
ihr in mitternächtiger Dunkelheit vegetirendes Land und
Volk zu verbreiten. Nach ihrer eigenen geistigen Fassungs=
kraft bemaßen sie auch die der Nation und darin waren
sie im Irrthum, sie mußten diese erst wieder denken lehren,
denn unter dem Jahrhunderte langen ertödtenden Druck des
geistlichen und staatlichen Despotismus hatte der National=
geist seine Kräfte eingebüßt, und es war undenkbar, daß er
sich nun plötzlich zu der Höhe einer weitsichtigen modernen
Weltanschauung erheben, daß er begreifen konnte, was man
ihm zu verstehen zumuthete. Man verstand also nicht Maß
zu halten und dadurch gab man den Gegnern beständig neuen
Anhalt zu siegreichen Angriffen. Die Bildungselemente brachen
überdies so massenhaft, so plötzlich über das aus seinen
seligen Glaubensträumen erwachende Spanien herein, wollten
so schnell den alten lieben Wundermärchen, der kindlichen
naiven alttestamentlichen Weltanschauung ein Ende machen,
daß das Volk sich selbst, allerdings angestachelt durch seine
Priester, gegen solche Ketzerei erhob.

Viele Fortschrittler wurden in dem Taumel, in den der
Blick in die außerhalb der Grenzen Spaniens liegende Kultur=
welt sie versetzt hatte, bis zu den extremsten utopistischsten An=
schauungen und Idealen fortgerissen, versuchten, selbst noch
ungefestigt, des inneren Halts, der sicheren Fundamente ent=
behrend, diese Ideale in Spanien zu verwirklichen — und —

förderten, indem sie den übermäßig schnellen Fortschritt er=
strebten, nur den Rückschritt, auf den die Uebermacht der
Gegner abzielte.

Daß Spanien in diesem Zustande der Gährung, der Un=
fertigkeit nicht bleiben, nichts leisten kann, ist klar, ebenso klar
ist es also, daß eine Aenderung eintreten muß, und da dürfte
es wol keinen besonnenen Spanier geben, der nicht wünschen
sollte, diese Aenderung auf der Seite des Kulturfortschritts
und nicht auf der des Rückschritts zu suchen, Spanien auf
die fortschrittliche Bahn zu führen. Dazu sind Reformen völlig
durchgreifender und radikaler Natur gleichzeitig auf den ver=
schiedensten Feldern des nationalen Lebens nöthig und dazu
ist es in allererster Linie erforderlich, — den Bann der Kirche
zu brechen. Der Katholizismus, wie er ist, ist eine seit Jahr=
hunderten erstarrte, das frühe Mittelalter in sich verkörpernde
Mumie, aus deren Hülle sich im günstigsten Falle vermöge
einer gründlichen Reform eine phönixartige neue Erscheinung
entwickeln, ein neuer lebenskräftiger Organismus entstehen
könnte. Vor Reformen scheut aber die Kirche zurück, weil sie
sich für unfehlbar erklärt hat und mit jeder Reform sich selbst
Lügen strafen müßte. Daher sucht der Katholizismus, seiner
zähen Greisennatur gemäß, jede Neuerung zu vereiteln und
um jeden Preis und mit allen Mitteln seine alte Macht zu
bewahren. Die spanische Kirche ist aber unzweifelhaft katho=
lischer, als der gesammte übrige Katholizismus, ihre Interessen
sind auf das innigste mit allen anderen des Landes verwachsen
und daher auf das ärgste bedroht. Sie bietet deshalb auch alle
nur verfügbaren Kräfte und Mittel auf, um ihre Herrschaft
über den Geist des Volkes zu bewahren. Und hier muß die
Reformthätigkeit der spanischen Regierung beginnen. Be=
dingungslose Trennung des Staates von der Kirche ist das
erste Erforderniß für eine gedeihliche Ausbildung des Staats=
wesens und damit für die Existenz Spaniens, vorausgesetzt,

daß dieses überhaupt je ein Kulturstaat im modernen Sinne dieses Wortes werden und den seiner Größe gebührenden Rang unter den anderen Kulturländern einnehmen will. Be= dingungslose Trennung der Schule von der Kirche, rationelle Organisirung, Unterstellung derselben unter die ausschließliche Aufsicht des Staates ist das zweite fundamentale Erforderniß. Und hier ist es nothwendig, zuerst das volle Interesse und genügende Geldsummen der Bildung des weiblichen Geschlechts= zuzuwenden, und dieses gänzlich von dem für den Staat und seine Kultur verhängnißvollen Einfluß der Kirche und seines Klerus zu befreien, statt der formalistischen Kirchlichkeit eine gesunde echt menschliche ethische Religion als Basis für die wissenschaftliche Ausbildung einzusetzen. Neben der durch= greifenden Mädchenerziehung ist es eine ebenso gründliche Volkserziehung und =Bildung, die erstrebt werden muß, um die heranwachsenden Geschlechter für ihre Aufgaben als Kultur= menschen und Staatsbürger vorzubereiten. Daß weitere Re= formen auf dem Gebiete des höheren Schulwesens nothwendig sind, erkennt man vielfach schon jetzt — und zwar nicht etwa Reformen im Sinne des starren Schematismus der deutschen Erziehungsschablone, sondern in Gemäßheit mit dem spanischen Nationalcharakter und den nationalen Fähigkeiten, die eine ganz andere Schulung erfordern. Nicht die Aufspeicherung vielseitigen umfassenden Wissens, sondern die sichere Beherr= schung und Verarbeitung der geistigen Nahrung, die Fähigkeit der praktischen Verwerthung des geistigen Kapitals machen die wahre Bildung aus.

Ginge damit eine dem modernen Zeitgeist und seiner Weltanschauung entsprechende Reform der katholischen Kirche Hand in Hand, so würde Spanien um so eher befähigt sein, in der Zukunft seine Bedeutung, die es ehemals im Mittel= alter hatte, wieder zu gewinnen.

Gleichzeitig mit diesen Reformen wird der Ausbau der

konstitutionellen Verfassung als eine der Grundbedingungen zu erstreben sein. Der politische Absolutismus früherer Zeiten, wie die Experimentalpolitik dieses ganzen Jahrhunderts und im Besonderen auch der Periode von 1868 — 1875 sind der Fundamentirung des modernen Staatsgebäudes in gleicher Weise nachtheilig. Die modernen Völker, die an sich schon einen so furchtbar schweren Kampf um ihre Existenz auszufechten haben, sind überhaupt nicht dazu da, um einzelnen Staatsmännern als Spielball, als Materie für ihre politischen Träumereien oder Probleme zu dienen, sondern müssen von ihren Leitern verlangen, daß sie nach rationellen, wolüberlegten und festgegründeten Prinzipien und Systemen regiert werden. Denn nur bei Zuverlässigkeit und völliger Sicherheit des Staatsorganismus kann die materielle Kultur gedeihen, die ihm ja den Nahrstoff gewähren muß. Dazu gehört nun vor allen Dingen, wie in jedem Haushalt, so auch in dem des Staates feste Ordnung des Finanzwesens. Ein Staat kann nicht gedeihen, dem unaufhörlich der Bankerott droht, in dem stets unendlich viel mehr ausgegeben als eingenommen wird. Und erst, wenn die Finanzen Spaniens gebessert, die ungeheuren Schuldenlasten getilgt sein werden, sollte Spanien daran denken, die Großmachtsstellung zu erstreben, von der es jetzt träumt. Wo das Gerichtswesen das Vertrauen zu den Gesetzen so völlig erschüttert hat, wie dies in Spanien der Fall ist, wo die öffent= liche Sicherheit gar nicht existirt, wo Räuber= und Mörder= banden beinahe straflos ganze Provinzen terrorisiren können, ist von einer Hebung des Ackerbaues, der Gewerbe, des Handels keine Rede. Und wenn dann gar der mühsam erworbene Er= trag in Form von enormen Steuern den Machthabern über= antwortet werden muß, während die Produzenten selbst am Hungertuche nagen, wo die Beamten sich zahllose Irregu= laridades zu schulden kommen lassen und in ihre eigene Tasche wirthschaften, da müssen die sozialen Verhältnisse wol so traurig werden, wie sie zur Zeit sind, da müssen die hungernden und jeder Möglichkeit, sich anständig zu erhalten, beraubten Arbeiter wol in die Versuchung gerathen, sich nihilistischen Problemen zuzuwenden, wie es jetzt in Andalusien geschehen ist. Also durchgreifendste Reform der Administration ist hier Vorbedingung für eine Hebung der Kultur.

Literatur, Wissenschaft und Künste setzen, wenn sie Blüten treiben, sich kräftig entfalten sollen, nationalen Wohlstand voraus. So lange dieser fehlt, können auch jene nicht gut gedeihen.

Hoffen wir, daß der König, der ja noch sehr jung ist und ein langes Leben vor sich hat, die Bahn weiter verfolgen wird, die er vor zwei Jahren durch Berufung des liberalen Ministeriums Sagasta, durch Entfernung der Konservativen einschlug. Der König hat in Spanien insofern eine sehr bedeutende Macht, als er, vorausgesetzt, daß sich im Lande eine der seinigen entsprechende politische Strömung mit Energie bemerkbar macht, aus eigener Machtvollkommenheit und aus eigener Initiative, allerdings nur in Gemäßheit mit einer solchen dominirenden Ansicht, einen Systemwechsel herbeiführen kann. Er machte davon 1881 Gebrauch. Hoffen wir, daß er, der in deutscher Schule erzogen, für die moderne Kultur interessirt ist und das Wohl seines Landes erstrebt, nicht etwa wieder in die Schlingen der Klerikalen und Konservativen fällt, sondern den betretenen Weg des Fortschrittes weiter verfolgt und auch die Energie hat, mit fester Hand alle jene Reformen durchzuführen, die einzig und allein zu einer dauernden Hebung Spaniens führen können.

www.ingramcontent.com/pod-product-compliance
Lightning Source LLC
Chambersburg PA
CBHW031407270326
41929CB00010BA/1366